祖母のそのまた祖母たちへ

**会ったことはなくても、愛するあなたたちは、わたしの中で生きています。**

祖母のエレノアとシャーリーへ

**あなたたちは、何がいちばん大切かを教えてくださいました。**

母のマーシャへ

**わたしのすべて、わたしが行う大事なことすべては、あなたのおかげです。**

# THE 月のワーク

## 月とつながり、月の恵みを引き寄せるガイドブック

# MOON


サラ・フェイス・ゴッテスディナー

Sarah Faith Gottesdiener

上京 恵［訳］


# BOOK

Lunar Magic to Change Your Life

月のワーク

月とつながり、月の恵みを引き寄せるガイドブック

目次

# はじめに

## なぜ月なのか？

月は天界にあって世界を支える錨だから。地球の軸が安定しているのは、月に引力があるおかげです。月は予測可能でありながら自由奔放な存在。月には四季に対応した独自のリズムがあるから。導きを求めて月を見れば、わたしたちも自分自身のリズムを見いだせます。わたしたちは自分の中に月を感じられるから。月は、共感しなさい、記憶を呼び覚ましなさい、とわたしたちに呼びかけます。太古の人々は月の動きに従って生活しました。その血はいまでも、わたしたちの中に脈々と受け継がれています。そこには、わたしたち自身のリズムやサイクル、エネルギーや感情が映し出されています。それらを見ていれば、自らの人間性や本質を思い出せるのです。

月はわたしたちの内面を表しているから――目に見えないもの、感受性、霊的な能力を。水の力を。愛の活力を。包装して売ることのできない複雑なものすべてを。月の女神は夜に光をもたらし、深層心理の住処である潜在意識の闇を照らすから。占星術でも、心理学でも、一部の神秘的な言い伝えでも、月は潜在意識を象徴しています。潜在意識とは、人の熱望や恐怖の源、意識的な行動の裏にある物語や動機が姿を現すところ。潜在意識を方向づけようと決意すれば、考え方が変わります。考え方が変われば、行動が変わります。行動が変われば、人生が変わります。

月のワークは、わたしたちが心の奥底にあるパターンをのぞき込み、それについて内省し、自らを解放させる手助けをしてくれます。月は、わたしたちが自分だけの真実や具体的な欲求を見いだすのに役立つツールです。自分だけが持つ知恵とつながり、知恵を解き放つのを助けてくれます。

かつて、この惑星は月の動きに従って暮らしていました。暦は太陰暦でした。わたしたちは月に従って植物を栽培し、季節や星座の動きに合わせて意思決定をしました。やがて、戦争や暴力や植民地化の時代を経て、太陽に従う生活が優勢になりました。それは営利を追求する、二者択一的な、外向きの競争意識のもとにある生活です。工業化は多くの人を自然から遠ざけ、月に従う生活を衰退させました。直観、未知のもの、循環や神秘に重きを置くのではなく、それらを怖がり、存在しないものとして扱うようになったのです。説明できないものはコントロールできません。コントロールできないものは危険視され、搾取され、閉じ込められ、排除されました。マイノリティたちが。女性性（フェミニティ）が。野生の女が。魔女が。

でも、野生の女、魔女は戻ってきたのです。魔女の季節がふたたび訪れます。月は昔から、わたしたちの象徴でした。エジプト神話の女神ハトホルが戴冠したときから、古代ギリシアの詩人サッポーが抒情詩を書いたときから、ギリシア神話の女神ヘカテの魔術を崇める石の神殿が初めて築かれたときから。ほうきに乗って満月を横切って飛ぶ魔女。夜の闇が舞い踊る空き地で癒しの薬をぐつぐつ煮出す大釜。月がここにいるのは、神聖なものはすべて戻ってくると思い出させるためです（実は、最初からずっとそこにあったのです）。

いまわたしたちがここにいるのは、家父長制を解体するためです――ともに行動しなくては。わたしたちのものの見方（マインドセット）や会話や行動や協力がきっかけとなって、支援や理解や共感を得るソフトパワーや、変化、そして魔法の新たな波が生まれています。思いやりにあふれた新たな生き方を知ってそれを熱望するすべての人々のために――疎外され、罰せられ、管理されていると感じているすべての人、単に自分らしく生きているだけで虐待されたり除け者にされたりしているすべての人々のために。

月は、わたしたちの野生へのラブレターです。月を見れば、たとえ何かに従わされ思うようにならない身の上にあっても、自分にはそれを跳ね返す力があることを思い出せます。すべての女性に内在する力、わたしたちのソフトパワーを認識できるようになります。それは人を支配する力ではなく、人と連帯する力、自らの中にある力。自分自身の中にある魔法を養成し、明るみに出すことがフェミニスト・アートです。わたしたちは自らのパワーを活用して、すべての人を向上させるためにそれにチャネリングします。ほかの人々が才能をのばすのに協力し、互いに助けあい、ほかの人の美しさを自分に映し出します。月は日光を投影して変容させます。わたしたちは互いに自分自身を相手に投影して、集団としての変容を目撃するのです。

原初の昔より、芸術家は月独特の光を理解可能な言語に翻訳しようと努めてきました。月はいまなお、なんらかの形で、わたしたちを書物へ、楽器へ、イーゼルへといざないます。月がインスピレーションを与えてくれるのは、月のサイクルが創造的プロセスの青写真となっているからでしょう。わたしたちには夢が、ヴィジョンが、インスピレーションがあります。わたしたちは新月（ニュームーン）の位相にいます。火花は炎になります。わたしたちは腕まくりをして、何もないところから物質を引き出します。勢いをつけ、築きあげます。満ちていく月（ワクシングムーン）のエネルギーを受け入れます。訓練を重ね努力を繰り返せば、それは形となって現れます。わたしたちは祝福し、分かちあい、明るく輝きます。ほかの人々はわたしたちの輝きを目の当たりにします。わたしたちは満月（フルムーン）の位相の支配下にあるのです。

魔法は現実に存在するから。月の魔法は強力です。月のサイクルに沿って行動すれば、月はわたしたちの目標や夢をかなえてくれます。自然のプロセスに従うとき、わたしたちの力は正しい方向に導かれます。収穫のサイクルに続く休息のサイクルは、浄化と内省に費やす時間となります。自分なりの成功の定義に従って試行し、自分の能力が発揮されてすべてがうまく進んでいると感じられる精神状態（フロー）を尊重したとき、嬉しい驚きに出合えるでしょう。

時間は直線的ではなく、わたしたちの人生も直線的ではないから。月の光に従うのは、二者択一とは異なる道を行くこと。二元論に打ち勝つこと。月の光には螺旋が内包されています。再生に先立つ死を認識しています。この自然のプロセスと調和し、それに従うことができたなら、変化にも巧みに対処できるのです。

月のワークを行えば、異なるパラダイムからも有意義な選択肢を見つけ、自分の意識状態のレベルや層をよりいっそう統合して理解できるようになります。

本書は月のサイクルを総合的に利用する方法の基本を紹介します。月の満ち欠けのそれぞれの位相をどう利用するかについて、さまざまな提案を行います。また本書では、月の位相というレンズを通して、あなた自身のサイクル――エネルギーのサイクル、個人的なサイクル、感情的なサイクル――との関係を築く方法もお教えします。外部から情報を得たり影響を受けたりせず、自分ひとりでしばらくこのワークを行うことをおすすめします。自分自身のフローやエネルギーのパターンに耳を傾ける時間と空間を確保しましょう。月との個人的な関係を築きましょう。

本書は魔法の実践者・教師・研究者・プロフェッショナルな霊能者兼タロット占い師・アーティストとしての、過去20年にわたるわたしの人生経験から生まれたものです。わたしはフェミニストでセクシャルマイノリティで、シスジェンダー［生まれながらの性別と性同一性が一致し、それに従って生きる人のこと］の白人女性です。この生い立ちが意識的・無意識的にわたしの考え方に反映されているでしょう。それゆえに、ここで示した考えや表現すべてに読者のみなさまが共鳴してくださるとはかぎりません。けれども、わたしたちにできる最も重要なワークのひとつは、すべてを鵜呑みにすることなく自分の頭で考え、心に響いて自分のためになると思うものを探究することです。あなたはこの本に書かれていることのうち気に入ったものを採用し、それ以外のものは捨ててください。

自分はいったい何者か、いったい何を望んでいるのかをあなたが思い出すのをお手伝いし、どうしたらそこに到達できるかをお教えできることを願って、本書を著しました。あなたが自分自身の大切な道を、自信を持って歩けるようにするさまざまなツールをご提供したいと思っています。あなたは素晴らしくパワフルで、根本的に価値のある存在です。だからわたしが紹介する月という道標は、あなたのサイクルに、あなたの才能に、あなたの直観に、魔法の世界に、入り組んだ宇宙に、あなたがすでにどれほどつながっているかを教えてくれるでしょう。

# 月とは何か？

## 月は衛星

何千年ものあいだ、人間は夜空を見つめ、同じことを自問してきました。月とは何か？　答えはさまざまです――文字どおりのこともあれば、比喩的なことも、スピリチュアルなことも。答えがさらなる疑問を導くことも多くありました。

月は地球にとって唯一の天然衛星です。天文学者ヨハネス・ケプラーは17世紀初頭、「供」や「衛兵」を意味するラテン語「satelles」から「satellite」（衛星）という語をつくりました。月は少なくとも45億年前に誕生しており、地球とほぼ同じ年齢です。月がどのように誕生したかについては諸説あって決定的な結論が出たわけではありませんが、一般的にはなんらかの衝突が原因だとされています。「ジャイアント・インパクト」説によれば、ある物体が地球に衝突したことから月が形成されました。その衝突で生まれた物質が時を経て集積し、現在わたしたちが月と呼ぶものになったのです。[1]

月は地球から最も近い天体です。月はつねに同じ面を地球に向けています。だから、わたしたちは月を見て親近感を抱くのでしょう。繰り返し同じ様相を見ているうちに、月が徐々に心に刻み込まれていったのです。月はおよそ27・3日間で地球のまわりを1周し、この期間は恒星月と呼ばれます。地球も太陽のまわりをまわっているため、月が太陽に対してニュームーンから次のニュームーンまでの1サイクルを完成させるには、もう少し時間がかかります。これは朔望月と呼ばれ、地球人にとって、それは29.5日間となります。これが1カ月のだいたいの長さです。月は反時計まわりに楕円軌道で動いています。地球に非常に接近したときには「スーパームーン」、遠ざかったときには「マイクロムーン」となります。フルムーンが目を見張るほど巨大に見える月があるかと思えば、次の月には別れた恋人のように遠く見えるのです。

月を構成するさまざまな物質の中には、地球と共通するものもあります。月の表面や内部からは、火成岩、長石、鉄などが見つかっています。月の鉱物のひとつであるペリドットは、彗星の尾部や地球の上部マントルにも見られます。

月に大気はありません。断続的に月震が起こる以外は、おだやかで静かな場所です。50年以上前に宇宙飛行士が残した足跡は永遠に消えないでしょう。月は鋭敏です。ちょうどあなたと同じように。

人間はこの衛星の表面に多くの絵を見てきました。それは物語、神話、神々に変化します。月の多数の山や谷は、モナ・リザの笑みを浮かべたぼんやりした顔をつくり出します。こういった模様をウサギ、バッファロー、カエル、人間などに解釈した人もいます。これらの凹凸は、何十億年ものあいだに月のもろい表面に小惑星や流星がぶつかった強い衝撃によってつくられました。月の地理的事象には、ジョヴァンニ・バッティスタ・リッチョーリが1651年に考案した独自の命名法があります。[2] 月表面の暗く見える盆地や平野は、ラテン語で「海」を意味するマリア（maria)、単数形はマーレ（mare）です（昔月を見た人々はこうした標高の低い平野を海だと考えましたが、わたしたちの知るかぎり、月の表面に水はありません)。これらの名前は興味深く、想像力をかきたててくれます。「ヘビの海」(Mare Anguis)、「賢者の海」(Mare Ingenii)、「緑の海」、「静かの海」、「危難の海」。

海と似ているのはラクス（lacus）で、海より小さな玄武岩質の平野です（「lacus」はラテン語で「湖」の意)。「贅沢な湖」のそばには「忘却の湖」があります。「憎しみの湖」(Lacus Odii）は「幸福の湖」(Lacus Felicitatis）と同じ緯度にあります。安らかな湖と激しく荒れる湖が隣りあう。それが月の世界です。

サイナス（ラテン語「sinus」は「入り江」の意)、パラス（ラテン語「palus」

は「沼」の意）という、もっと小規模で似た特徴を持つ地形もあります。これには「熱の入り江」、「虹の入り江」、「眠りの沼」、「腐敗の沼」などがあります。

月は円形ではありません。地球と同じく卵のような形をしています。この宇宙の卵は、古代の天地創造神話の多くに登場します。月は地球の３分の１以下の大きさです――直径はロサンゼルスからニューヨークまでの距離よりわずかに短い程度です。[3]

月を見あげるとき、わたしたちは何を見ているのでしょう？　宇宙の向かい側からの日光の反射です。月自体は光を発しません。非常に暗い灰色で、一部がペリドットの緑色をしています。月が白、銀色、黄色、赤、ときにはわずかに青みがかって見えるのは、地球の大気を通る光の変化のせいです。たいていの人には、月に関する自分だけの思い出があります。ある寒い冬の夜、ひとりで家まで歩いているとフルムーンがついてくるように思えたこと。眠ろうとして眠れなかったとき、寝室の窓からフルムーンが見おろしていたこと。夏の最高のダンスパーティーの背景としてミラーボールのようなフルムーンが浮かんでいたこと。特別な角度、反射、温度、空気、季節、天候などの条件が、それぞれの場面を非常に特別なものにし、意外性によってわたしたちの経験をもっと素敵なものにしてくれます。

月は地球上の水の重力を司っています。海だけでなく、湖や川などあらゆる潮の干満に影響を与えています。地球の表面上の水だけではありません。地球の上、そして中にあるすべての水です。それには、植物や動物や人間が持つ水分も含まれます。人体は60％が水分です。月はあなたの体内にあるすべての水に影響を与えています。

太陽の引力も潮の干満に影響を与えますが、月のほうが地球に近いため、その影響ははるかに大きいのです。月が真上にあるとき、地面は１フィート（約30センチメートル）も上昇することがあります。[4]月は地球の軸を安定させています。月がなければ地球はいまより大きく揺れ、軸が予想もできないずれ方をするでしょう。月の引力は季節もコントロールしています。もしも月が存在しなければ、季節は不規則に、天候はもっと極端に激しくなるでしょう。昼間の時間は非常に短くなり、地球上での生活はとても困難になるでしょう。月は地球にとって役に立つ星なのです。[5]

月は作物の成長も助けてくれます。昔から人類は月に従って作物を植え、育てていました。いまでも多くの人がそうしています。月による園芸とは、月の位相や通り道やサインを利用して、野菜の種蒔き、植えつけ、収穫を行うことです。この方法は何千年も前に編み出され、現在でも使われています。月が占星術のどのサインにいるかに対応するさまざまな「エレメントの日」があります。大地の日は根に、水は葉に、空気は花に、火は果物や種蒔き日に対応します。園芸のための月の暦は占星術でなく天文学に基づいています。恒星12宮を用いて植えつけ、収穫、交配、種蒔きに推奨する時期を決めています。[6]

人類の進化も部分的に月と関係しています。この明るい衛星があるおかげで、人間は夜に旅をするときも、仕事をするときも、礼拝するときも、よく見ることができます。月があるおかげで時間の経過がわかり、そのため農業が繁栄し、秩序ある社会が形成できたのです。

このように月を認識することで、わたしたちは自分の体、血統、人生を認識できます。自分の体の自然な知性、概日リズム、そのほかの反応やリズムを思い出すことができます。月の変わりゆく光が季節や庭園に映し出されるのに気づきます。わたしたちは、自分の中にある干満とつながっているのです。

## 月はみんなのもの

月は誰かひとりのものではありません。でもこの世界は非常に搾取的なので、月が略奪と破壊の場所になるのも時間の問題でしょう。2015年のS.P.A.C.E法（商業的宇宙打ちあげ競争法）により、アメリカの国民や産業は「宇宙資源の商業的探索ならびに開発に携わる」ことが認められています。言い換えれば、どんな企業がどの惑星、小惑星、衛星の鉱物を採掘することも可能なのです。いかなる会社も、火星を掘ったり、地表下に蓄えられているとされる月の水を抜いたりできます。何よりも優先されるのは利益です。

すでにこの地球は、世界じゅうに蔓延する強欲という名の空虚さを、ほとんど封じ込められなくなっています。月に着陸した者たちもごみを残しました。いまでも人類は、無人月探査ミッションの最後には必ず探査機を月面に墜落させて、月の表面を汚染し続けています。人類は総計40万ポンド（約180トン）ものごみを月に残してきました。「静かの海」に投げ入れられたり、そのほか多くの月の海に撒き散らされたりしたものには、ムーンブーツ12足、ハッセルブラッドのカメラ数台、リチャード・ニクソンのサインが入った額、96ポンド（約43キログラム）分の尿や糞便や嘔吐物、複数のハンマー、アメリカ国旗5枚など、数多くがあります。月には大気がないので、これらのものは絶対に腐らず、吹き飛ばされもしません。[7] 月旅行の実現が迫っている現在、宇宙がキャンディーの包み紙やペットボトルや紙オムツだらけになって、浮遊したものが宇宙船の窓の前を横切っていく光景を想像するのも、そう難しくはないでしょう。

このようなごみを、人類は宇宙の神聖な表面に残しているのです。わたしたちは神聖な自然、大切な自然物を、このような搾取的な方法で扱うよう教えられています。人間関係もこのような搾取的な方法で考えるよう教えられています。わたしたちは搾取的な方法で魔法を利用し、売ろうとしています。月はそのあいだじゅうずっと、わたしたちを見つめていました。アレクサンドロス大王が略奪を行うのを、月は漏れ聞きました。天安門事件のあいだも、月は地球のまわりをまわっていました。月はつねにミューズであり、ルーミーからリルケ、オードリー・ロードまで多くの詩人にインスピレーションの光を浴びせてきました。バッファローが殺されてタートル・アイランド［アメリカ先住民が北米大陸を指す呼び方］の平原からほぼ全滅させられるのを、月は見ていました。涙の道［アメリカ先住民チェロキー族が居留地に強制移動させられたこと］によって昔からの住民が地域からいなくなったことを、月は耳にしました。ビール瓶がミサイルのごとく飛び交って夜空を照らしたストーンウォールの反乱［1969年ニューヨークのゲイバーに警察が踏み込んだことに端を発した暴動］の最後の瞬間にも、フルムーンは頭上で輝いていました。サンゴ礁が崩壊するときも、果てしない不正に人々が抗議するときも、身を滅ぼすことなく互いに愛しあう方法をわたしたちが見いだそうとしているときも、月はおだやかにわたしたちを照らしています。人類がいなくなっても、月は輝き続けるでしょう。天空の母たる偉大な月は、わたしたちのものではありません。月は人類の時間を超越しています。月は無関心です。だからわたしたちも月に無関心でいい、というわけではありません。

スピリチュアルな仕事や司法の仕事に携わっている方なら、わかっておられるでしょう——わたしたちは、自分には見えない未来のために仕事をしているのです。率直に言って決して見ることのない未来のために。人の意思や繰り返される行動の力を過小評価してはいけないことを、わたしたちは知っています。人生は長くつらい道ですが、楽しく、美しく、絆にあふれた道でもあるはずです。わたしたちの責任のひとつは、過去に傷ついた人々の傷を癒すことです。何かを愛するというのは、それを守ること、助けること、分かちあうこと。愛は、肉体が滅びたあとも生き続ける方法を教えてくれます。

月は誰のものでもなく、すべての人々のものです。人類ひとりひとりにとって、月は宇宙の水晶玉です。わたしたちが見ることを助け、立ち止まらせ、よく考えるよう促します。超未来的な特殊効果やものすごく正確な未来予測にあふれるこの時代にあっても、明るい月を見れば、わたしたちはいまでも大好きな有名人に出くわしたかのように息をのみます。思わず魅了されて空を指さしたり、車を道路脇に寄せたり、計画を変更したり、家にとどまったり、外出したり、同じ考えを持つ他人や友人で集まったりします。何千年ものあいだ、月は人類にインスピレーションを与え、導いてきました。ピラミッド、彫刻、歌、あらゆる宗教や古代のカルト、ファッションのコレクションなどはすべて、夜の最も強力な守護者を崇めて礼賛するために創造されたのです。月は誰のものでもありません。月はみんなのものです。

## 月はわたしたちの先祖

月を研究することは、人類の歴史全体を研究すること。人々がどのように行動して何に重きを置いてきたかが、月のさまざまな解釈に反映されています。いくつもの時代を経る中で、月の力は敬われ、拒まれ、ふたたび活用されてきました。歳月の経過は月の観察を通じて記録されました。月はわたしたちの、そして地球の豊穣のためのパートナーです。わたしたちの糧、わたしたちを人生そのものにつなぎ留めてくれるもの。後世、月は邪悪な力、魔女の力や女性の奔放さの源、ヒステリーを引き起こすもの、恐れるべきものとなりました。月の歴史（ヒストリー）は、月の歴史（ハーストーリー）［「history」の「his」を「her」にした、フェミニストの視点からの歴史を指す］を凌駕しています。月の知識は民族の知識となり、何世紀ものあいだ、主に口承によって伝えられました。神話、つくり話、歌、レシピの形をした情報です。けれど、月の女神は決して去ったわけではなく、地下に潜ったにすぎません。やがて現れ、女神を最も求める人のところに戻ってきてくれるのです。

人類はみな、同じ月を見あげ、考えてきました。人生について、愛について、神秘について、存在するものすべてについて。クレオパトラから女優シェールにいたるまで。祖母の祖母のそのまた祖母も、わたしたちが決して名前を知らないであろうすべての先祖も、フルムーンを見ていました。彼らは月の下に座って泣きました。ちょうどわたしたちがそうしたように。同化によって、わたしたちと先祖との絆の一部、あるいはすべてはなくなってしまったかもしれません。母語や古代の儀式や特定のレシピが使えなくなったのです。奴隷制度や植民地化によって、古くからの血統や魔法の伝統や民間療法や言語はすべて消え去りました。月は、先祖についてもっとよく知り、先祖が用いたであろう伝統や儀式といった慣習を見いだすために利用できる、ただひとつのツールです。

先祖が月をどのように理解したかは、月を命名するのに用いた言語に現れています。英語の「menses」（月経）や、「menstruation」（月経期間）の語根は、ラテン語で「月」を意味する「mensis」に由来します。インド・ヨーロッパ祖語の「moon」や「measurement」（測量）の共通語根「me」、「ma」、「men」は「measure」（測量する）、「mind」（心）、「mental」（精神的な）などにも含まれています。

多くの文化がフルムーンに名前をつけました。そうした名前は場所、季節、育っている植物、環境などに言及しています。たとえば北米では、カナダの先住民アルゴンキン族は秋分のフルムーンを「コーンムーン」、1

月のフルムーンを「ウルフムーン」と名づけました。19世紀から毎年発行されている『農業年鑑』では、アルゴンキン族のつけたフルムーンの名前をアメリカのすべての先住民族が使っているものだと誤って記載して一般に広め、問題を起こしました。実際には、北米には573のアメリカ先住民族がいて、多くがフルムーンにそれぞれ異なる名前をつけています。[8]

フルムーンの名前は人が大切にしてきたもののタイムカプセルです。それは特定の時期、場所、儀式を表し、活動や伝統も表現します。チェロキー族にとって、3月は「風の月」、「a nu yi」でした。5月は「植えつけの月」、「a na a gv ti」。こうした記述から、アメリカ南東部で起こっていたことの記録が得られます。ゲール語の太陰月にはたいてい木の名前がついています。ケルト人の精神では、木には癒しと魔法の力があると信じられていたからです。1月はカバの月、2月半ばはナナカマドの月、3月半ばはトネリコの月。中国のフルムーンは崇敬される神聖な花から名づけられました。4月は牡丹の月、6月は蓮の月、9月は菊の月。月の名前は詩、儀式の合図、一種の家庭なのです。

月に関する神話、寓話、物語は無数にあります。あるイディッシュ語の物語では、兄弟ふたりがバケツで月を捕まえて盗もうとしました。しかし盗むことはできず、彼らは自分のものではないものを盗んではならない——とりわけ、それがすでに自分自身の光を持っているときには——と学びます。[9] 月の見え方について説明する物語もあります。ブッダの前世の物語を集めたインドの文献ジャータカによると、ブッダはウサギとして生を受けたことがあり、飢えた僧侶の姿をとっていた神インドラに食べさせるため献身的に自らを捧げました。その心やさしいウサギは月の顔となって記憶されています。[10] 地球や季節の誕生物語もあります。作物と豊穣を表すギリシア神話とローマ神話の女神デメテル／ケレスは三日月形の鎌で刈り取りをしました。アステカの月の女神トラソルテオトルは自分自身を出産します。[11]

先祖がどの地域から来たかを知っているなら、あなたも調べてみてください。あなたの先祖は月についてどんな物語を伝えましたか？　どのように月を崇めましたか？　月を表す名前はなんですか？　その気になったなら、先祖が食べたもの、使ったハーブ、そのほかの伝統や言い伝えを調べましょう。より多くの情報を得るためには、月に関した言い伝えから始めるのが簡単です。ほぼすべての文化が月と独自の関係を築いているのですから。

でも、あなたが自分で名前をつけ、自分で物語を紡いではいけない、ということではありません。

先祖はわたしたちの中で生きています。彼らはわたしたちの骨、髪、血、才能、悲しみ、立ち直る力です。新旧両方のやり方で月を崇めれば、自分自身と先祖を崇めることになるのです。

## 月は鏡

月は鏡です。太陽は月に光を当て、月はその光をわたしたちに向けて反射し、わたしたちの秘めた内面、影、秘密を照らし出します。月は、個人的にも集団的にも存在意義を見いだすよすがとなる象徴です。月がどのような象徴になるかは、それを求める人次第です。月をどのように語るか、月に何を見るか、月とどのように協力するかが、多くのことを教えてくれます。月に映った自分の姿を見つめていると、月はわたしたちの仮面をはがして本当の自分に戻してくれるのです。

月は自然な螺旋のプロセスを映し出します。人生は静止しているように見えるときでも、決して静止してはいません。わたしたちは人生のさまざまな局面を出たり入ったりし、収縮と拡大を繰り返し、つくっては捨てます。月は何度も死にます。生まれ変わるために自らの影を脱ぎ捨てるのです。ときには、わたしたちも自分本来の姿になるために生まれ変わらねばなりません。しばしば月のエネルギーのパターンを映し出すわたしたち自身のエネルギーのパターンと同調するとき、そこで得た自己認識が変身を容易にしてくれます。自分についてありとあらゆる不可能なこと、困難なこと、驚異的なことを受け入れれば、人生の不完全であり複雑であることを包み込む「金継ぎ」の金の接着剤ができるのです。わたしたちは同時にいろいろな存在でありえます。苦痛は喜びに通じ、過ちは謙虚さへとわたしたちを導きます。月のさまざまな反射とともに生きること、これは全体性を得るためのひとつの方法です。

観察は非常に効果的です。ユダヤ教の聖典タルムードはこう言っています。「人は何かを見るとき、そのものの姿を見ているのではない。自分自身の姿を見ているのだ」。わたしたちはみな鏡です。他者には、わたしたち自身の認識、恐怖、希望、夢が鏡のように映っているのです。月は、わたしたちがどうしたら愛を受け入れられるかを教えてくれます。わたしたちはどうやって他者に思いやりや同情を示すべきかを考えねばなりません。他者の欲求、愛の言葉、熱望、安心を感じるために必要なものを、映し出さなければならないのです。

自分を省みられるのは素晴らしいことです。相手を支配する力に重きが置かれる世界において、自省できるのは天賦の才能です。話す前に考えるのは、つねに素晴らしいアイデアです。毎週、あるいは毎日、反省して自分に立ち返る時間を取るのは、貴重な習慣です。そうやって一時停止すると、本当にものが見えるようになります。

月に基づいた生活とは、自分の心理、感情、内面の風景を映す鏡をつねにきれいに保つことです。澄んだ鏡をのぞき込むのは、過去の歪んだ物語という埃で曇らされることなく現在を生きることです。鏡をきれいにするとは、できるかぎり正直でいることです。思い込みや錯覚は拭き取らねばなりません。鏡をきれいにするとは、偏見のない愛を抱き、鏡に映った自分の姿を見て進歩に役立てることです。

## 月はわたしたちの水

月はわたしたちの内面の潮汐を支配します。月は人が持つあらゆる水分を引き寄せます。血、汗、涙。羊水、唾、乳汁。魔術やタロット理論では、水は伝統的に霊能力、フロー、直観、感情、霊性、郷愁、記憶と関連しています。古代、巫女は癒しの水を守り、手に入れられるようにするため、泉の入口や湖畔や秘密の池を隠した洞窟に月の神殿を建てました。[12]

水は多様な働きをする強い力です。巨大な船を沈め、青い深みにいる海馬を愛で、土のあいだにしみ入って地中でもつれる木の根に養分を与えます。多くの人は流動性を快く思いませんが、そういう人たちは、すべてを白と黒に区別するのは世の中の決まりごとで、唯一の方法であると見なしており、厳格さと安全を混同しているのです。

水は、わたしたちが流動的であることを思い出させてくれます。わたしたちは海、川、雨を映す鏡です。流動性を自分のものとして実践すれば、わたしたちの存在のスペクトルは極彩色に変わります。

自分の感情を無視し、感情が不安定になると、行動は危険なものになります。水は冷たくなりすぎると凍ります。まったく通り抜けられなくなります。熱すぎたら煮えたぎります。心地よい小雨はすぐ雷雨になります。暖かな春は灼熱の洞窟になります。わたしたちの水が守られるとき、水は自由に流れます。安全や境界という適切な乗り物があれば、人は人生という川で簡単に浮かぶことができます。わたしたちは自分の霊能力を軽視していませんし、「実体のある」あるいは論理に基づいた反応によって行動するのと同じように、霊能力に基づいて行動します。自分や他者を癒す、思いやりや愛や喜びや美の行動は敬われます。世界の神秘は、内なる神秘と同じくらい尊重されます。

わたしたちが何度も同じ行動パターンを繰り返すのは、表面下の潜在意識（無意識）の働きによります。潜在意識の底には、自分を安全に保つために築いた古い信念体系があるのです。それは、安心できる同じ物語を繰り返す自我です。人を変身させる水の力を持つ月のワークを行っていると、自我の有害な部分に直面するでしょう。それは、物足りない、期待外れだとしてわたしたちを罰し続ける部分です。ずっと昔、もしかすると生まれる前からつくられていた、自分自身の一部に遭遇するでしょう。そういった部分は、観察し、統合し、場合によっては手放さねばなりません。

カール・ユングがこう述べたのはよく知られています。「無意識を意識しないかぎり、無意識はあなたの人生を支配する。あなたはそれを運命と呼ぶことになるだろう」。わたしたちの感情のパターンは、癒すべきものをきちんと指し示してくれます。訓練を通じて、感情に打ち負かされることなく感情に対処する方法を習得できます。そうすれば、感情は情報の源となるでしょう。自分は感情の奴隷ではなく、ある一瞬の行動や感情によって自分という人間が決まるわけではないことが、理解できるようになります。わたしたちの直観は無意識と呼応しています。その無意識とは、言語を超越し、批判的・分析的な思考を超越したところにある知識です。無意識の領域には、わたしたちの過去も存在します。現在の反応や行動に影響を与えている考え方や経験です。月は過去としての無意識と具現化した現在とをつなぐ橋です。月のワークによって、無意識と意識の両方のドアを開ける鍵を手に入れることができます。自分が何に反応しているのか、その反応はそもそもどこで始まったのか、人生を望ましからぬ方向に向ける反応のパターンを変えるにはどうすべきかが、わかってくるでしょう。

より大きなパターンやサイクルに気づけば、自分の意識のさまざまな面を統合できます。訓練すれば、意識と無意識をダイレクトに結ぶ線に容易に行き着けます。それによって自信が生まれ、自らをよりよく知ることができます。そうすれば、自分には変わる力が内在していると信じられるようになるのです。

## 月はフェミニスト・アート

月はフェミニスト・アートです。月の位相はわたしたちを二者択一的な考え方から解き放ってくれます。暗く、それでいて明るい月は、わたしたちの思い込みをもてあそびます。月と同じく、人もあるひとつの状態から別の状態へと自然に移り変わります。行動が変化し、アイデンティティが自分の活躍する新たな領域を見いだしているあいだも、魂は光を放ち続けます。わたしたちは自らにどんどん肩書をつけていき、やがていくつ肩書をつけたのかもわからなくなるでしょう。自分が何になれるのか、その可能性に限界はありません。

芸術（アート）の創造という行為は魔力のようなものです。芸術は命を救います。自然は芸術です。自然も芸術もさまざまな方法で人を癒します。

夜空という巨大なカンバスにある月は、神聖なる女性を示す最も身近な象徴です。女性性とは何を内包するのか、それをどうやって発展させ進化させられるのかを考えるのに、月を利用することができます（月以外で満ち欠けして見える唯一の天体である金星も、古代の人々や占星術師から女性として見られていました）。時代を経る中で、女性性や月に関して多くの想定がなされてきました。

月をどのような代名詞で呼んでもかまいません。月はそんなことには無頓着です。月の女神もいれば、男性的な月の神もおり、性別を超えたもっと大きな月のエネルギーも存在します。月はあらゆる性別のものです。トランスジェンダー、シスジェンダー、ノンバイナリー［自分の性認識が男女どちらにも当てはまらないという考え方］、そのほか自分のアイデンティティとして人が選ぶどんなものでも。生理になろうとなるまいと、月はわたしたちのものです。

とはいえ、月と月経周期とのあいだには否定しえない関係があります。月のサイクルと人間の月経周期がどちらも同様に29日だというだけではなく、月がその周期を一定に保つ役割を果たしているとする説もあります。それが生殖を助け、そのおかげで人類は地球上で繁栄することができました。ほとんどの人の生理は月の位相とつねに一致するわけではなく、変動します[13]。電気、画面の見すぎ、薬、ストレスといった要因によって、ホルモンや松果体は数千年前よりはるかに大きな影響を受けていると思われます。

生理や生殖と月の関係から、月と女性性の相互関係が広く信じられるようになりました。また、月を悪意ある力として認識することにもつながりました。魔女、荒れ狂う感情、奔放な精神、多くの女性が自然に持つ出産能力などと結びついた力です。新石器時代の多くの社会では、崇めるべき最も重要で中心的な神は母なる月――女神、あるいは月を象徴する神――でした。やがて、ほとんどの母系社会は父系社会に征服され、女性神も同様に服従させられました。神は、わたしたちちっぽけな人間や、わたしたちが熱望する力、わたしたちが抱く恐怖を、鏡に映した姿なのです。

コロニアリズムや父権制の発展とともに、二元論が力を得るようになりました。二元論が強くなると、暴力やレイプ、月経を恥とする考えといった、屈辱的な行為や思考によって、女性が支配されるようになりました。父権制は母なる月を滅ぼして代わりに太陽神を打ち立て、やがてそれはキリスト教の神となりました。それでも、以前の母権的な月の慣習の名残は、いまなお目に見える形で残っています――父、子、精霊の三位一体です。これは月の３つの位相、女神ヘカテの３つの顔、多くの女神文化で主流をなす聖三者に由来しています。

世界じゅうの魔術師たちは、昔から月を崇拝し続けてきました。最近では、1960年代に始まって現在まで続く女神中心の多神教の台頭に、その傾向が見られます。その一部は、ポップカルチャー、なぜニュームーンが重要なのかに関するインターネットのまとめ記事、フルムーンの頃の強い感情を嘆くツイートなどに見られます。「月がわたしにそうさせた」というわけです。こういうオンライン上での人気は、宗教的崇拝、魔女集会、太古の昔から続く古い月信仰を起源としています。スピリチュアルな関心に目覚め、父権的で白人至上主義的な考えから生まれた偏見に満ちた宗教的教義に背を向ける人は増えています。自然に基づいて直観に導かれた月のマインドフルネスの実践は、魂の回復の一環なのです。

1960年代に登場していまなお特定の領域で影響力を有するニューエイジの女神文化の思想や行動の中には、トランスジェンダー嫌悪的なものもあります。抑圧された集団（シスの女性やシスのレズビアン）のメンバーが他者を抑圧しようとするのは想像しがたいことですが、理解はできます。トラウマを負った抑圧された集団は、しばしば自分が主導権を握れるところでは握ろうとし、自らを投影した「他者」に暴力を振るうのです。これは内在化した虐待のひとつの症状です。憎悪に駆られた人たちは、誰を「女性」と見なすかを――誕生時に決められた性別や生まれ持った生殖器に基づいて――決められるのは自分たちだけだと考えていますが、こうした慣行には終止符を打たねばなりません。この種の考え方は、女性の魔法性がそのライフステージ（娘、母親、老婆）や出産能力に基づくという考え方と同じく、父権的なものです。性別原理主義的な美辞麗句（レトリック）は有害で、真実ではありません。生物学的に子宮があるから月とつながれるとはかぎりませんし、逆に子宮がないから月とつながれないともかぎりません。助産師・作家・活動家のレイサム・トーマスが言うように、「あなたの本質的な価値は出血や出産の能力とはなんの関係もない」のです。

どの臓器を持っているかに関係なく、月はわたしたちに影響を与えます。人はみな水でできています。人にはみな影と光があります。人はみな月を感じ、皮膚に降り注ぐ銀色の輝きを喜び、心に月の歌を抱いています。わたしが月は女性的だと言うとき、それはジェンダーを超越しています。わたしが言及しているのはエネルギー、質、哲学、そして、互いの思いやりや援助や安全や非階層的・非暴力的相互関係を重んじる関係構造のことです。

月と神聖なる女性とのつながりはつねに進化しています。神聖なる女性は、あるひとつのジェンダーではありません。あらゆる人種、あらゆる能力、あらゆる体のタイプを表します。男性やノンバイナリーの人々も神聖なる女性を体現できます。すべての女性が、神聖なる女性を体現することを心地よく感じるわけではないでしょう。神聖なる女性とは肥沃と豊穣の場所、わたしたちが心の奥底からつくり出す場所。自由な表現ができる場所。わたしたちが愛する対象、愛し方。それは女王のエネルギーです。神聖なる女性は勇猛で恐れを知らず、ある日は10の仕事をこなし、次の日にはセラピストのもとを訪れてテイクアウトのことで愚痴を言うかもしれません。神聖なる女性は傷つきやすく、楽しく、思慮深く、セクシーで、心やさしく、他人とともに歩みます。自分にできる最善のことをしたいと考えていますが、それは恐怖に基づいた衝動からではなく、人知を超えたものとの遭遇によって生まれた魂の叫びから来る気持ちです。

フェミニズムは神の概念を新たにつくり直すものです。人類が進化すると、フェミニズムも進化します。BIPOC［「black, indigenous, people of color」＝「ブラック、先住民、有色人種」］、セックスワーカー、トランスジェンダー、ノンバイナリー、障碍者、病人、生活困窮者、労働者階級、不法滞在者、その他あらゆるバックグラウンドを持つ人を含まないフェミニズムは、フェミニズムではありません。神たるフェミニズムは急進的な形態のフェミニズムを喚起します——男性と平等になる努力を永続させることに関心のないフェミニズムです。

神たるフェミニズムは虐待からの脱洗脳を目指します。父権制を模倣するつもりはありません。白人至上主義や資本主義による暴力を維持するつもりもありません。まったく別のことに努力を注ぎ込まねばなりません。

信頼、お互いの尊重、傾聴に基づくコミュニティを築くこと。ロボットによる生産よりも楽しみに、競争よりも寛大さに重きを置くこと。あらゆる人が富み栄える庭園、誰もが思いやってもらえる場所。互いの業績を称えあう場所。他人が成功したからといって、自分のチャンスが減るわけではないのです。本書でお伝えしたいのは、心の豊かさを求めるマインドセットを育むことです。自然な状態の存在に戻る方法を見つけましょう。複雑で、乱れていて、個人主義的で、地域同士が対立する世界にあって、新たな生き方をつくり出しましょう。魔術やスピリチュアリティに見いだされる「連帯する力」の寛大さを享受しましょう。記憶を呼び覚まし、互いにつながり、自分だけの魔法と信仰に適応しましょう。

# 魔女と魔法と月

## 魔女

古来、月と魔女は結びついていました。魔女は何をするときも月に従って時期を決めます。多くの魔女は、月の位相の解釈に応じて呪文を唱えます。ハーブの薬をつくる魔女はしばしば月のサイクルに応じて収穫を行い、薬を調合します。「月を引きおろす」という表現は、巫女や魔女が月の下に立って両腕をあげ、月のエネルギーを自分の中に引き入れる古代の儀式を表しています。儀式の参加者は、月の持つ魔法の力に照らされて、月になったり、月のエネルギーとチャネリングしたりします。[1]

魔女にはさまざまな性質があります。魔女は飼いならされてはおらず、激情に満ちていて、いつでも叫び出す準備はできています。寛大に自分の力を分け与えます。自然や精霊と意思疎通できます。鍼で人の体を治せます。ペン１本だけを持って部屋に閉じこもり、12時間後に途方もない傑作を持って現れます。ひと房のニワトコの実と１杯の酒から、人を元気にする霊薬をつくります。好きな方法で、好きな相手と、好きなときにまじわります。森で食料を探したり、洞穴で水晶を撫でたり、シラサギをよく見るため木にのぼったり、険しい崖に打ち寄せる波の下で長時間息を止めたりします。教室で子どもたちに代数を教え、食料品店で商品を慎重に積みあげ、混雑した診療所で患者の体温をはかり、ラインストーンをちりばめた特大のサングラスをかけて映画のセットに入り、堕胎専門クリニックで患者の汗ばんだ手を握り、駐車場でスマートフォンの画面を左にスワイプしながらのろのろ動き、ストリップ劇場の舞台から客を誘惑し、神託を求める人の向かい側でトランプをシャッフルします。魔女はどこにでもいます。

魔女は自らに名前をつけます。緑の魔女、キッチンの魔女、妖しい魔女、垣根の魔女、有色の魔女、妖精の魔女、芸術の魔女、セックスの魔女、月の魔女、産婆の魔女、言葉の魔女、天空の魔女、変わり者の魔女、ファッションの魔女、薬草家の魔女。これらは、魔女が自らを表す表現でわたしが耳にしたもののほんの一部です。魔女とは女まじない師、魔法使い、巫女、予言者、奇術師、魔術師です。魔女はイスラム教徒、ユダヤ教徒、仏教徒、キリスト教徒、ウィッカ信者、懐疑論者です。魔術とは幅広い信念体系であり、そこにはさまざまなイデオロギーが存在します。魔女は自分が正しいと言い張ったり、自分のと異なる魔術をけなしたりする必要がありません。魔女には間違ったあり方も、特定のひとつのあり方もありません。

魔女は父権制をおびやかします。魔法使いは自分なりに定めた力を編み出し、それを実現します。だからこそ父権制は魔女を怖がるのです。その恐怖が支配や罰や暴力を生み、それはいまも続いています。今日でも、魔女は迫害されています。魔女狩りはいまだに、社会から疎外された人々の体や知識や労働力や土地を支配するのに利用されています。先住民、黒人、褐色人種、有色人種、女性、性別不適合者は暴力的な排除運動の主なターゲットであり、植民地主義で最も苦しんできた人々です。[2] 魔女との戦いとは、支配層に従わない異質な人々への攻撃なのです。

魔法の力をよみがえらせることができるのは、わたしたちだけです。魔女たるわたしたちは、自らの強大な力に着せられた汚名をすすがねばなりません。共感能力、感受性、やさしさ、思いやり、勇猛さ、霊感、直観は、素晴らしいものです。ものごとを深く感じ、動物、植物、自然の摂理、霊、妖精、魂、霊界、先祖とかかわりを持つのは、祝福すべきことです。もしもあなたが特別な才能を持っているなら、それには理由があります。あなたが（外見はどうあれ）霊媒であるなら、あなたに何も悪いところはありません。あなたはそうあるように意図された存在なのです。

アイデンティティを取り戻すときは、魔法的な習慣について慎重にじっくり調べなければなりません。他人のものを盗んだり横取りしたりしているのではないかと自問し、そうだとしたらやめましょう。コミュニティの中でどんな言語や枠組みが用いられているか、それらを改める必要があるかどうか考えましょう（たとえば、善を「白」、悪を「黒」と表していないでしょうか）。自分の習慣や行動が、人種差別、階級差別、障碍者差別、トランスジェンダー嫌悪、女性嫌悪といった、集団の中の多くの人々に不当な重荷を負わせる社会的な抑圧を行っていないかどうかを省みない口実として、スピリチュアル・バイパス［自分の精神性を高めようとするあまり、社会やコミュニティで起こっている苦しみを無視（バイパス）すること］を利用していませんか？　あなたが作家や教師であるなら、自分の考え方や概念の源を適切に引用し、参照文献として明示していますか？　認めるべきものをきちんと認めていますか？

自分の行動における、商業化主義の側面を意識しましょう。資本主義は、「もの」の付属物を、その「もの」自体と混同する傾向があります。ここで言うと、その「もの」とは魔法です。魔法に金銭的価値はつけられず、売ったり買ったりできません。分かちあい、自ら経験できるだけなのです。

## 魔法

魔法とは魔術。力。超自然的な力を用いてものごとの道筋を変える能力。人の意識を意のままに変える能力。豊かに生きるための技術。感情、そして行動。名詞、そして動詞。楽しいもの、激しいもの、興味深いもの、魅力的なもの。光り輝くもの、普通でないもの。整然とした状態、地に足のついた状態。エネルギーを操る技術。

地球上で実践されている魔法には無数の種類があります。本書で紹介する魔法は特定の宗教に属していません。つまり、特定の神や女神などを信じる必要はないのです。本書でなされた提案に従って、自分自身の習慣や行動や哲学を編み出してください。信じる必要があるのは、エネルギー、自然、行動、変化、美、絆、関係、因果という基本原理だけ。あなた自身を信じましょう。

魔法の実践方法は、ひとりひとり異なります。タイミングや対応にこだわる魔女もいます。儀式や呪文の構造にとても厳格な魔女もいます。先祖の血統に大きな影響を受けている魔女もいますが、先祖代々の魔女ばかりではないため、現世で学んだことに基づいて新たな血統をつくり出す魔女もいます。神々を利用する魔女、利用しない魔女。自分の利益のためだけに呪文を唱える魔女、他者や集団のためだけに呪文を唱える魔女、両方を行う魔女。多くの魔女は単独で行動しますが、コミュニティや魔女集団や寺院といった組織の中で魔法に携わる魔女もいます。

毎日、魔法を実践するのと並行してスピリチュアルな訓練をコツコツ行うのは修行になります。精神や感情や行動の修行を積めば積むほど、呪文は効果を発揮するようになります。修行は夢という曖昧なものから本質的な感受性や才能や願望を引き出して具体化するのに用いられます。自分の価値観、愛、興味、直観、夢の源に立ち戻ることによって、成し遂げられます。

朝や夜に補完的に魔法を継続して実践すれば、自分自身を取り戻し、じっくり考えて自分を省みる余裕が生まれます。ちょっとした、でも効果的な習慣を試してみましょう。5分間、現在の瞬間に集中します。タロットカードを1枚引き抜き、それについて記録します。さらに地に足をつける（グラウンディング）ための瞑想か精神集中の呼吸法を行います。必要に応じて自分なりに応用しましょう。数分しか割けない日もあれば、1時間以上自分の時間を取りたい日もあるでしょう。どんな魔法の実践においても、即興は非常に大切です。いつ行っても、スピリチュアルの実践はあなたの人生に溶け込みます。スピリチュアルの実践は人生の実践だからです。自分が培ってきた方法や習慣を用いれば、困難な出来事に遭遇しても正しい方角を向き、落ち着いて集中していられます。

熟練した魔女は、魔法とは精神を自由に操ることと、エネルギーを自由に操ることだと知っています。どちらも必要なことであり、どちらを行うにも継続した進歩が求められます。動いているあいだも心を落ち着けてエネルギーを自由に操れるよう練習しましょう。人を枠にはめる考え方や癒えない傷に基づいた外部の状況には、もう反応しないようにしましょう。そして、自己認識や同情という内部的な基準を築きながら、精神と、感情と、心の内の反応との相互関係に気づきましょう。これは魔法使いが行うレベルの魔法ですが、水晶玉もキャンドルも必要ありません。必要なのは、やる気、忍耐力、そして自制心です。

これをアラインメントと呼びます。あなたの頭が考えていることは、あなたの使う言葉とダイレクトにつながっています。言葉は行動とつながる。行動は自己実現に関して持つ理想を反映する。これは簡単そうに聞こえますが、実はとても難しいことです。意識的に継続してアラインメントしていれば、霊的に生きていることになります。これも魔法なのです。

魔法の実践では、自分は見られている、応援されていると感じられなければなりません。ある魔法の実践が自分の心に響かないなら、それをやってはいけません。本書で紹介したものも含めて、自分が見いだした呪文や考え方はいつでも補ったり改めたりしていいのです。魔法において、そして人生において、本質的に変わらないのは、「すべてをつくりあげる」ということ。スピリチュアルの実践とは、自分自身や自分の信念や欲求や考え方と密接に関係する特別なものをつくり出すことです。

練習という安全な器の中で、新しい種類のアートをつくったり、タロットカードの独自の解釈を行ったり、時間をかけて自分だけの魔法の道具のつくり方を習得したり、愛や官能という意味で自分の体をよく知ったり、エネルギーをより巧みに操れるよう励んだりしてみましょう。考えや目標や願望を変えてもかまいません。実験し、進歩していく中で、実践を続けるものもあれば、やめるものも出てくるでしょう。

魔法の実践は自然との交流でなければなりません。多くの呪文は、水晶や植物やハーブやキャンドルといった材料を必要とします。個人的には、少量のものが長持ちする魔法を楽しんでいます。友人からもらったセイヨウコウボウで編んだ紐を、この５年間使い続けています。日焼けするときは、一度に少しずつにします。ティーキャンドルやボウル１杯の水や紙とペンや少量の土だけを使って呪文を唱えたことがあります。呪文を効果的にするのに、特殊な材料はいりません。自然のエレメントの召喚は強力です。神々や天使や霊媒といった天界の救い主のエネルギーを求めるには、精神を集中するだけでいいのです。外へ出て森に入りましょう。川を呪文の一部としましょう。願いをささやくときに星を引き入れましょう。

魔法の実践は、無限の可能性を持つ世界への扉を開きます。その世界とは、人類が忘れかけているけれど、いまなおわたしたちの血管の中で脈打っている場所です。魔法は、わたしたちの人生を最も重要な部分に立ち戻らせてくれます。眠っている願望、リサイクルした新聞紙に包んで心のクローゼットの隅に投げ捨てた真剣な熱望を思い出させてくれるのです。魔法は、外界がわたしたちに感じるのをめったに許してくれない、ましてやそれを口に出したことを祝ってくれない願望に、わたしたちを立ち返らせてくれます。

魔法を実践するとは、想像という道を進むこと。かつて、わたしたちには何時間でも遊んだ想像上の友達がいました。かつて、小枝はドラゴンの炎によって電気が流れた魔法の杖でした。多くの人にとって、その生き生きした豊かな想像は、生存欲求や悲嘆、義務やトラウマによって押しつぶされました。魔法は、斬新な夢の光景をよみがえらせ、覚醒した人生に伴う純粋な驚きにふたたび出合うことのできる場所なのです。

魔法の実践における唯一の失敗は、実践しないことです。

## 魔法の実践と月

わたしがお教えする月の魔法とは、月のサイクル全体に合わせて特別につくられた魔法です。月のさまざまな位相のエネルギーを、意識的・意図的に利用しています。呪文で、儀式で、外界で、行為や行動の変化を通じて利用するのです。魔法の使い手のほとんどは月のタイミングを利用しますが、必ずしも月のサイクル全体に合わせて動き、魔法を実践するわけではありません。中には、ひとつの呪文だけを唱えて終わり、という人もいるでしょう。わたしが利用している、そしてお教えする月の魔法は、ひとつの目標やひとつの願望に対して、月の位相の少なくとも１サイクルのすべての位相に合わせて行います。たとえ１週間に一度も呪文を唱えなくとも、毎日目標に向かって行動しているのです。月サイクルのちょうど対照的なところでふたつの呪文しか唱えないこともあります。その中間の時期には自分のエネルギーを観察し、それと連動しながら、段階を踏んで行動を変化させ、自分の障壁を特定してそれらとの関係を変容させたりしています。こうしたことはすべて、月の各位相のエネルギーやわたし自身のエネルギーと連動しているのです。

月の魔法は、わたしが見いだした現実的で効力が長持ちする魔法の中で、最も効果的なツールです。これはホリスティックなものです。目標に向かって360度のアプローチを取らねばなりません。月のあらゆる位相は、それぞれ異なった方法でわたしたちの願望に向かうよう命じます。人の外面と内面に対処します。わたしたちのマインドセットは変化します。わたしたちは自分の無意識を再構成します。行動は精力的に、魔法のように拡張します。月の位相に応じて異なる行動を取ったり、自分を枠にはめる考え方を捨てたり、行動を変えたりしても、その結果は目に見えるようになります。月のサイクル全体を通じて、わたしたちは何度も繰り返し自らの目標、そして自分自身にコミットしています。その結果、自らの内部で根本的な変革が起き、それによって深遠で永続的な変化が生まれるのです。

月を神として扱う魔法使いもいます。そういう人たちは月を神聖で超自然的な神や女神と考えています。月を崇拝するときは、祈ったり、敬意を表することを行ったり、捧げものを供えたり、月への感謝を表す時間を取ったりするでしょう。また、神に尋ねるように、何を望むのか、何をしたいのかと月に尋ねることもあるでしょう。あなたの信心の象徴として、そういうことをしてもかまいません。

自然のエレメントとして月のエネルギーを扱う人もいます。月は魔法の材料となります。前述したように、月は伝統的に女性的なものと呼応しています——心理的・直観的な才能、家庭など。呪文を強める推進力として月のエネルギーを利用する人もいます。そういう人たちは、「月の日」である月曜日や、月がお気に入りの星座かに座やおうし座の位置にいるとき、強力な月のエネルギーを引きつけるため屋外で呪文を唱えるかもしれません。

月の魔法を行うとき、伝統的に月と対応するものだけを祭壇に供える人もいるでしょう。サンゴ、カニの甲羅、砂、貝殻、海水、真珠など、海から来たものです。クジラ、イルカ、イッカク、アシカ、カワウソ、人魚、ペリカン、ウナギ、タツノオトシゴ、アザラシ、ペンギンといった海の生き物もいます。月と対応するクリスタルはセレナイト、シルバー、透明なクォーツ、ラピスラズリ、セレスタイト、ムーンストーンなどです（ムーンストーンにはさまざまな種類があり、特定の月の位相に対応しています。ダークムーンには黒いムーンストーン、ニュームーンにはピンクのムーンストーン、フルムーンには白いムーンストーン）。

月に対応する植物は海藻、ヨモギ、メハジキ、パッションフラワー、ヒナゲシ、ハナワラビ、クマツヅラなど。ハスやスイレンなど水中で育つ植物は、すべて月に対応します。夜に咲く花、白や銀色の花もすべて月と対応します。タイリンチュウ、チョウセンアサガオ、ヨルガオ、ジャスミン、マツヨイグサ、ラベンダー、セージなど。メロン、アロエ、キュウリといった水分の多い果物や野菜も月に対応しています。

月に対応する色は銀色、白、青系統、灰色、黒です。

もちろん、月はあらゆる水と対応します。川、池、小川、滝、温泉、氷床、湖、雨、みぞれ、地球上のあらゆる形態の $H_2O$。これには水の音も含まれます。クジラの鳴き声、打ち寄せる海の波音、山を流れる川のゴボゴボという音。涙や血といった体液も、リンパ系や生殖器官も、月に対応します。

月の位相ひとつひとつに対して、あなたにとっての特定のエネルギーがあるでしょう。この機会に、あなた自身のエネルギーや意図とどのように対応しているかを探究しましょう。魔法の実践のひとつは、自分自身の対応をつくり出すことです。あなたは、自然のにおいがする乳香のように、ワクシングムーンを思い出させる香りを持っているかもしれませんね。暗い月の感じをかもしだすプレイリストをつくってもいいでしょう。女性の怒りや遠い未来のサウンドです。月のそれぞれの位相についての章で、対応の提案を示しています。それらを利用してもかまいませんし、それをヒントとしてあなただけの象徴となるものを集めてもいいでしょう。

人生の中で、月が伝統的に対応している特定の性質を高めたいとき、それを助けてくれる霊的なガイドとして月に頼ることもできます。感情の制御、精神的健康、霊性、フローに身をまかせること、活力、霊的能力、直観、愛することと愛されること、神聖なる女性、旅、親業、内なる子ども（インナーチャイルド）の制御、あらゆる種類の魔法、全体性、具現化などは、月に対応するテーマの一部です。月をあなたの生涯を司る神とすることもできますし、人生の一時期だけを月のワークに捧げることもできます。

## 呪文

呪文は変化をもたらすために利用する意図的な行為です。

呪文を唱える行為自体は創造的な儀式で、自然のエレメント、シンボル、すべての源や霊や先祖や特定の神との霊的なまじわりなどを利用します。呪文を唱えるときは自分の願望を述べ、その目的を後押しするためにさまざまなエネルギーを意識的に引き寄せます。

呪文とは意図＋エネルギー＋行動です。呪文が働くとき、あなた自身のエネルギーも根本的に変容します。呪文は別の生き方、別の行動、別の信じ方へと通じる通過儀礼です。

呪文を唱えているとき、あなたは自分が望むものとエネルギーを同調させようとしています。自分自身や目標についての考え方や言葉といったマインドセットをつくり直しています。感情化した思考を用いて、モチベーションと引き寄せの強力な場をつくっています。感情化した思考は、肯定的で強い感情をあなたの思考やエネルギーと混合して強化しています。意識的・意図的に心を神経系や無意識に結びつけると、自分自身のパラダイムが変化します。呪文にはある種の変革的な側面、エネルギーの動き、マインドセットの変化が必要です。これは必要不可欠なことです。それはあなたの根底にあるすり込みを再構成するのですから。

呪文の重要な側面は、呪文を唱えるプロセスそのものによって起こる変化です。呪文には人を変える働きがあります。呪文を唱えると決めたとき、あなたは変化にコミットしており、それに従って自らを変容させねばなりません。呪文を唱えると決めることによって、その結果予期せぬ変化が生まれるのを受け入れているのです。呪文を唱えるという決意は、未知の世界に足を踏み入れるという決意でもあります。

呪文を唱えるのは、自らの内なるメッセージや成長したいという意欲に注意を向けることです。呪文は、あなたが物質界ですでに起こしている行動を推し進めたり強めたりします。呪文はまた、明確な願望を活性化することもできます。呪文とは黎明、バラが開花するように内に秘めたものがすっかりあらわになること。ときには、あなたは直観に導かれて行動します。まったく理由がわからないまま、心の奥底から湧きあがる呪文を唱えろと促されているように感じることでしょう。

自分がしたことを日誌に記録しましょう。そういう記録を魔導書（グリモワール）、あるいは闇の書と呼ぶ魔女もいます。魔法の働きを詳細まで記したものです。日時、用いた材料、唱えた詩や歌など、関連する情報を書き留めましょう。呪文を唱えている最中やその後に得られた見識やメッセージも記しましょう。何週間、何カ月かのちに起こったことを書けるよう、数ページは空白のまま置いておきます。

## 呪文と意図

けれども、呪文を唱える前に、何が起こってほしいのかについて揺るぎない信念を抱いていなければなりません。意図は強固な知識と明確な行動に変わります。だからこそ、呪文を唱える前に自分の願望を誠実に省察するのです。

呪文を唱える前に時間を取って、自分の意図を明確にしておきましょう。何を望むのか、なぜ望むのか。呪文は内なる願望の象徴、心の真の癒しです。呪文を唱える前に率直に自分の動機を吟味すれば、願望をより深く知ることができます。最初に思いついたのが、もっとお金が得られる呪文を唱えたいということだとしたら、なぜかと自問してください。お金は自由と等しいと思っているから？　安全と安心を求めているからかもしれませんね。お金を持っていればいるほど、人間としての価値があがると勘違いしているのかもしれません。動機を問い直すことによって、意図がより明確になります。呪文を唱える前に自分の動機が何かを考えてください。自分の願望についてどう考えているのか、その願望とよりよく同調するには考え方をどのように変えればいいのかを、はっきりさせましょう。そうすれば無意識の構築や再構築が可能になります。それこそが、呪文にとって最も重要なことです。

魔法の実践を始めるに当たり、具体的な結果の出る呪文を試してみるといいでしょう。呪文の種類に序列はありません。新たな住まいを望む呪文、別の仕事を望む呪文、昇給を望む呪文など、すべて唱える価値のある呪文です。雪辱を果たす、健全な人間関係を求める、勇気を奮い起こす、というのも同じく価値があります。物質的な欲求を果たすことを求めたあとで、癒しの呪文や障壁を除く呪文に焦点を移してもいいでしょう。物質的にも精神的にも役立ち、さまざまな意味であなたの人生に影響を与える呪文を唱えるのは、賢明な方法です。平和、恩恵、フロー、保護、愛、勇気を求める呪文はすべて、人生経験全体を高めてくれます。

次に紹介するのは、呪文の動機を明確化する方法です。これらの質問に明確に正直に答えられれば、よりよい結果を得られるでしょう。

**あなたの呪文は自分の願望の核心を突いていますか？**

手っ取り早い解決を求める呪文を唱えても、望みが根本的にかなえられる可能性はほとんどありません。とりあえずその場をしのぐ対策を求めるのではなく、今後何年にもわたって役に立つ永続的な構造、習慣、基礎を築くことに焦点を置くのが大切です。

**あなたの願望を妨害するものはなんでしょう？　まずはそういう障壁を取り除く呪文を唱えませんか？　無意識の再構築に焦点を当てるのに時間を使うほうがいいのでは？**

ときには、影（シャドウ）のワークから始めるべき場合もあります。自分の影の面＝他人に見せない裏面・受け入れがたい側面を自覚して、光の面＝他人に見せている表面と統合するのです。最初に障壁を取り除く呪文を唱えるほうがいいでしょう。大事なのは、どういう順序で行うのが最も理にかなっているかを知ることです。

**あなたの願望は不安、絶望、反応、支配欲から生まれたのではありませんか？**

もしそうなら、まずは冷静になりましょう。最優先すべきは心の健康。

自分の呪文が曖昧な動機から生まれたものでないことを確認しましょう。呪文で他人を支配したり復讐を果たそうとしたりしてはいけません。澄んだ心で呪文を唱えること。

**呪文で問題がすべて解決すると思っていますか？**

呪文の結果「めでたしめでたし」というシナリオになると考えているなら、それは思い違いです。呪文はすべてを永遠に解決するわけではありません。呪文を唱えたからといって、精神的な努力、肉体的な努力をしなくていいわけではありません。

**エネルギーをどうやって高めたり変容させたりするつもりですか？**

呪文の中でエネルギーをどうやって変化させ、高めるかを明確にしましょう。日常生活のさまざまな進め方の中で自分のエネルギーがどのように変わっていくかを、はっきりと意識しましょう。

**自分の願望をかなえるため全力を尽くしていますか？**

呪文が困難な作業をすべてしてくれるわけではありません。目標に向かってできるかぎり努力することから始めましょう。呪文の土台となるのは信じること。自分がいまいる場所からほんの少し踏み出してください。呪文は、現実世界での努力を始めさせてくれます。また、すでに行っている努力を後押しもしてくれます。努力をしっかりと支えてくれます。でも、夢に向かって努力するのではなく、家でじっと座って1日に6時間テレビを見ているだけでは、何も起こりません。

**呪文の結果に直面する覚悟は本当にできていますか？**

変化を覚悟してください。自分の偉大さに責任を持つ覚悟をしてください。心から、結果を受け止める覚悟をしてください。宇宙と協力し、それがもたらすものと力を合わせる覚悟をしてください。その結果、自分を快適に、あるいは不幸にしている特定の習慣や人間関係を終わらせることになるかもしれません。

### 呪文が効果を発揮していることを認識できますか？

結果は微妙な形で現れることもあります。些細な変化でも、呪文が働いていることを意味します。日常の出来事に紛れて気づかない場合もあるでしょう。呪文がどのように働いているのかに注意を払うようにしてください。愛の呪文を唱えたら、多くの招待状を受け取ることになるかもしれません。そこで誰かに出会う可能性もあるのです！　些細な兆候が周辺に現れることもあるので、見まわしてみましょう。呪文の向こうから手を振っている、よい結果やシンクロニシティを見落とさないように。

### 呪文がうまくいったかどうか、どうしたらわかるでしょう？

自分の期待をできるだけ明確に意識すると同時に、予測しえない結果も受け入れましょう。たとえばヒマワリの種を植えたとします。植えたときにはヒマワリが育つことを期待しますが、花がいくつ咲くか、どれくらいの高さまで育つか、どんな色かを選ぶことはできません。自分の望むものの感覚やエネルギーと調和してください。願望にこだわるあまり、予想外の好ましい結果を受け入れられないなら、それは有害な期待です。そんな期待は捨て去りましょう。

### あなたの呪文は最終的にあらゆる人の役に立つでしょうか？

呪文の究極的な目的は、すべての人をより幸福にすること。自分は豊かだと感じている人々は、豊かさを広めます。力と自信を感じているなら、ほかの人たちを鼓舞して力と自信を得られるようにします。悪を抑制あるいは追放する呪文を実行しているときでも、よい結果を明確にしておくことは大切です。

呪文はあなたと宇宙との約束。
呪文は魂の宣言。

## 呪文の材料

どんな呪文でも、だいたい同じような材料を用います。火、土、水、空気という自然のエレメント。キャンドル、クリスタル、植物、チンキ剤、水、ベル、チャイム、香、アート、瞑想。レイキ、映像、呼吸法、詠唱、意図的な動き、紙とペンなどが使われます。ユニークで特別な材料を必要とする呪文もあります。たとえば、亡くなった親戚の写真や遺品、形見、好物が供えられた先祖を祀る祭壇です。感情化したエネルギーや肯定的な自己暗示（アファメーション）、願望という材料もあります。

いくつでも必要なだけの材料を、あなたのエネルギーの大釜にまぜ込んでください。

呪文はたいてい決まった定式に則っています。前準備として呪文の構築が行われます。掃除をして場所を整え、ときには儀式的な沐浴やシャワー、瞑想を行います。地面にしっかり足をつけ、自然のエレメントを呼び込みます。防御円を描きます。そして円の中で呪文を開始します。普通はキャンドルをともして願いを述べます。円の内部は人を高める力、瞑想、予言やそのほかの活動といった、エネルギーの作用が起こる場所です。エネルギーは高められ、変容し、あなたは自分の中でその変化を感じます。そのあとエネルギーを解き放って大地とつながります。感謝を捧げてください。やがて円が開き、呪文は終わりになります。あなたが唱えたのが何日間かにわたる呪文なら、祭壇はそのままにしておきましょう。現場を離れるとき、キャンドルの火は消します。呪文の種類に応じて、材料を自宅のごみ箱に捨てるか、屋外の大型ごみ容器に捨てるかします。お守りや記念として特定の材料を取っておく人もいます。

## 犠牲と譲歩

呪文の作成には、つねに犠牲が伴います。エネルギーを変容させるには犠牲が必要なのです。集中力を高める呪文を唱えるときは、そこにいたるのに多くのものを犠牲にしなければなりません。意識を集中できない考え方を捨てねばならないこともあるでしょう。気を散らす習慣をやめなければならないこともあるでしょう。そうした犠牲の一部は明確に定める必要があります。体内のエネルギーを変化させるよう努めましょう。そうすれば、集中したマインドセットを高める利点について考えるとき、あなたの体は疼き、報いや新たなアイデンティティを得るのに集中できるようになります。神の力に関心があるなら、気持ちよく助けを呼べる神に祈りましょう。それは境界と規律の神、土星の守護神サトゥルヌスかもしれませんね。特定のエネルギーや女神や神に祈るとき、彼らが命じることを行ったり捧げものを供えたりして崇めなければならないでしょう。

呪文を唱える前に、成功したらどうなるのかをはっきり正確に思い描いておいてください。1日に5分間の瞑想をして始めていますか？　成功に向けて準備しましょう。気が散って集中できなくなるなら、邪魔されないように電話を設定したり、ネットサーフィンを禁止するアプリをインストールしたりする必要があります。呪文のあとは、現実世界で行動によって意図を実現させましょう。新しいものを手に入れるためにはどんな考え方や行動を犠牲にするつもりかを明確にさせてください。

呪文には譲歩もつきものです。願いは具体的にしたいでしょうが、具体的すぎてはいけません。たとえば、愛を求めるクライアントにわたしが助言するのは、あなたが見られたいと思っているようにあなたを見て、あなたが愛されたいと思っているように愛してくれる恋人を求めましょう、ということです。これは、特定の人物や特定のタイプにのみ焦点を当てるよりも効果的です。効果を待っているときも、譲歩は役に立ちます。こだわりや、支配したいという衝動は手放しましょう。忍耐、信頼、喜びを求めてください。呪文の結果を待っているあいだも日々の生活を送り、呪文で願ったことの実現に向けて前進しましょう。すでに投函された手紙をもう受け取ったかのように。行動、信念、調和したエネルギーを携えて、自らの未来と向きあわねばならないのです。

## 呪文が成功したかどうかを知るには？

呪文の成功の定義はいろいろです。ひとつは、意識とエネルギーが高められてよどみなく流れ、あなたの願望に関する動きや引き寄せの力が生み出された、というものです。障壁は取り除かれ、決意は固まりました。心の中に信念がしっかりと植えつけられました。精神的、肉体的、感情的に、自分は変わったと感じます。呪文が成功すれば、自分の中で何かしらの変化が起こっているはずです。

呪文が成功したもうひとつの形は、呪文の最中かその直後に、現実世界か夢の世界かで重要な情報が表面化することです。未知の記憶が意識にのぼってくるかもしれません。心象風景が頭に浮かぶかもしれません。体じゅうを興奮が駆けめぐるかもしれません。精霊や先祖が導かれて現れるかもしれません。高揚や深い感謝を感じるかもしれません。前進を助けてくれる知見が得られるかもしれません。自分はなぜ行きづまっているのか、どこで抵抗しているのか、次に何をすべきかといった、さらなる情報があらわになるかもしれません。問題の解決策が浮かぶかもしれません。連絡を取るべき適切な人を思いついたり、次のステップが決まったりするでしょう。

一般に、呪文が機能していれば、何かがなんらかの形で変化します。普通、それには数日、数週間、あるいは数カ月かかります。非常に野心的な呪文であれば、もっと長くかかる場合もあります。わたしの唱えた呪文にも、充分な成果が現れるまで何年もかかったものがあります。

呪文がうまくいかなかったと感じたときには、魔導書や日誌が役に立ちます。どんな材料や言葉を用いたのか、呪文の最中に何が起こったかを思い出してください。どのように改め、微調整すればいいのか考えてみましょう。臆することなく別の呪文を唱えてみましょう。言葉や材料やタイミングを変えたり明確化したり、もっと願望の核心に迫ったりしましょう。呪文が成果を表すまで、しばらく待ってみましょう。パターンを探してください——同じことを何度も繰り返し願い続けているのに、それがかなわない、ということはありませんか？　その場合はセラピーに頼るか、時間をかけて願望の実現を妨げる障壁や考えや行動を見いだすようにしましょう。

初めて魔法を実践し、唱えた呪文が成功した場合、ショックを受けるでしょう。信じられないかもしれません。偶然だと考えるのではないでしょうか。それはいけません！　魔法に感謝してください。自分が成し遂げたのだと認めましょう。魔法は絶対に実在し、絶対に機能するのです。その事実を認めること！　呪文や魔法が内面の変化をもたらしたなら、自分の中で起こりつつある微妙だけれど否定しえない変化を疑ってしまうかもしれません。魔女であるあなたが呪文を唱えるなら、それが働くことを予期してください！　まぐれではありません。あなたの人生で起こっている変化をもたらしたのは、あなた自身なのです。

呪文の成功はぜひ祝うべきです！　喜んでください。あなたを助けてくれた、ありとあらゆるエレメントに感謝しましょう。お供えをしましょう。感謝の意を実行に移しましょう。もっと多くのサポートを可能にする有意義なことをしましょう。善意の波を世界により多く送り出しましょう。

## 「レベルアップの逆流」はよくあること

ということで、あなたは呪文を唱え、求めるものを手に入れました。いまは調和を得るときです。わたしたちは結果を認識します。願望は祝福されます。恵まれた変化の美しさに順応します。それはまた、わたしが「レベルアップの逆流」と呼ぶ現象を経験するときでもあります。求めるものを手に入れたとき、その成功のあとで意外にも不思議なほどネガティブな感情を抱くことがあるのです。罪悪感や恥の意識、不信感や虚しさを覚えるかもしれません。産後鬱の発症と似た感じ。それがレベルアップの逆流です。

なぜこんなことが起こるのか？　人は変化を恐れるよう教え込まれているからです。わたしたちの神経系は、たとえ望ましい変化であっても、変化ならすべて脅威と解釈することがあります。大脳辺縁系は根拠のわからない領域を危機と解釈します。そして危機に見舞われたとき、人の心、神経系、自我が最初に望むのは、よく知る領域に戻ることです。そこにいれば安心なのです。たとえそれが苦痛をもたらすとしても、自我にとって既知のものは未知のものよりも安全だと感じられるのです。

成功の結果として浮上してきた、自分の中にある否定的なつぶやきのパターンをいくつか見いだしましょう。それらに名前をつけます。偽物シンドローム、無価値、失敗の恐怖、成功の恐怖。いまのあなたの新しいアイデンティティは、こういうものにどう立ち向かいますか？　古い恐怖を脱ぎ捨てるよう努めましょう。砂漠の長い道の脇に脱ぎ捨てられたヘビの皮のように。

また、誰もがのぼり続けたがる「快楽主義者のはしご」もあります。何かが欲しくなり、それを手に入れると今度は別のものが欲しくなる、というものです（これについて書かれたポピュラーソングはたくさんあります）。自分の幸運を享受しましょう。そこでひと休みして、しばらくは心を調和させましょう。

## ささやかな呪文と魔法による生活

ささやかな呪文とは日常的な魔法です。ちょっとした瞬間に行う魔法のこと。甘さを思い出すため紅茶に少量の蜂蜜を入れてかきまぜる。適切な言葉を差しはさんでメールを感謝の呪文にする。表象化、創造、瞑想に少しの時間を費やす。自分の核となるエネルギーに立ち戻るために毎日何かをする。自分の直観、自分の呼吸とつながる。自分の世界に現れるサインやシンボルに気づく。

日常的な魔法には、掃除や模様替えや象徴的な絵の掲示なども含まれます。特定の色の服を着ること、特定の香りをまとうことも魔法。特に理由なく他人のために寛大でやさしいことを行うのも魔法。できるかぎり自問してください。どうしたら、この人の１日をもう少し明るくできるのか？どうしたら自分の世界を、夢をもっと正確に映したものにできるのか？そして、それを実行してください。それは、わたしたちはみなひとつの入り組んだ世界の一部分だと理解することです。

呪文、魔法、魔法による生活はすべて、あなたの癒し、あなたの成長、あなたの進歩に役立っています。スピリチュアルな自己改善努力の究極の目標は、最終的に他者を助けられるようになることです。この地球、水、空気、空を助けること。人間と同じく生きているすべての動植物を助けること。わたしたちが他者に負わせる傷を最小限にするために、先祖が知らず知らずのうちにわたしたちに負わせた深い苦痛やダメージを癒すこと。欲や無知によって傷つけられた自然環境を支えて助けること。力を合わせてあらゆる場所にある不公平を打倒すること。自らの行動や言葉によって、周囲の人々の手本となり、インスピレーションを与えること。これは、魔女として、夢想家として、アーティストとして、治癒者（ヒーラー）として、創造者としての、わたしたちの義務です。この唯一無二の地球という星に住んでかぎられた人生を送る、意識的な人間としての義務なのです。

「結局のところ、魔法とは生きることです」作家ロビン・ローズ・ベネットはそう指摘します。[3] 魔法とともに生きるというのが自分にとって何を意味するのか、それを決められるのはあなた自身。自分の行動を価値観と調和させましょう。日々の生活を、可能性、静けさ、絆、自分が重んじるものを思い出させる行動や感情と調和させましょう。天の恵みを数えれば、それは増殖します。魔法はあなたが生まれながらに持つ権利。あなた自身が魔法なのです。

# 月の時間で生きる

最古の文明は太陰暦に従っていましたし、現在でもそういう文化はあります。でもグレゴリオ暦は、それとは異なります。朔望月とグレゴリオ暦の１カ月が一致することはほぼありません。ニュームーン（朔）は朔望月の終わり、フルムーン（望）ははじめに現れます。[1] グレゴリオ暦は、いつ出勤していつ退勤するのか、いつ眠っていつ働くのかを、分刻みで規定する枠組みです。融通の利かない機械的なスケジュールは健康的でも自然でもありません。月のサイクルはそこまで厳格に時間を定めず、もっとひとりひとりに合わせたものです。わたしたちの多くはそのように時間を感じています。山と谷の波に乗り、自分が感じるもの、求めるものと同調するのです。

グレゴリオ暦は何より生産性を優先します。その結果、わたしたちはつねに「時間に遅れて」しまいます。疲れ果てます。何をやっても不充分だと感じます。昼寝や早退をうしろめたく思います。太陽による時間は２元的で、わたしたちは「オン」か「オフ」のどちらかであれと教え込まれてきました。自然な知性とつながり、自然なサイクルに従うとき、生活と時間の質は劇的に向上します。時間は豊かで３次元的な、人を癒す調和したものとなります。たとえば、３分間の瞑想が１時間にも感じられるときもあるでしょう。

月は内なるタイマーであり、外部的なタイマーでもあります。時間が螺旋状であることを教えてくれます。わたしたちのエネルギー体、創造的プロセス、癒しのサイクルはすべて、月のサイクルと対応しています。月はわたしたちの夢や自己啓発などを牽引してくれます。

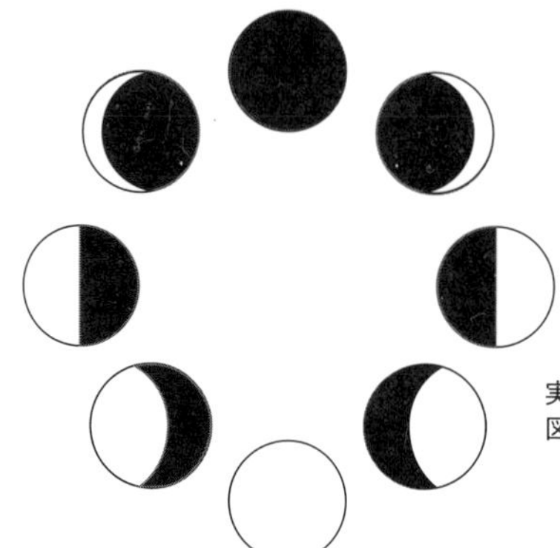

実際の月は反時計回りに回っています。この図は北半球の遠近法を反映しています。

月のサイクルの図を見てください。これは、太陽系最大の天体である太陽が、地球に最も近い天体である月と対話をし、かかわっている様子を示しています。動き、時間、イメージ、解釈、エネルギー、関係性を、目に見える形で表したものです。過去と現在と未来が絡みあっています。日光を反射した月光は過去のもので、地球に届くのは最初に反射してから８分後です。地球、つまりわたしたちは、相互関係を持つ日光と月光とをつなぐ認識の架け橋。月のサイクルの図を見るときには、全体をしっかり見てください。ここには対称性と揺らぎがあります。バランスと動きがあります。光は大きくなり、また小さくなります。立つ波と砕ける波、吸気と呼気。

進化占星術の考え方によると、黄道一二宮の視点から見た元型（アーキタイプ）は向かいあうサインを通じて進化します。自分の自然な状態から最も遠いところにあるアーキタイプとかかわりあい、それを体現することによって、統合がなされます。月のサイクルを見てください。いま、どの位相に最も直観的に引きつけられますか？　今度はその反対側の位相に目を向けましょう。この位相はあなたに何を教えてくれますか？　この位相のテーマについて考えることで、最も直観的な自分自身をどのように体現できるでしょう？

西洋の天文学では、月には明確な位相が８つあるとされています。文化によって、解釈はさまざまです。ハワイの人々は太陰暦による１カ月の約 30 日について、ひとつひとつに異なる月の名前をつけて理解しており、その 30 は３つの 10 日間周期に分けられます。[2]

本書で紹介する9つの位相は、「ニュームーン（New Moon）」、「ワクシング・クレセント・ムーン（Waxing Crescent）／ニュームーンクレセント（New Moon Crescent）」、「ファーストクォーター（First Quarter）」、「ワクシング・ギバウス（Waxing Gibbous）」、「フルムーン（Full Moon）」、「ワニング・ギバウス・ムーン（Waning Gibbous）」、「ラストクォーター（Last Quarter）」、「ワニングムーン（Waning Moon）」そして「ダークムーン（Dark Moon、またはバルサミックムーン Balsamic Moon）」です[3]。

**ニュームーン**

月のサイクルの最初の日。多くの人にとって、「ニュームーン」はまだ「ダークムーン」、つまり真っ黒な月です。明るさは0パーセント。これは、種を蒔く、地下に向かう、願いを抱く、新たなサイクルを始める、想像する、何かを開始する、夢を見る、将来を思い描く、希望する、休息する、再生する、英気を養うといったことを行う位相です。

**ワクシング・クレセント・ムーン**

だいたい月齢2日目から6日目まで。明るさは1パーセントから49パーセントまで。この位相は、始まり、楽観主義、よりよい習慣を身につけること、具体化、行動、表面化、目に見える新しい人生、ある工程の開始に対応します。

**ファーストクォーター**

だいたい月齢6日目から9日目まで。明るさは50パーセント（この期間の前日や翌日も最初の4分の1のエネルギーやテーマに対応しているように見えるかもしれませんが、厳密には月のサイクルのちょうど中間を指しています）。この位相は、選択、回転、転換、精製、バランス、障壁の打破、規律、意志、健康的な習慣、境界に寄与しています。

**ワクシング・ギバウス・ムーン**

だいたい月齢9日目から13日目まで。明るさは51パーセントから99

パーセントまで。この位相は、健康、癒し、エネルギー、肥沃、幸運、豊かさ、拡大、成長を促進し、特に具体的な領域においては官能性やセルフケアや成功に関係しています。

### フルムーン

だいたい月齢13日目から15日目まで。明るさは100パーセント。フルムーンの前日と翌日もエネルギー的にはフルムーンと同じように感じ、活用することができるでしょう。この位相は収穫、成熟、開花、祝福、セックス、創造性、具体化、増幅、感情の開放、感情的な情報、意識のワーク、霊能力、直観のワーク、予言、先祖のワーク、魔法を進めるのに必要なあらゆる取り組みに対応します。

### ワニング・ギバウス・ムーン

だいたい月齢15日目から22日目まで。明るさは99パーセントから51パーセントまで。月の光は左側、北半球側に変わります。二度目の収穫、啓示、ダウンロード［天からのメッセージ］、転移、解放、内なる知恵の共有の時期です。

### ラストクォーター

第三四半月とも言われます。だいたい月齢21日目から23日目まで。明るさは50パーセント。ファーストクォーターのちょうど反対側。この位相は、バランス、交差点、交差の解放、新たなコミットメント、譲歩、「裏方」の仕事、無意識あるいは「水面下」の仕事、組織、研究、内なるプロセスと関係しています。

### ワニングムーン

だいたい月齢22日目から27日目まで。明るさは49パーセントから1パーセントまで。この時期は、浄化、清掃、追放、深い潜水、内面の見直しに対応しています。ワニングムーンの位相全体が、内なるワークをめぐる成長すべてを容易にしてくれます。月の光が弱まるとき、わたしたちの多くは自分自身とより深くかかわることができるのです。月光が消えるとともに内なる知識は増大します。

## ダークムーン

真っ黒な月。これは昔からサイクルの終わりを示しています。太陰月の最後の3日間、月齢27日目から29･5日目まで。伝統的に、これは深い眠り、解放、内向き、虚空、創造の前の破壊、ほかの世界や意識のほかの状態とのつながり、平和、受容、除去、関係の断絶、死、終結、大胆な想像、素晴らしき新世界と関係のある時期です。[4]

月のサイクルの図をもう一度見てください。今回、目の前に飛び出してきたのはなんでしょう？　何に興味を引かれましたか？　ものごとの見方が変わりましたか？

## 季節としての月のサイクル

月のサイクルは、わたしたちの人生における季節を目に見える形で表した隠喩（メタファー）です。サイクル全体を見ると、月が示す休息期間はラストクォーターからニュームーンまでのあいだであることが直観的にわかります。けれど、この時期は最も多くのエネルギーを有しているときだと考える人もいるでしょう。いまから言うことを、わたしは何度でも繰り返します。この制約や規則だらけの世界、画一的な世界、「～すべき」で規定される世界において、繰り返す値打ちがあるからです。正しいと感じること、自分にとって役に立つことをしてください。自分自身の権威になってください。自分だけのパターンを見いだしてください。自分だけの許可書をつくってください。月のワークが目指すのは、あなたのパターンや欲求と同調し、それに従うことです。

月のサイクルは地球の季節を目に見える形で表したメタファーでもあります。わたしは北半球を引きあいに出して説明します（あなたが南半球にいるなら、月の位相に合わせて逆に考えてください)。ニュームーンは晩冬から早春、光は明るくなっているけれど、大地はまだ完全には雪解けしていないとき。地面から顔を出した緑の若木も、木についた小さな若芽も、元気な緑色をしているものの、まだ非常に脆弱。そんな春は、ワクシング・クレセントの時期。ファーストクォーターには、後退することはありえず、かぐわしい花たちはわたしたちを屋外へと誘う。ハチは慎重に花を選んで一心に花粉を運び、わたしたちもそれにならおうと思う。それは晩春から夏至にいたる時期です。

フルムーンは盛夏に向かう夏至の頃。最初の収穫の時期。豊かな実りを受け取りましょう。人々は、外に出ろ、姿を見せろ、交流しろ、人生を祝えと誘われます。けれど、あなたの気分はこの季節と合っていないかもしれません。「夏の悲しみ」を感じる人も多くいます。シンガーソングライターのラナ・デル・レイは、それについての歌『サマータイム・サッドネス』を書きました。周囲がにぎわっているとき、寂しく感じることがあります。感情に身をまかせてください。そのとき感じたことは、豊かになるために有益な情報となるかもしれません。

ワニング・ギバウスに対応する季節は晩夏から秋分の頃までです。二度目の収穫の時期。スローダウンして次に備える期間。視線は年末、すべてが終わるゴールラインと考えるよう教えてこられた時期に向かいます。人によっては、内なる炎がふたたび燃えあがり、自分は何を癒したいのか、何を生み出したいのか、成功に向けて何を動かしたいのかを思い出すこともあるでしょう。

ラストクォーターに対応する時期は秋分からハロウィーンまでのあいだ。過去を清算し、角を曲がって新たな道に入る時期だと感じられるかもしれません。献身と再献身の時期。わたしたちのエネルギーは、自分の内部をのぞき込みなさい、過去を顧みて反省しなさい、と促しています。

ワニングムーンは冬至直前の時期と対応します。ほとんどの日を屋内で過ごすようになり、意識や注意も内面に向かいます。人々は清め、浄化します。次のサイクルを期待して、現在を整理します。夜には星がよく見えるようになります。来世が呼びかけてきます。わたしたちは宇宙と一体化します。

ダークムーンは、冬至からグレゴリオ暦での最初の月までの期間。厳密には真冬ではありませんが、きっとそのように感じるでしょう。春が近づき、昼間の光は明るくなり、けれども体はまだそれを信じられずにいる。この季節はわたしたちに、闇の中で夢を見るよう命じます。計画を立てなさい、作戦を練りなさい、理想的な未来を想像しなさいと言われたように感じるかもしれません。

これらは誕生と死、破壊と復活のサイクルです。そのサイクルは、誰もが経験する時間の螺旋を鏡のように映し出しています。夢、計画、始まり、学習、試み、実行、創作、達成、解明、転成、分かちあい、調和、脱皮、腐敗、死、変身、癒し、来世を思い描くこと。

月の位相に「良い」も「悪い」もありません。わたしたちが注意を払ってさえいれば、ひとつひとつの瞬間が大切なことを教えてくれるのです。

## 月のサイクルと「1年の車輪」

月のサイクルと「1年の車輪」を比べてみましょう。1年の車輪とは、春分や秋分、夏至や冬至、それらの中間の時期を祝う、季節ごとの一連のお祭です。復興異教主義が考え出したもので、1835年にグリム兄弟の兄

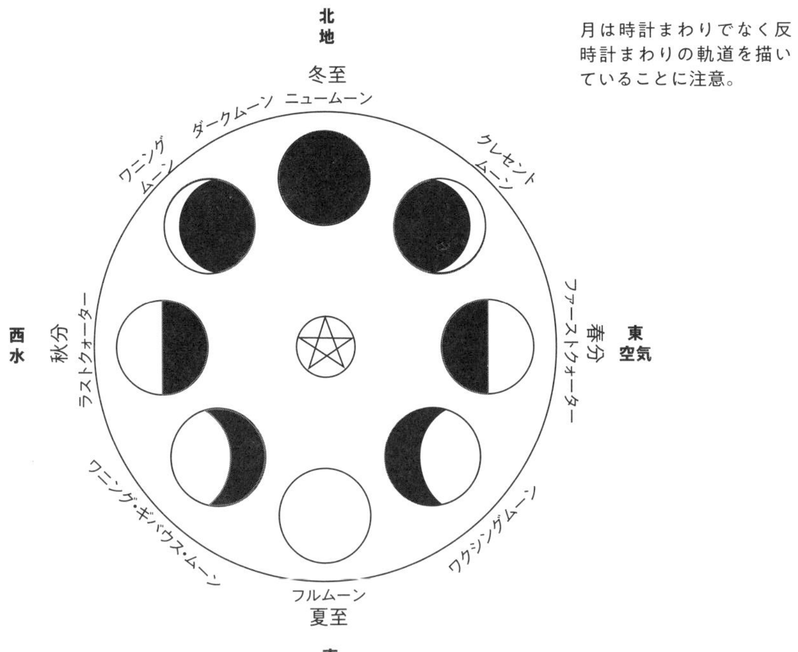

月は時計まわりでなく反時計まわりの軌道を描いていることに注意。

であるヤーコプ・グリムの著書『ドイツ神話学（Teutonic Mythology）』（未邦訳）で初めて一般に紹介されました。1950年代と60年代には、ウィッカ信者やそのほかの復興異教主義者がそれぞれの宗教に応用しました。[5]

地球上の多くの文化が地球、太陽、月のサイクルを重視していることを示す証拠があります。一神教が登場する以前も以後も、ほとんどの先住民族は自然に基づいた生活と信仰に導かれていました――生活様式として、スピリチュアルの実践として、宗教として。

キリスト教の祝日にも先住民の習慣の名残があります。一部の民族が守っていた祝日は入植者に奪われ、キリスト教化されました。サウィンはハロウィーンに、ユールはクリスマスに、オスタラはイースターに、などなど。キリスト教の祝日のほとんどは、異教や先住民族にルーツを持っています。もちろん、そうしたさまざまな慣習や信仰をうまく結合させているキリスト教の、あるいはカトリックの魔女もいます。やがて西洋では、大地や複数の神々や自然のさまざまな側面とのまじわりは、唯一神だけに従うべきだという父権的な理論に取って代わられました。さまざまな側面、さまざまな神々や自然状態とのさまざまな関係を統合することで、愛着や対話が生まれるのです。自然、自然のエレメント、季節、占星術、月の位相などと関係を持って生きるのは、直観を取り戻し、古代からの人間的なリズムとふたたびつながるための、ひとつの方法です。こうした慣行に順応して従っていれば、太古より続く未来が創造できるのです。

北半球の、西洋の異教やウィッカの言い伝えでは、1年の車輪における8つの祝日が祝われます。以下に紹介しましょう。

### サウィン

10月31日〜11月1日。ダークムーン。先祖のワーク、内面のワーク、直観のワーク、シャドウワーク、嘆き、追放、解放、束縛、保護。

### ユール

12月20日〜23日、たいていは冬至と対応。ニュームーン（一部の習慣や伝統ではダークムーンのことも)。復活、宇宙的な意識、直観、占い、希望、楽観主義。

**インボルク**

2月2日。ワクシング・クレセント(一部の伝統ではニュームーン)。発芽、癒し、新たな始まり、復活、雪解け、種蒔き、夢。

**オスタラ**

3月19日～22日。春分と対応。ファーストクォーター。再生、成長、豊穣、転換、健康、発生。

**ベルテーン**

5月1日。ワクシング・ギバウス・ムーンと対応。セックス、愛、火、創造性、祝福、絆、コミュニティ。

**リーサ**

6月19日～23日。夏至、フルムーンと対応。成功、祝福、感謝、喜び、開花、教え、自己強化(セルフ・エンパワーメント)。

**ラマス／ルーナサ**

8月1日。ワニングムーン。二度目の収穫、豊穣、団結、仕事、投資、寛大さ、人間関係。

**マボン**

9月21日～24日。秋分、ラストクォーターと対応。感謝、収穫、バランス、規律、揺らぎ、浄化。[6]

1年の車輪はあなたの心に共鳴しないかもしれません。わたしの心にも共鳴しません。わたしにケルトの血は流れておらず、ウィッカ信者でもないからです。なんらかの理由で、あるシステムが心に響かないなら、それにこだわる必要はありません。わたしは冬至や夏至、春分や秋分、それに自分のバックグラウンドにおける祝日を活用しています。導きを得るのに自分の文化に目を向けるものいいでしょう。自分が祝いたいと思う祝日があれば、それを祝えばいいのです。1年の車輪についてわたしが好きなところ、本書でこれを紹介した理由は、自然と同調するエネルギーやテーマに焦点を当てていることです。1年の車輪の儀式や活動と月のサイクルには、似ているところがあります。季節や大地に根差した習慣を自分の生き方に組み込むのは、宇宙と調和して生きることです。ここで取りあげた祝日は、わたしたちが浴びる光の質、温度、成長するもの、死ぬものを反映しています。あなたが住む場所やあなたが価値を見いだすものの自然なサイクルに基づく、あなたの地域の「1年の車輪」をつくってみるのは、実り多いプロジェクトとなるでしょう。自分の役に立つシステムを見つけましょう。独自の儀式をつくり出しましょう。自分だけの伝統を生み出しましょう。祝日とはそういうものです。

### 季節とともに生きる――自分独自のワークを考え出す

多くの人は新年の抱負を考えます。数年前、わたしは「季節の抱負」を考えることにしました。新年の抱負は大げさすぎて圧倒されてしまいますし、ひとつだけを選ぶのは難しいからです。だから各季節のはじめに、その季節にだけ当てはまる抱負を考えるようになりました。

そこから人生が変わりました。季節ごとに自分のエネルギーと調和して目的に集中することによって、より生きやすく、楽しくなったのです。自分と戦う必要はなくなりました。自分の欲求に耳を傾けるようになりました。3カ月というのは1年ほど気が遠くなる長い期間ではありません。誓いを行うのも守るのも、もっと簡単にできます。その季節が過ぎても、決めた習慣や目標をまだ続けたいと思えば、そうしてください。

もちろん、冬のあいだじゅう仕事や義務を放り出してスープ鍋を持って毛布の下に潜っていることはできません。可能なことをするしかないのです。冬のあいだ仕事を減らすことはできるでしょう。外出を減らし、エネルギーを節約する。1時間早くベッドに入る。病気になったり、障碍があったり、慢性病をわずらっていたりするなら、季節にかかわらず自分に必要なことに集中してください。

魔法を行うために月を利用しているのなら、季節と対応する月の位相と調和しましょう。冬至の頃ならダークムーンのワークやニュームーンのワークが効果的でしょう。規律や計画や新たな成長のための呪文や行動に関心があるなら、それに対応する時期である3月から6月に、こうしたテーマに関して努力しましょう。クレセントムーン（三日月）から月が満ちていく時期は魔法に取り組むのに絶好です。次に、それぞれの季節に応じた活動の提案を記します。

### 秋

収穫、豊穣、仕事、プロジェクト、血統や家系図／先祖のワーク、健康（特に、病院の予約を取ったり散歩仲間を見つけたりといった健康に留意する手段について予定を立てること）、構築と再構築、頭の整理、学習／教育、指導、不用品の処分、未決事項に決着をつけること、「秋の」大掃除、スープやオーブン料理をもっと食べる・テレビを見る時間を減らす・早く寝るなど「季節とともに」生きること。

### 冬

内なる知識、占いと旅、内面のワーク、シャドウワーク、追放、先祖のワーク、破壊／創造、悲しみ、死、心の癒し、防御、夢、想像、内なる光への献身、スピリチュアルの実践、のんびりする・仕事を減らす・休息を増やす・セルフケア・愛する人たちと直接つながる・免疫力を高める食事をするなど「季節とともに」生きること。

### 春

種蒔き、愛、あらゆる種類の肥沃、協力、成長、新たな計画、あらゆる種類の新しい関係、自然とのまじわり、セックスと性生活、リスクと報酬、養育、もっと早く起きる・生産性に目を向ける・新しい美意識・緑色野菜と生の食べもの・体の強化など「季節とともに」生きること。

**夏**

成功、契約、幸運、祝福、繁栄、喜び、旅、コミュニティ、庭の世話、意識とアイデンティティのワーク、あらゆる種類の誕生、あらゆる種類の創造、拡張、心の癒し、意識的な探究、もっと外に出る・自然とつながる・人間関係・リラックス・新たな場所（外部も内面も）の探索など「季節とともに」生きること。

これらは提案の一部です。自分で考えてみてください。こうしたやり方がぴんときたなら、いくつか「季節の抱負」を考えて今後数カ月試してみましょう。

## 月のマッピング

ホリスティックな方法で月の位相を用いたワークのひとつはプラニングです。わたしが月について教える「ムーンビーミング」という講座で、特定の目標をかなえるため月のワークを行う前におすすめしている最初のステップは、計画を立てることです。わたしはこれを「月のマッピング」と呼んでいます。ここから始めるのです。

月のマッピングとは、最も協力的な月の位相を利用して適切な行動を起こすプロセスです。重要なのは、障壁や課題を書き出して、それに取り組む計画を考えること。妨害物を予測し、なぜそれが存在するのか、どうすればそれをすり抜けられるかを考えてください。静かな場所へ行って、現実的な計画を立てましょう。どんな魔法の実践でも、訓練し、絆を得、信念を築かなくてはなりません。感情、精神、肉体、霊、魔法の観点から、どんなことが努力を後押ししてくれるかを考え、それを見いだして全力を注がねばなりません。ひとつひとつの月の位相は、あなたの行動に360度の対応をしています。願望の反対側には恐怖があります。月のマッピングは目標のあらゆる面で機能するのです。

トラウマのある人々にとって、前もって計画しておくのは有益です。それは安心感をもたらすからです。あらかじめ計画を立てるときには、無意識を開放的な状態にしておきます。思考、行動、習慣、信念が積もり積もった結果、大きな変化が起こるのです。月のサイクルが繰り返す規則的な動きは、わたしたちのやる気を保ち、前進させ、調和させてくれます。

過去の「ムーンビーミング」受講者による月のマッピングの例を考えてみましょう。その人は人間関係を豊かにすることを望んでいました。欠乏のレンズから豊かさのレンズに取り替えて世の中を見たかったのです。最初のステップは、明確な目標を書き出すことでした。「充分だと感じられるだけの豊かな関係を築くこと。そのためには6カ月分の生活費を貯金し、働く時間を減らし、日々の仕事以外に、喜びをもたらしてくれることをするのにもっと時間をかける」

次に、これに関する障壁や不安を具体的に述べました。「働く時間を減らしたら貧しくなるかもしれないと不安。どういうわけか、自分が喜びを感じられる「価値のある」人間ではないような気がする。6カ月分の生活費を貯金できるかどうか不安。どうやって貯めればいいのかわからない」

そして、こうした障壁や不安の奥にある潜在的な考え方や行動を探索しました。「わたしは完璧でなければならない。でも実際には完璧でないので、これ以上お金を得る値打ちはない。自分を罰するためにも、自分を麻痺させてなだめる手段としても、お金を使っている。つねに喜びを感じるのは怖い」

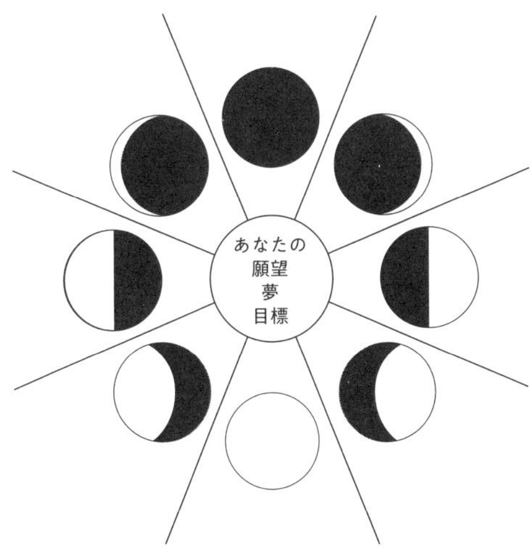

習慣にも対処しました。「わたしはだらしなくなり、同じことを繰り返す退屈な生活に慣れてしまった。やる気を起こして規律を正す必要がある」。この受講者はそうした習慣も具体的に述べるよう促されました。

さて、最善のシナリオを想像しましょう。そのあと、もっと具体的に進めます。月のマッピングをする人は、目標から逆算していくことになります。この人が規律と自信を取り戻すにはどうすればいいのか？　どんな潜在的な考え方を、どのように変えればいいのか？　浮上してきた水面下の考えは、「喜び、幸せ、豊かさを感じる値打ちが自分にあるとは思えない」というものでした。セラピーを含めてさまざまな方法でこれに取り組まなければならないことは、本人もわかっていました。

月のマッピングを通して、多くのことが浮かびあがります。つらい感情も表面化しますが、それはよくあることです。また、目標に目を向けた際に取り組むべき事項（ピース）の多さに圧倒されるという「ドミノ効果」を経験するのも、きわめてよくあることです。その受講者はいま、自尊心について、規律について、意志の力について考えています。また、喜び、楽しみ、遊び、創造性、それが自尊心やお金とどう関係するかについても、考えています。こうしたテーマに取り組んでいるなら、月の一度のサイクルのあいだにすべての結果が得られると予想してはいないでしょう。季節を通して、あるいは1年を通して進めなければならないのです。

こうやって心の内をすべて明らかにしたあとは、数時間か数日間休息したくなるかもしれません。こういうワークは精神的・感情的に疲れるものです。落ち着いて充分休養したなら、次に月のマッピングを行います。自分の目標に基づいて、月のそれぞれの位相でどのような行動を取るか、計画を立てるのです。例を示しましょう。

**ニュームーン**

あらゆることが健全に展開する過程で、何も問題が起こらないよう呪文を唱える。豊かさや喜びとは何かを考えてそれを育む。セラピストを探す。

**ワクシングムーン**

ファイナンシャルプランナーや博識な友人に会う。貯蓄できるよう予算を立てる。週に3回、お金をかけずに楽しめることに30分費やす。具体的にどこでどう「無駄」なお金を使っているか調べる。相談すべきセラピストを決める。

**フルムーン**

「価値のある」自分になれるよう呪文を唱え、自分に楽しむことを許し、ありのままの自分でいる。

**ワニングムーン**

クレジットカードを止める。ケーブルテレビやテイクアウトなど「無駄」な出費をやめる。自分は安全で豊かだと感じることができない、という思い込みに別れを告げる儀式を行う。楽しんで「下手な芸術作品」をつくってみる。1回目のセラピーを受ける。

**ダークムーン**

許しの瞑想を始める。悲しみや休息の余地を設ける。

**次のニュームーン**

もっと開放的で創造的な習慣をつけるよう努める。仕事で昇給を求める交渉の仕方を考えたり、あなたの創造性を認めてより高い報酬を払ってくれる仕事を探し始めたりする。

受講者は、1日ごと、あるいは1週ごとという単位で、ちゃんと果たせそうな計画を立てていきます。月のマッピングで重要なのは、日々の生活で何を変えていくかをはっきりさせること。わたしたちが取る行動には、自分を枠にはめるような考え方を強化するものが多くあります。変わることを怖がる習慣的な行動です。でも何度も繰り返すことによって、そういう習慣もやがてよりよい習慣に置き換わります。わたしたちの反応の多くは無意識から生まれており、無意識は、自分自身に語る、自分を枠にはめる物語となります。ここで行うワークのひとつは、新たな物語を書くこと、異なる結果を思い描くことです。それは毎日行わなければなりません。たとえ数分しか取れなくても、始めることに充分意義があります。

月のマッピングができても、修正の必要が生じるのは避けられません。人生は、しっかり練られた計画に乱暴に殴り書きをします。このプロセスに取り組む中で、自分を枠にはめる特定の考え方をもっと深く探索したくなったり、別の道を行きたくなったりするかもしれません。必要に応じて行動や呪文を修正し、調整しましょう。

どこから始めればいいのか、という質問をよく受けます。自分自身と相談しましょう。注意を向けるべき対象が「取るに足りない」ものだとしても、そこから始めなければなりません。朝に行う習慣を始める、家を完璧に掃除して整頓するなどです。もっと真剣な変革を行って人生を大きく変える心構えをする場合もあります。恋人とのつらい別れのあと自分をさらけ出す、子どもを持つと決意する、カルト教団を抜けて心の傷を癒す、不安やトラウマへの対処に取り組む、カミングアウトする、性転換を行う、国を横断する、慢性病という診断を受け入れて病気とのつきあい方を学ぶ、事業を始める、といったことはすべて、人生において明確な終点がないかもしれない長期のプロセスの例です。こうした長期のプロセスを始めるときには、これが長く曲がりくねったサイクルの出発点であることを理解しなければなりません。成果が現れるまでには、何カ月、何年も努力しなければならない場合もあります。

グループ、セラピスト、ともに責任を負ってくれる相棒、ライフコーチなど特別な専門知識を持つプロフェッショナル、といった人たちにも応援を求めてください。支援団体や料金スライド制セラピー、講師の評判がよく手頃な料金のワークショップに頼るのもいいでしょう。また、費用をかけずに「カリキュラム」を自分で決めて行うこともできます。本を探して読み、友人と語りあい、ポッドキャストを視聴し、テーマに関して日誌をつける、などです。これは無料ですし、自発的な人にとっては最も効果的な方法です。

ここで紹介した月のマッピングの例はニュームーンから始まりますが、月のサイクルはどこから飛び込んでもいい大縄跳びであることを忘れないように。どんなスピリチュアルの手法においても、目指すのは進歩です。

終わりも始まりもありません。魔法やスピリチュアルの観点から月を利用することに関心のある人には、さまざまな位相からワークを始めてみることをおすすめします。わたし自身やその他多くの人にとって、フルムーンやワニングムーンから始めるのは非常に有効でした（わたしはそれらの位相から始めるのが大好きです)。魔法や個人コーチングでの定番は、目標に到達するための手近な障壁に取り組むことから始める、というものです。そのためにはワニングムーン／ラストクォーター、またはファーストクォーターから始めましょう。処分の時期、昔から月のサイクルの中で意識や信念の危機、転換、ある状況の課題や長所すべてを見られる能力などを象徴するとされる時期です。あなたが最善だと感じる時期、求めるものと最も強く関連すると感じる時期から始めましょう。直観と本能に従うのです。

## 月の時間で生きる

月の時間で生きるとは、有害な太陽支配を拒絶すること。時代の多数派——生産と競争に重きを置いて労働者を酷使する人々——に属するのは、自然に反します。わたしたちが暮らす資本主義社会が近々根本的に変革されることはないでしょう（変革に向けて努力してはいけないわけではありませんが)。わたしたちは時間どおりに仕事に行き、請求書の金額を払わなければなりません。月の時間で生きるとは、電気やガスを使うのをやめて森で暮らすことではありません。自分自身のサイクルに注意を向けることです。自分が何を求めているかを理解し、その要求に応えること。あなたに無自覚に消費させ、直観や体から切り離され、見えない力など存在しないと感じさせようとするシステムに、巻き込まれないこと。自分自身をよく知って、人生に順応し、変化を受け入れ、自らの力をのばして活用することです。

## 月のサイクル、人生のサイクル

生きている中で、同じパターンやテーマは何度も浮上します。絶え間なく繰り返します。誕生、成長、死、再生。癒すべきもの、もたらすべき能力。こうした循環が、人生の軌道を決めているのです。

進歩しようという気があれば、無自覚な繰り返しのサイクルを自由への循環に変えることができます。わたしたちの考え方や習慣、生活は、型にはまったものに固定化しがちです。頭上にある月は、教訓は身につくまで何度でも現れることを思い出させてくれます。意識していないと、パターンは自動的に繰り返します。そして、どうして人生は代わり映えしないのかと不思議に思うことになります。なぜ同じことばかりが起こるのか、と。なぜ夢に描いた結果が得られないのか、と。

あらゆる困難や課題は、最終的にはわたしたちが自分自身の力を取り戻すための贈り物として受け取ることができます。失恋による心の傷は、愛を抱いて前進すべきであることを思い出させてくれます。悔しさは認識し、心の傷は理解しなければなりませんが、最も重要な目標やヴィジョンが傷つくのを許してはいけません。最も神聖な存在である自分自身を大切にしましょう。たとえ人間が機械に支配されそうになっていようとも、真心と意識は保ち続けましょう。たとえ社会に禁じられようと、至高の理想と深遠な直観とのつながりは保ちましょう。それが、アラインメントして生きるということです。

月のサイクルの外には、もっと大きな、時間と空間とエネルギーの円形で螺旋状のパターンがあります。多くの惑星が軌道を描いています。1日の中には、もっと小さく、もっと独特のエネルギーの変化があります。仕事や家族間の力関係という、もっと大きなパターンもあります。人生には、はるかに大きくリズミカルなパターンもあります――わたしたちが過ごす歳月です。自分がどんな、より大きなパターンや段階にいるかがわかれば、それに適応できるようになります。ワクシングムーンの段階にいると感じたなら、もっと頑張って働けるでしょうし、実際に働こうとするでしょう。ダークムーンの段階にいると感じたなら、もっと休息を取って内省しましょう。ニュームーンの段階にいるなら、新しいことに挑戦し、想像しうる最も偉大で素晴らしく力強い結果を歓迎してください。

月の時間で生きるためには、直観を働かせなければなりません。現れるメッセージに注意を払いましょう。自分の中心にあるエネルギーと向きあいましょう。それを理解し、興味を持ち、水のようにこぼさないよう注意して持ちましょう。月の時間で生きるとは、真の自分自身を大切にすること。封じ込めたり無視したり放置したりしてはいけません。別の人のためにつくられた箱に自分を押し込めるのはやめてください。月の時間で生きるとは、ほかの多くの人たちも自分の月の時間で生きるために全力で頑張っているという事実を尊重することでもあります。

### 月の時間は螺旋、月の時間は円

夜空のフルムーンを見ようと顔をあげたなら、地平線の向こうに輝く円が浮かんでいるのがわかるでしょう。円とは終わりのない線です。守られた空間です。魔女は円を描いて、可能性への保護された入口をつくります。それは、わたしたち自身の中心を呼び覚ます行為です。あらゆるものの中心、すべての元素の中央に位置する中心。バランスとエネルギー、闇と光、昼と夜の完全な混合。中心とは円なのです。

心の中に円を描いてください。あなたはその円のどこにいますか？　中心まで足を踏み入れる必要はありますか？

人はみな平等である、わたしたちの知恵はすべて価値がある、という考えを強調するため、わたしたちは輪になって座ります。輪になって座ると心が落ち着きます。ともにその場にいるすべての人の姿が見えます。円とは活性化した線であり、終わりのないループでもあります。円の中心からは、あらゆるものが等距離にあります。わたしたちは人生の迷宮という円の中を歩いています。ループをそれても、またぐるっとまわって戻ってきます。メディスン・ホイール［「聖なる魔法の輪」。アメリカ先住民の中核的な考え方］は円です。円は全体性、充足感を意味します。円は無限です。終わりも始まりもありません。古代ギリシア人は円を完璧な形と考えました。宇宙は完璧な形を生み出しません。純粋な数学だけが生み出すのです。

人間の存在は螺旋状です。その証拠は、わたしたちを生み出した祖母のそのまた祖母の血と細胞の中にあります。何年も前にしたことがまた戻ってきて、失ったと思った機会を与えてくれるとき、シンクロニシティという形で時間の螺旋を思い出すことになります。ずっと前に植えた願いの種は明るい緑色となって顔を出し、過ぎ去った未来の向こうから手を振ってきます――ほとんどあきらめていた願いがかなったのです。癒しも螺旋状です。最終目標はありません。駆け抜けるべきゴールラインはなく、セラピーに通う特定の回数もなく、不快さや苦痛を感じなくなる時点は決まっていません。癒しには、必要なだけの時間をかけねばならないのです。

月のテクノロジーは最古のテクノロジーのひとつです。グレゴリオ暦はひとつの発明にすぎません。それ以前は、時間とは月のサイクルでした。1カ月のうちに二度、ニュームーンやフルムーンになることはありえませんでした。火曜日の夜に儀式を集中させる必要はありませんでした。時間とは季節でした。季節とわたしたちのサイクルを尊重することで、わたしたちの自然な存在、自然な知恵、自分の本質と触れあうことができるのです。

月、占星術、古代療法や代替療法などへの関心の高まりも、時間が直線的でないことを物語っています。女神や先祖の習慣のアルゴリズムは、何度も繰り返しわたしたちのもとへ戻ってきます。記憶を呼び覚ますこと、再発見すること、再活性すること、再出現すること――これも月の時間です。

このように生きることは、時間を曲げることです。わたしたちは現在から過去を癒します。過去に戻って問題を解決します。過去の自分に謝罪しましょう。時間は拡大しては収縮し、前進しては戻り、ぐるぐるまわり、結ばれてはほどけ、速くなっては遅くなることを理解しましょう。今日行う選択は自分の、そしてほかの人々の未来に大きく影響します。わたしたちは、この瞬間に最も必要とされることを行わねばなりません。それこそが、時間を曲げるということです。だから、あなたの貴重な螺旋の時間を使ってください。時間はあなたのものです。

月の時間はフェミニズムの実践。わたしたちがともに歩む相手であって、支配する対象ではありません。協力であって、競争ではありません。より深遠な力であって、より高等な力ではありません。

月の時間は別の入口。ふたたび出口を見つけるためには内部の奥深くに入らなければなりません。月の時間はわたしたちを完全な存在にしてくれます。苦痛、嘆き、悲しみ、不満の時間があるからこそ、フロー、喜び、復活、絆に備えられるのです。休息は活動の準備です。

月の時間で生きることには、もっと大きな、もっと政治的な意味合いがあります。螺旋状態で生きるとは、もっと多くを持てるということ。自らの複雑さを認めれば、思いやりの心が広がります。自分自身についての最もつらい真実を愛し、認めれば、自分の世界はもっと広がります。分離は解消されます。自分の凍った冷たい部分に、「中に入りなさい、温まりなさい。わたしたちはあなたを見て、愛しています。あなたは何も悪くありません。心に導かれた受容の円の中に入りなさい」と言いましょう。不安、差別、競争がなくなったとき、暴力もなくなるのです。

月の時間で生きることは、より健全なパラダイムをつくること。わたしたちは対立してばかりいるわけではありません。競争はなく、罰を受ける理由もありません。世界は勝者と敗者だけで成り立っているのではありません。わたしたちはお互いから学ぶためにここにいるのです。

月の時間で生きることは、休息を思い出すこと。進歩は疲れることなのですから。

自分自身の螺旋の存在、立体的な存在、多層的な存在を取り戻すのは、わたしたち次第です。

月の時間で生きるためには、新たなパラダイムをつくって参加する能力がなければなりません。最高の魔法はすべて、そんな能力を必要としています。

## 月の時間で生きるにはどうすればいいか

月の位相に従いましょう。
自分のエネルギーを記録しましょう。
自分自身のリズムを現実のものとして受け入れましょう。
柔軟になりましょう。呼吸しましょう。気づきましょう。耳を傾けましょう、自分の想像に、内なる鼓動に、自分の神話に。
新たな物語をつくって、人に教えましょう。
悠久の瞬間から現れるものに注意を向けましょう。
自分が以前から知っていたものを思い出す余裕を持ちましょう。
自分の人生を、心を正確に映したものに形づくりましょう。
決して自分から逃げないと誓いましょう。自分の夢、自分の才能、自分の月光から。
自分を支えてくれる錨とは何かを明確にしましょう。変化を通じて、それについて学びましょう。
刺激的で神秘的なものと対話しましょう。
この神秘の経験を自分の教師としましょう。
その経験を何よりも大切にしましょう。
自分が恵まれた存在であることを忘れないように。
終わりのないつらい日でも。とりわけ、終わりのない耐えがたい日でも。
あなたの存在は天からの贈り物。あなたが冒すリスク、あなたが持つ愛、あなたが守る世界、あなたが示す弱さや奮う勇気は、あなたがこの世から去ったあともずっと、世の中のためになるでしょう。
月に向かって歌いましょう。
月と歌を分かちあいましょう。

# 月のワークの行い方

☽□○△

## とにかく実際にやってみる

スピリチュアルな生き方で最も大事なのは、継続して行うことです。つまり、毎日時間を取って、自分のセルフケア、直観、自己啓発、思いやりの心をのばしてくれる活動を行うこと。スピリチュアルの実践は、霊や源との絆を強めてくれます——その「霊」や「源」が何であるかは、あなたが自分で決めるのです。

実践は、あまり華やかなものではありません。早朝に歯も磨かないままメモ帳に何かを走り書きするだけ、という日もあるでしょう。実践しても、すぐにいいことが起こるわけではありません。退屈で無意味だと感じる日もあるでしょう。疲れていたり病気だったり打ちひしがれたりしていて、やる気が出ない日もあるでしょう。いろいろなやり方を試してみて、状況に応じて柔軟に変更しましょう。どんなものであれ、とにかく自分で決めたことを行ってください。

やがて、自分自身としっかりつながっていくにつれて、実践を通じてあなたの人生は、それとなく、そして根底から、導かれていくことになります。一貫した実践は成長を促します。一貫した努力は積み重なっていきます。愛という細い小川が集まって、ついにはあなたの心という大海に流れ込みます。啓発された自己が与えてくれる知識は、研究や継続した探究、人生というマラソンで自分自身と手を携えようという決意を通じてしか得られないものです。実践を、真の自己と魂の発見について教えてくれる上級クラスだと考えてください。

西洋の支配的文化は、必ずしもスピリチュアルの実践の恩恵を重視していません。それでも、自分が大切に思うことをひとつ残らず実践しましょう。いかなる形でも報いを与えてくれると思うことをひとつ残らず、時間を取って行いましょう。一貫したスピリチュアルの実践を行えば、未来により大きな投資を行い、広い世界に好ましい影響を与えられるようになります。見返りはプライスレスなのです。

月のワークの実践はスピリチュアルの実践です。スピリチュアルの実践は実際の行動です。自分の持つ価値観を自覚し、現実にその価値観に基づいて行動すること。自分の願望に重きを置いて、それを最優先した生活を送ること。安易なことでなく、正しいことをすること。自分なりの実践方法を見つけてください。月のワークに「間違ったやり方」はありません。

## 月のワークを始めましょう――基本編

まずは月の日誌をつけ始めてください。日付、月の位相、自分がどう感じているかをノートに書き留めます。感情の状態、体の状態、そのほかなんでも気づいたことを記しましょう。思いついたパターンや考えを書いてもかまいません。直観的なメッセージが頭に浮かんだとき、やる気になったりインスピレーションを得たり気持ちが沈んだりしたとき、そういったことをすべて書き留めてください。天候や場所のせいで月が見えない場合は、月のアプリを利用したりインターネットで確認したりできますし、それをノートにつけておくだけでもいいのです。月の動きと、各位相における自分のエネルギーの状態を記録するのに、月の日誌を活用してください。しばらく続けてみて、必要に応じて使いやすくアレンジしていきましょう。

少なくとも月の１サイクルのあいだ、あるいはもっと長く続けてください。そのうちパターンが見えてきます。人によって見え方は違うでしょうし、伝統的な月のサイクルとは対応しないかもしれません。たとえば、伝統的にはニュームーンのときには不安を感じ、ワニングムーンのあいだは気持ちがすっきりしてやる気が出るでしょう。こうした情報は大切ですが、気分やエネルギーのレベルを決める要素はほかにもあります。月経があるかどうか、慢性病や精神的な健康問題を抱えているかどうか、眠りのパターン、何を食べるか、ストレスのレベル、外部状況などさまざまです。月の日誌をつけるとは、すなわち自分の生活の記録をつけること。あとになって、自分が過去に何を体験していたかを知ることができます。振り返って見ることで全体像が明らかになるのです。

なんのために月のワークを行うのかをはっきりさせましょう。意図と動機を明らかにするのです。それは非常に単純なものかもしれません。たとえば自分のエネルギーを記録すること、月のどの位相が自分にとって最も楽しいか、最も困難かを知ること。あるいは、あなたの意図は目標や夢に向かう努力と結びついているかもしれません。

次に、月の祭壇をつくりましょう。月のエネルギーを呼び込んで利用するための特別な場所。呪文をつくる場所でもあります。日誌を書いたり瞑想したりするとき、ここに座ります。呪文を唱えない場合でも、月の祭壇は自分自身とつながるための安全な場所となりえます。月の色で祭壇を飾ったり、伝統的に月と対応するものを置いたり、個人的に意味のあるもので飾りつけたりしましょう。

すでに祭壇がある場合でも、月を崇めるためだけの祭壇を別につくってもいいでしょう。少なくとも月の1サイクルのあいだは祭壇を祀ってみて、あなたの旅を始めましょう――とりわけ、月のサイクル全体にわたる魔法を行うつもりなら。祭壇を祀ったままにしておくなら、同じ状態にしておいてもかまいませんが、月への新たな捧げものを供えて、ときどきは掃除をしましょう。位相が変わるたびに祭壇を交換することもできます。

次に、月に集中する時間を取りましょう。月が見えないときでも月の下で座り、月のエネルギーと同調します。瞑想し、月をじっと見つめてください。月とにらめっこをするのです。語りかけ、質問を投げかけます。月が伝えたいこと、そこにあるメッセージ、月がどのようにあなたとコミュニケーションを取りたいかといったことに、意識を向けましょう。月の言葉はあなたの中から生まれます。目を閉じ、自分のエネルギーと同調しましょう。明るい月が投げかける反射に注意を払いましょう。

可能なら、毎晩月の散歩に出かけましょう。たとえ月が見えなくとも、月のエネルギーを感じるようにすること。ポーチや庭での屋外瞑想も素敵です。屋外にガラス瓶を置いて月光で満たしましょう。

創造的な方法で月とつながりましょう。月の絵を描く、月へのラブレターや歌を書くなど、多くのアーティストがしてきたようにするのです。月を思い出させる音楽を聴き、月のプレイリストをつくりましょう。月についての詩を読みましょう。研究や読書も月のワークの一環になります。月に関する科学書を読む、天文学の講座に出る、月についてのドキュメンタリーを見る。あなたにとって意義のある関係をつくり出してください。

わたしはよく、月の１サイクルの各位相で呪文を唱えたり儀式を行ったりしているのか、と尋ねられます。もちろん違います。わたしは忙しい生活を送っています。おそらくあなたと同じで、わたしも四六時中目標の追求にかかりきりになっているわけではありません。でも確かに、月のワークを始めた頃は月のサイクルに厳密に従っていました。それは有意義でした。それによって規律が身についたからです。自分のエネルギーはどういうものか、月のエネルギーをどのように利用すればいいかを知りました。わたし自身について、わたしの魔法について多くを学んだのです。

この項を読んだあと、自分はどういうことから始めるのがいいか、少し時間を取って考えてください。大事なのは継続すること。月とつながって見識を得たり、どんなワークが自分の心に響いて利益になるかを見いだしたりするには、数週間、あるいは数カ月かかるかもしれません。スピリチュアルの実践を行うのがたとえ１日に５分であっても、１年続ければ30時間以上になるのです！

## あなたと月

あなたと月との関係は親密なものになるはずです。すべてのことは関係性で決まります。関係性はつねに進歩を続けます。人生にもそういう態度で臨んでいれば、つねにさまざまな選択肢を持てるようになります。あなたと月との関係は、生まれたときの月の位相を調べることから始まります。それによって自分について多くのことがわかります。誕生日からインターネットで調べてみましょう*。

---

* 国立天文台のサイト「こよみの計算データベース」の「月の満ち欠けカレンダー」で誕生日

それがわかったらワークを始めましょう。これは正しいと感じられますか？　自分のエネルギーや感情を追求しているとき、何かこれまでと変わったことがないか気をつけておきましょう。自分の誕生日を知らなくても大丈夫。どの月の位相のときいちばん気分がいいかをわかっておけばいいのです。

生まれたときの月の位相によって、多くのことが決まります。1日の中でいつが最も意識的あるいは生産的に感じるかが決まります。月の各位相は1日の特定の時間に強くなるのです。

誕生時の位相は、生まれ持った性向はどのようなものか、自分にとっての課題はどこにあるのか、生来の才能を最大限発揮するにはどう活用すればいいか、などを教えてもくれます。月による性格という考え方にわたしが注目するようになったのは、占星術師ディーン・ルディアのおかげです。彼は著作『月のサイクル（The Lunation Cycle）』（未邦訳）において、タイプごとの解釈を行っています。わたしも自分なりの解釈をまとめたので、紹介しましょう。

**ニュームーンの期間（ニュームーンの日とその後3日間）に生まれた人**は、生まれつき楽観的で希望にあふれ、新たにものごとを始めるのを好みます。始めるのは難しくないけれど、終わるのは難しいかもしれません。賞味期限の過ぎた夢の名残に執着しないこと。革新的、独創的、アイデア豊富です。一般に、希望や喜びを持ち続けるのには苦労しませんが、規律や実務的なことは苦手です。ひとつのことを最後までやり遂げるのは困難かもしれません。やる気を持ち続けるためには、毎日小さな花火を起こす方法を見つけましょう。正しい道を見つけるまでに何度も間違った道を歩き始めることがあります。幸い、こういう人たちは倒れても平気で立ちあがり、また新たな挑戦に向かいます。フルムーンの時期は、ニュームーンタイプの人にとってはバランスを取るための時間となります。

**ワクシング・クレセントからファーストクォーターの直前までのあいだに生まれた人**は、目標、人間関係、アイデア、なんであっても次の「もの」

の月の月齢を調べることができます。本書47～49ページの位相の説明と照合してください。
https://eco.mtk.nao.ac.jp/cgi-bin/koyomi/koyomiy.cgi

を追い求めるのが最も得意かもしれません。人生において進展や成長が明らかに見られるとき、充実感を味わいます。こういう人たちは舵を取りたがります。他人の権威に従うのは苦手でしょう。やる気を持ち続けるためには、自分が認められ、肯定的なフィードバックをもらうことが大切です。称賛を求めたり、外部からのフィードバックに頼りすぎたりしがちです。自ら行動を起こし、解決策を考え出します。人と違うことをしているとき、いい気分になります。内面的にも外面的にも新たな領域を探索することが大好きです。多くは未来志向ですが、過ちから学ぶためには過去を省みる必要があります。ワニングムーンの時期は、彼らに必要な休息をもたらしてくれます。

**ファーストクォーターの期間に生まれた人**は、意志決定において緊張を感じることがあります。このタイプの人たちは、ひとつの状況をさまざまな角度から見られるという素晴らしい才能を活用すれば、比類ない知恵が得られます。求めるものを得るときには、なんらかの障壁があると感じる、あるいは実際に障壁に出合うことが多いでしょう。この月の位相は交差点に対応しており、影と光は釣りあっていなければなりません。建設的に構築した知識は素晴らしい決断力と回復力を生み出します。ファーストクォーターに生まれたなら、構造や組織によって前進を続けられるでしょう。悲観的にならないよう気をつけて。あなたは自分で思っているより多くを知っているのです。ラストクォーターの性質と調和することによってバランスが得られます。

**ワクシング・ギバウス・ムーンのもとに生まれた人**は、物質的な成功を求めて生きることでしょう。彼らにとっては、それがいちばん大切だからです。最も幸せを感じるのは、努力の成果が目に見えるとき。忍耐はあまり得意ではありません。意欲や精力に満ちあふれているように見えます。こういうタイプの人にとって難しいのは、真の満足を感じること、「充足」を知ること。ワクシング・ギバウス・ムーンに生まれた人は、満足や成功や幸福は自分にとってどんな意味があるのか――特に物質的な意味以外で――を考えましょう。いまこの瞬間を生き、自分が持っているものへの感謝を忘れない気持ちを育まなければなりません。頻繁に休息の予定を入れてください。バランスを見いだすためには、ワニング・ギバウスのエネルギーや性質に浸るようにしましょう。

**フルムーン生まれの人**は、人から見られること、人を統率することが好きです。分かちあいたい、輝きたい、つながりたいと思っています。理解されること、正確に見られることは、こうしたタイプの人たちにとって重要な価値を持ちます。完全だと感じるためには、自分の多彩な能力を探索して知る必要があります。さまざまな人生を経験することを通じて、完全な人間となれるのです。このタイプの人たちにとっての課題は、頑張りすぎ、入れ込みすぎて消耗し、いらいらしてしまうことです。フルムーンに生まれた人たちにとって特に大切なのは、境界線です。ときには無意識に、ときには認められることを求めて、他人のまねをしてしまう傾向にあります。あなたがこの位相のタイプなら、人生においてアイデンティティというテーマは特別の位置を占めているでしょう。フルムーン生まれの人たちは共感能力が高い傾向にあるため、どんな相手とつきあうか、どんなエネルギーを取り入れるかについては、慎重に考えねばなりません。ダークムーンやニュームーンの位相や活動が、エネルギーのバランスを取る助けになるでしょう。

**ワニング・ギバウスのもとに生まれた人**たちはきわめて観察力が鋭く、大局的な見地からものごとを見ることに長けています。学習によって豊かな人間になれます。点と点を結んで全体像をつくりあげるのは生まれつき得意で、それによって新たな考え方やテクニックを生み出せます。多くの異なる考え方を組みあわせて新たな形を生み出す天与の才能を無駄にしてはいけません。集団の役に立つことで人生に意味を見いだせるでしょう。大義や集団や恋人を大切にするのもいいですが、自分自身の欲求、とりわけ豊かになりたい、認められたいという欲求も大事にしましょう。公的な役割で多くの他人とつながる人生を送ることになるかもしれません。ときにあなたを妨害する実用主義や失望を捨て去るためには、ワクシング・クレセントの希望あふれるセルフケアに頼りましょう。

**ラストクォーターのもとに生まれた人**は、ファーストクォーターのもとに生まれた人と同じように感じるかもしれませんが、少し違いはあります。

成長や拡大というワクシングムーンのテーマに集中するよりは、現存するシステムの改善に心を砕くでしょう。ディーン・ルディアはラストクォーターに生まれた人を「改革者」と呼んでいます。[1] あなたはシステムを変革するために生まれたのです。そのシステムとは、自分の家族構造、あなたの選んだ職業に対する世間の見方、あるいは文化そのものかもしれません。あなたは洞察力に富んでおり、何についてもどうすれば改善できるのか、一般にものごとはどう機能するかを本能的に察知することができます。自分の直観に対する不信や不安に対処する必要が生じるかもしれません。その直観とは、多くの計画を生み出すことのできる秘めた力です。他人を引き込みましょう。ファーストクォーターの位相は、あなたが楽観的な気持ちを取り戻すための時間となるでしょう。

**ワニングムーンの期間に生まれた人**は、裏方にいるときが最も気楽かもしれません。得意分野は調査、教育、集中的な研究。比較的内向的で、自分の感情や思考を整理するのに多くの時間と空間を必要とするかもしれません。ひとりで過ごす時間は気分を落ち着け、さわやかにしてくれます——自然とつながり、ダウンロードを受け取るための時間です。多くの人に影響を与える仕事をする場合もありますが、たいていはひとりで活動します（作家、画家、研究者、プログラマー、オンラインビジネス経営者など）。あなたの人生のテーマは、過去の自分と現在の自分を調和させることです。他人に向けるのと同じくらいの共感と思いやりを、自分にも向けましょう。ワクシング・クレセントが、バランスを取る時期になるでしょう。

**ダークムーンの人**とは、ニュームーンの前３日間に生まれた人のこと。このタイプは反抗的で、革新的なアイデアを集団にもたらすことに興味を持つ傾向があります。しばしば、自分は誤解されていると感じます。それは、先を読む能力があって、他人には理解できない未来を見通しているからです。あなたの役割のひとつは、革新的で新しい生活様式や人間関係を生み出すこと。それは多くの場合、とりわけ現状肯定派からの抵抗に遭います。並べてみたとき（アラインメント）、ダークムーンタイプの人たちはインスピレーションで明るく輝いています。自分が夢見るプロジェクトに真剣に取り組みましょう。孤立したり意気消沈したりしないよう気をつけて。最高の状態で機能するためには、スピリチュアルの実践に大きく頼らねばならないかもしれません。志を同じくする信頼できる少数の人と親密な関係を築きましょう。死と復活、強烈で急激な始まりと終わりは、あなたの人生をつねに司るテーマです。うまく変化を克服できるようにしてください。フルムーンやワクシング・ギバウス・ムーンの時期がバランスをもたらしてくれるでしょう。

生まれたときの月の位相を知れば、こういったテーマが自分の関心やパターンをどのように助けてくれるかを探究することができます。反対側の位相は非常に不愉快に感じられる場合もあれば、素晴らしくバランスを取ってくれると感じる場合もあるでしょう。たとえば、生まれたときの位相がニュームーンだった場合、反対側の位相はフルムーンです（前出の月のサイクルの図を参照）。自分と対照的なエネルギーに浸り、それを表現してみましょう。

## 月としてのあなた

いま自分がいるライフサイクルを表すのに月の位相を利用するのは、大局を理解するのに非常に役に立ちます。自分がいまどの月の位相にいるか考えてみましょう。もう少しで成功しそうだと感じていますか？　目標に近づいているなら、ワクシング・ギバウス・ムーンやフルムーンの位相にいるのかもしれません。活気を与えてくれる活動、自分自身との関係を変えてしまうような活動を始めたところでしょうか？　だったらニュームーンの位相かもしれません。非常に不愉快に感じていて、生活の一部をすっかり構築し直そうとしているのなら、ダークムーンの位相である可能性が高いですね。

いろいろなやり方で、心に響く位相によるワークを行ってみましょう。自分が操っているエネルギーの総合的なアーキタイプとして、いまこの瞬間のあなたを映す鏡として、この位相のテーマにより深く入っていく方法の指針として、自分を支える最善策の指針として、その位相を利用するのです。各位相のテーマと対応する女神、神、神話を調べてもいいでしょう。どの位相に心を向けているかを忘れないため、その位相を象徴するお守りや魔除けや色などをまわりに置いてもいいでしょう。

人生は複雑で、あなたの人生にはさまざまな状態を反映する多くのことが進行しています。人間関係が始まったばかりかもしれませんし（ニュームーン）、愛するペットが死んで悲しんでいるのかもしれません（ワニングムーン）。自分がどの「位相」にいるのか見いだしたいのであれば、自分の感情やエネルギーと触れあい、「全体として自分がどう感じているか」に基づいて判断することをおすすめします。

自分がどの位相にいるかを知ると、エネルギーのバランスを取って極端に走らないためには何が求められるかを知るのに役立ちます。フルムーンの位相にいるなら、かなりのエネルギーが必要となることがわかります。それがわかれば、境界のワーク［自分を守る境界線を構築するワーク］をいっそう強化し、充分な睡眠と水分を取ることに集中し、努力してきたことすべてをどう活かすかを考えればいいのです。

一般に、人生のさまざまな状況は月のサイクルの順序に従っています。いまダークムーンの位相にいるなら、そのあとにはニュームーンの位相が訪れるでしょう。ワクシングムーンの位相にいるなら、次にはフルムーンの位相となるでしょう。こうした特定のエネルギーを持つ状況は何カ月、何年も続くことがあります。

この知識を活用して、現在の月の位相に応じたワークを行ってください。ダークムーンの位相にいて、恋人と別れ、ほかのいろいろなことを失っているなら、ワニングムーンとダークムーンの位相全体があなたを支えてくれるでしょう。月のサイクルに集中すれば、喪失を悲しみ、そして喪失から立ち直ることができます。心の内の対処に集中しなければならないと知っているからこそ、日々の生活の計画を立てられるのです。ダークムーンのときに、過去の恋愛への執着を手放す儀式を行ってもいいでしょう。内なるエネルギーはすでに強力なので、手放すにはダークムーンの時期が非常に適切だと思われます。その効果は月のサイクル１回のあいだ続くこともあれば、もっと長い場合もあります。前に進めと命じられたように感じたら、儀式や呪文によってそれを意識的に心に留めておきましょう。

## 月を敬う

月のワークに専念すると決めたなら、月を敬う方法にも注意を向けましょう。あらゆる大切な関係と同じく、月とも相互関係を築かねばなりません。月がわたしたちを助けてくれているなら、わたしたちもどうしたら月を助けられるかと考えます。月から水を抽出する計画がありますが、わたしたちはそれを止めようと努力することができます。月と関係するものすべてについて考えてみましょう。水、女性、変身能力者（シェイプシフター）、共感力の高い人（エンパス）、子ども、肥沃、家、家庭、生殖に関する権利、地球上の弱きものすべての保護、植物——水やその近くに住む者によって栄養を与えられ育てられているものすべて——は月の領域に属しています。

魔法の実践においても日常生活においても、月への捧げものをすることができます。月との関係を強化するための活動を選んでみましょう。プランド・ペアレントフッド［アメリカで女性の健康と権利に関する活動を行う非営利組織］といった団体に毎月寄付をしてもいいでしょう。黒人の母親の死亡率減少に取り組む組織のために資金調達をしたり、プラスチック製品を買うのをやめたり、地元や汚染地域で水を浄化する方法を考えたりしてもいいでしょう。

魔法の実践として、わたしは年に一度か二度、月を保護して感謝する呪文を唱えます。水質浄化や絶滅危惧海洋生物保護の取り組みに寄付をします。わたしが月を敬う方法のひとつは、月についてや、他人を助けるために月のエネルギーやメッセージを活用する方法について、教えることです。もうひとつは、社会というシステムの中で抑圧や疎外されている人々の生活をサポートする組織に寄付を続けることです。

## 月と月経周期

月のサイクルは平均的な月経周期と同じ長さ、およそ28日です。[2] 多くの人は生理を「月のもの」と呼びます。丸く、目に見えて大きくなっていく月の形は、妊娠したお腹を連想させます。一度の月経周期のあいだに、エストロゲンの分泌量は上昇し、また下降します。この潮の満ち引きのような内臓の働きは、体内では自然に波が打ち寄せては引くことを思い出させてくれます。子宮は月なのです。

世の中には生理のある男性も、生理のない女性もいます。ノンバイナリーでは、生理がある人もない人もたくさんいます。生理があって子どもを産む女性は少なくないため、生理を女性らしさや子宮と結びつける考え方は理解できます。でも、さまざまな理由で生理がない女性もたくさんいるのです。妊娠中の人、避妊を行っている人、トランスジェンダー、子宮摘出手術を受けた人、閉経した人。女性にはすべて生理がある、生理のある人だけが女性だ、という思い込みは間違っており、あらゆる人に当てはまるわけではありません。

もしあなたに生理がなくとも、それで月との関係が薄くなるわけではありません。たとえ生理があり、それが月のサイクルと合致しなくとも、何も悪くありません。大部分の人の生理はニュームーンと一致していないことが、研究で明らかになっています。[3]

生理とは素晴らしい自然現象です。それは応援すべきものであって、恥じるべきものではありません。わたしたちの文化における生理の扱い方には、女性嫌悪の考え方が内在しています。医療分野で治療の対象となることはありません。月経があるなら、自分の体のその部分について知っておかなければなりません。月のサイクルに対する自分の生理のリズムを知るのは、体のサイクルをもっとよく理解するためのひとつの方法です。

生理があり、月のサイクルよりも自分のホルモンと同期しているとわかったら、そういった情報も考慮に入れることが大切です。生理とそれへの対処についてもっと知りたいときは、セラピストであるメイジー・ヒルの『生理の力（Period Power)』（未邦訳）をおすすめします。この本は、月経周期を季節と考え、生理の始まりを冬として論じています。あなたの目標のひとつが、月経周期が自分にどんな影響を与えているかをもっとよく知ることなら、月の記録を利用してそれについて探求してみましょう。

### 月とヒューマニフェステーション

月は目標設定を助けてくれる自然のガイドです。本書では、月とともにするさまざまなワークやメソッドを紹介していきます。

教えるとき、そして著書の中でも、わたしは「manifestation」（マニフェステーション＝啓示・発現・顕在化）をもじった「humanifestation」（ヒューマニフェステーション）という単語をよく使います。これはすべての人間を中心に置くという意味で、ニューエイジのステレオタイプ化した「manifestation」と区別するための用語です（「manifestation」は「マニフェスト・デスティニー」〔「明白なる使命」の意で、アメリカの西部開拓＝先住民虐殺や帝国主義を正当化するのに用いられた概念〕を連想させもしますが、これはわたしとは真逆の考え方です）。また、共創や創造という用語も好んで用います。月のヒューマニフェステーションとは、休息、自分の直観を信頼すること、助けを求めることは月のワークの一環として肯定する思想です。しがらみにとらわれず自由に動けるようになる術を学ぶことは大切、身をまかせることも大切、必死で働くことも大切、豊かさを求めることも大切、寛大であることも大切、自分を愛するようになることも大切。人の話に耳を傾けることは自分が何かを行うのと同じくらい大切です。わたしたちをリズミカルでホリスティックな生活に導いてくれるこうした活動はみな、ヒューマニフェステーションというスペクトルの中に存在します。

構造的な抑圧についても考えなければなりません。「マニフェステーション」における「愛と光」の議論の多くは、人種差別主義、トランスジェンダー嫌悪、階級差別、障碍者差別といったたくさんの人が直面する構造的な問題を認識していないことを理解しておきましょう。わたしたちの生活は、「肯定的に考える」ことのできる「選択肢」だけで成り立っているのではありません。困難、差別、精神的健康の問題、構造的抑圧を認識するのは「いやな感じ（バッド・ヴァイブス）」ではなく、現実的に生きるということです。

月による創造は、現在の支配的な文化で必ずしも価値があると思われていない願望にも重きを置いています。それは、ステレオタイプ化した成長のように見えるとはかぎらない成長です。一見素晴らしいけれど、その人の誠実さや直観とは調和しない機会を拒絶すること。感情の癒しに焦点を当て、健康を最優先し、自傷行為をやめること。自己愛を具現化し、適切な境界線をつくって維持し、依存症から回復すること。これらはすべて価値あるワークの例です。精神の成長が物質的な成功を生む方法に目を向けましょう。

宇宙との共創には、あなたの献身が必要です。繰り返されるサイクルの中で、わたしたちは夢の見方、挑戦の仕方、試み方、受け入れ方、信頼の仕方、屈し方を学びます。必要なものはすでに自分の中にあります。あとは、自分の直観や意志や好奇心とつながりさえすればいいのです。自分らしくあること、あきらめないこと、忍耐や回復力を利用することを実行しましょう。宇宙はわたしたちがいるところまで会いに来て、助けてくれます。そのためには、まずは自分自身と出会わなければなりません。

月はあなたが物質的に大成功するのを手助けしてくれますが、月のヒューマニフェステーションは社会の主流をなすマニフェステーションに関する大量消費主義的な考え方とは異なります。また、物質的なものを欲しがって手に入れても、あなたの問題がすべて解決するわけではありません。やはり自ら努力しなければならないのです。つらいことが起こるのは止められません。顕在化した月は、わたしたちがつねに努力の最中であることを知っています。だから、深くまで探究するようにしましょう。

## 月の魔法

本書の大部分は、各サイクルにおける種々の魔法や霊性や儀式について述べています。わたしが教える月の魔法はホリスティックなものです。月のサイクル全体を見て、それぞれの位相の性質に応じてワークを行います。本書ではそうしたものを扱い、呪文やタロットカードやさまざまな活動や日誌についての提案も行っています。実践に慣れてきたら、自分だけの月の魔法を生み出しましょう。月とつながる独自の方法、魔法の実践方法、そしてあなた独特の形態の魔法を見つけるのです。

わたしが教えられてきた魔法は、ヨーロッパの復興異教主義の教えを反映しています。それ以外にわたしが実践する月の教えはユダヤ教のものです。これはわたしの血筋の一部であり、ユダヤ教の月の教えは強力なのです。あなたが自分自身の伝統をつくって自分の心に響くことを実践できるよう、本書はできるだけ特定の宗教や宗派の色を出さないようにしました。一般に、あらゆる文化は自然のエレメントを利用します。水、火、土、空気。一般に、あらゆる文化は瞑想し、祈りを捧げ、浄化して絆を得るために乾燥植物を燃やし、キャンドルをともし、クリスタルや骨といった自然のものを利用し、呪文を唱えるときに、自分にとって特別なものでつくった魔除けを使うのです。

### 月と占星術

占星術では、月は発光体です。人の性格や人間関係、その人独自の人生に対応する個人的な惑星です。古代の西洋占星術では月は有害だと考えられていた一方、現代の占星術は（月がどの星座（サイン）やハウスにいるかによって変わりますが）月を有益なものとして扱っています。伝統的な西洋占星術において、月は母親や子育てや介護に関係があります。月はわたしたちの感情的な欲求を表現しています。欲求を満たすために学んだ方法、安心を感じ、育てられ世話をされていると感じるには何が必要かを見いだす方法を教えてくれます。占星術において、月はわたしたちの無意識や潜在意識を象徴するとされています。ミステリアスな部分、影、根源的な動機が、ここに隠されているのです。月は、わたしたちの心の奥底だけが見ることのできる部分を象徴します。傷つきやすい部分、月に応えるのが心地よく感じられるときにしか見せない秘めた性質です。女性性、やさしさ、柔らかさも、月がどのサイン、どのハウスにいるかに影響を受けます。月はわたしたちの記憶、気分、感情、肉体にも対応します。

西洋占星術では、月は過去の象徴です。保守主義、あるいは伝統への過剰な依存を表すとも考えられます。郷愁や、幸せな記憶、つらい記憶を喚起します。現在の大部分は過去と結びついています。現在の経験や反応の多くは、過去の出来事によって形づくられています。真の意味で前へ進むとは、過去への有害な執着を一掃すること。心を癒すとは、過去の問題が現在の行動に悪影響を及ぼすのを許さないこと。過去の教訓を、青々とした未来の菜園の肥やしとして利用することです。

西洋占星術において月は、かに座と対応し、この12宮の4番目のサインを支配しています。[4] かに座は子育て、自分が子ども時代からどのように世話をされてきたかについての認識、家系、先祖と先祖から受け継いだ遺産、過去の人生、家庭、セルフケア、本能、身体的・心理的に安全だと感じるために必要なこと、家庭を築いて根をおろすこと、などに関係しています。

ホロスコープを解読するとき、占星術師はあなたの月がどのハウスにいるかも考慮に入れます。ハウスによって、月の発現の仕方が異なります。セクスタイル（60度）、トライン（120度）、スクエア（90度）といったアスペクト（座相）も、あなたの月に影響を与えることがあります。また、占星術上の月の位置に関しては、アセンダント（上昇点）とディセンダント（下降点）もあります。これはあなた自身の運命に関係するものです。

魔法の観点から言うと、月がどのサインにあるかを考えて、呪文と対応させなければなりません。たとえば、月がおとめ座にある場合は、仕事、成長、安全、スピリチュアルな貢献、献身に関する呪文を唱えればいいでしょう。消化器や肝臓はおとめ座と関係があるので、それらについての呪文を唱えることもできます。不安や怒りや心配はそうした臓器と関連しているため、それに対処するワークを行うこともできるでしょう。

時が経つにつれて、月が特定のサインにあるとき自分がどう感じるかがわかってきます。月のサインが自分とどうかかわっているかが最も簡単にわかるのはフルムーンの時期です。あなたにとって、火のフルムーンは土のフルムーンとまったく違って感じられるかもしれません。

あなたの月のサインは、生まれながらの魔法の性向を表しています。アーキタイプが示すどんなプラスやマイナスの性質も、あなたの魔法に反映されます。あなたのサインが空気の月だとしたら、呪文や歌や詩を考え出す才能に恵まれているかもしれません。霊や導き手や先祖との交信が容易にできるかもしれません。水の月であれば、特に水中で霊能力が強く、エンパス、あるいは創造性や美やダウンロードの器という役割において霊的な力を発揮できるでしょう。あなたには、高度に直観的な情報を受け取り、感情を表象化するという魔法の能力があるかもしれません。自分の月のサインを知れば、あなただけが持つ生まれながらの能力を試してみることができるのです。

月がおひつじ座にある人は、ものごとを非常にすばやく実現させる能力があるでしょう。あなたの直観は本能であり、解析できるものではありません。自分の属する集団のリーダーとなったり、サークルや新たなスピリチュアルのカルトをつくったりする使命を感じるかもしれません。

月がおうし座にある人は、エネルギーを操ることに長けていて、物質的な願いをかなえる能力が高いでしょう。非常に象徴的で芸術的な祭壇をつくり、自分の魔法を身につけてそのにおいや味を感じたいと思うかもしれません。

月がふたご座にある人は、魔法の能力は話すことや書くことや歌うことを通じて実現できるでしょう。ダウンロードやメッセージは、思いを自由に書き連ねたり自分自身や導きの霊や月に話しかけたりするときに現れることがあります。魔法やスピリチュアルを実践するときには、いろいろなことを試みるといいでしょう。

月がかに座にある人は、呪文を唱えるときに生まれ持った身体的能力を活用できるかもしれません。あなたの超能力のひとつはさまざまな感情を感知することです。その感情を正しい道筋に向けられるようになれば、ひとかどの人物になることができます。

月がしし座にある人は、魔法を具現化する能力があります。願望を大切にし、それを実現させるべく行動すれば、願望のほうもあなたを大切にしてくれるでしょう。

月がおとめ座にある人は、洞察力が鋭く詳細まで理解して夢をふくらませます。まずは自分のために努力することが最も重要だとわかれば、幸せは倍加します。

月がてんびん座にある人は、魔法の実践において自然のエレメント、神々、そのほか象徴的なものと協力できるという神秘的な能力を持っています。ハーブに甘い言葉をささやいて、さらに強力にします。空気、太陽、空と真剣に向きあうので、それらはあなたの言うとおりにせざるをえなくなります。

月がさそり座にある人は、ものごとを生まれ変わらせる素晴らしい能力を持っています。各月期の教訓という藁を編んで黄金にできるのです。あなたの魔法とは、目に見えないもの、タブー、潜在意識や無意識を、心を癒すように、あるいは興味をそそるように表現する能力です。

月がいて座にある人は、自分の考えを行動に移すことに特に長けています。言葉によってものごとを実現させます。進歩し続ける自分の状態に合わせて、さまざまな魔法を行う必要があるでしょう。

月がやぎ座にある人は、魔法の能力は先祖から受け継がれた深遠な知恵にあるのかもしれません。古代の習慣や儀式があなたの直観を強めてくれます。波長を合わせて心の奥深くまで潜りましょう。あなたの魔法は、高いヴィジョンを描くときにも輝きます。自分にとっての頂上を明確に思い描けば、そこへいたるための努力をするようになるでしょう。

月がみずがめ座にある人は、自分だけの儀式やスピリチュアルな礼拝を創造できることが魔法の能力のひとつです。その創造が起こす火花は、行動を促す宇宙からの声です。トランス状態に入ること、瞑想、別世界への旅などを行ってみるといいでしょう。

月がうお座にある人は、生まれながらに他人を癒す能力を持っています——助産師として、看護師として、芸術家として、あるいは自らの存在そのものによって。あなたが持つ魔法のひとつは、この世のものではないエネルギーと交信する能力です。幻視能力に優れており、ほかの人々はあなたからインスピレーションを得ることができます。

インド占星術では、個々のホロスコープにおいて最も強い影響力があるのは太陽ではなく月です。個人のホロスコープにある月は、伝統的な西洋の占星術での月よりもっと重要視されます。インド占星術においては、月と地球の近さが特別な影響を持つと考えられています。月は気質、気分、本能、直観、感情の構造、性格、感情や心理のパターン、やる気、行動を支配します。また、月はわたしたちのエネルギー、知覚、記憶、生殖能力、育児に対応します。月はわたしたちの心の健康、興味、本能、気質です。インド占星術では、月がフルムーンへと満ちていく（ワクシング）期間は吉兆（ベネフィック）でプラスの性質、ワニングムーンからダークムーンに向かう期間は凶兆（マレフィック）でマイナスの性質です。

インド占星術で月はチャンドラと呼ばれます。これはサンスクリット語で「明るく輝く」という意味です。西洋占星術と同じく、インド占星術でも月は母親や女性性というテーマと呼応します。美しさ、快適さ、栄養、一般的な幸福などです。[5] 月は魂の光を受け取ります。

太陽は投射、わたしたちが世の中に対して見せるもの。世の中がわたしたちを見ている姿。月はわたしたちの中心にある内なる自己——あらゆる層や仮面の下にある本当の自分。

ここで紹介したもの以外にも、月の占星術にはさまざまな概念や哲学があります。興味があればリサーチを行い、講座を受講し、星占いをしてもらい、本を読みましょう。西洋の月の占星術について参考となるのは、ヘザー・ローン・ロビンズ著『月の英知（Moon Wisdom）』（未邦訳）、レイヴン・カルデラ著『月の位相の占星術（Moon Phase Astrology）』（未邦訳）、それにジャン・スピラーやディーン・ルディアやデメトラ・ジョージの著作などです。

## タイムキーパーとしての月

月を、その最も古くからの役割で利用することもできます。タイムキーパーの役割です。中国、ヒンドゥー教、ユダヤ教では、いまでも太陰暦を使っています。太陰暦における新年などの祝日は、月の影響を反映しています。[6] ナイジェリア南西部とベナン南部に住むヨルバ族が用いる暦コヨダでは、1年の始まりは収穫と月に合わせられていて、5月または6月です。人類最古の遺物は、木や骨につけられた、月の28日のサイクルに対応した印です。月や太陽を礼拝するための巨大な神殿は数多く建てられ、その名残はストーンヘンジやウッドヘンジ、月のピラミッドなど世界じゅうに見られます。グアテマラの考古学遺跡では、月のサイクルを記した、9世紀までさかのぼるマヤ文明の天文学の記録が発見されています。[7]

月のサイクルは確認の手段、記録をつける手段として用いることができます。去年のフルムーンのとき、自分はどこにいたのか、何をしていたのか、何が起こっていたのか。何が同じままか、何が成長したのか。何を変える必要があるのか。いま、ある感覚を抱いていて、その理由がわからないとき、記憶喚起のツールとして月を利用すると役に立つかもしれません。

月を個人的神話におけるタイムキーパーとして用いると、自分自身の物語を書く助けになります。

自分の人生における、より大きなサイクルやパターンについて考えてください。体に刻み込まれた特定のパターンや日付がありますか？　肉体はあらゆる記憶を有しています。勝利もトラウマも覚えているのです。記録しておくと便利な、自分にとって特別な記念日のリストはありますか？　自分の経験を体に覚えさせておくのは役に立ちます。体が特定の記憶や感情をどのように残しているか、それをどのように認識すればいいかを知れば、それへの執着を手放して自分の神経系を操れるようになります（トラウマと体についてもっと知りたいときは、ベッセル・ヴァン・デア・コーク著『身体はトラウマを記録する』を読んでみましょう）。

時間には質があります。時間の質を向上させるのに月を利用することを考えましょう。自らのエネルギーのパターンを知れば、月はエネルギーと最も望ましい形で調和する方法を思い出させてくれるリマインダーの働きをします。また、将来的にエネルギーを上向かせてくれたりもします。自分のエネルギーを自然のリズムと同調させれば、わたしたちの経験の質は高まるのです。

### 先祖のワーク

地球上のどの文化にも、独自の伝統や月とのかかわり方があります。ユダヤ教の聖典タルムードでは、月には意識があり、その中にはひとりの天才がいて、熱心な実践者に乗り移ると信じられています。[8] 多くの文化に、月と太陽をきょうだいまたは夫婦として、はるかかなたの空で互いに見つめあったり追いかけっこをしたりしているという物語があります。多くの文化は月を栄養や食べものと結びつけました。古代インドネシアでは、月の内部には米の精霊が住んでいるとされていました。ペルーのある民話では、月を、人類に植物をもたらした男性としています。彼は人間の女性と結婚し、女性はほかの天体を産みました。月を畑や大地やすべての生き物を守る守護神とする物語は、地球上に数えきれないほどあります。

ひとつひとつの文化に、月にまつわる独自の民話、物語、神話、解釈が存在します。家庭としての月、母親としての月、創造主としての月、魔法の使い手としての月。ポリネシアの月は、英雄マウイの母親である女神ヒナの家を意味するマヒナと呼ばれます。ヒナは怠け者の夫のもとから逃げ、月という安全な場所で芸術を生み出しました。オデュッセウスは、古代ギリシアでは幸運で神聖な時期とされるニュームーンのときに帰郷することになっていました。中国神話では、月には不死の女神、嫦娥（じょうが）が住んでいると言われています。アメリカ先住民のナバホ族とオジブワ族は月を「古代の糸紡ぎ女」と呼びます。古代の中南米でも、マヤ文明の月の女神はやはり織り子でした。[9]

月を動物と同一視する民族もいます。地球上で月と関係する動物には野ウサギ、バッファロー、クモ、牛などがいます。イヌイット、ヒンドゥー教、古代ギリシアなど数多くの文化で、月は犬やオオカミと関連づけられており、その中には友好的なものも、恐ろしいものもいました。[10]

自分のルーツを知っているなら（たとえどの大陸から来たかということしかわからなくとも）、先祖の民話や神話や伝統や儀式を調べてみましょう。初心者でも熟練者でも、リサーチを行うことで、よりよいワークが実践できるようになります。

先祖の癒しにも月を利用できます。誰もがみな、先祖から才能を受け継いでいます。多くの人はトラウマも受け継いできました。また、先祖から受け継いだものには不安、怒り、猜疑心といった、問題のある気質もあるかもしれません。現世でこうしたものを癒すよう努めましょう。まずはこう自問します――先祖は何を癒してほしかったのか？

家系図を研究したり、これについて祖父母と話したりしなければいけない、というわけではありませんが、してもかまいません。単に自分の考えることに波長を合わせて耳を澄ませ、書き出すだけでも、出発点としては充分です。自分について何を知っているか、それが自分の家族とどう関係しているかを、問題点や生まれつきの長所に焦点を当てて書いてみましょう。家族の起源を知っているなら、そこから始めるのがいいでしょう。たとえば、わたしの曾祖父母は非常に貧しく、きちんと英語を学ばないままアメリカにやってきました。彼らは自分の子どもたちを、周囲に同化するように育てました。こうした継承が、食料不足の問題や安全の問題、疎外感を解決しているのです。

よき先祖の祭壇がこのプロセスを補強します。「よき先祖」とは、あなたがいい関係を築いた先祖、霊的に健全だった先祖です。[11] あなたの家系には、乱暴で暴力的な、あまりつながりたくない先祖もいるかもしれません。自分にとって特別だった亡き先祖の写真があるなら、祭壇に飾りましょう。彼らと会話してください。祈ってください。話しかけてください。彼らがあなたに与えた性質を大切にしてください。先祖がどんな植物、ハーブ、神々、神話を用いたかを知っているなら、それを自分のワークに取り入れることもできます。伝統的なレシピを調べてつくってみましょう。その一部は先祖への捧げものとします。やがて、よき先祖と響きあう関係を築くことができるでしょう。

自分の知る先祖の誰とも霊的につながるのが適切ではない、という人もいるでしょう。先祖が暴力的だった、心の痛みが大きすぎる、というような場合です。その場合は先祖とのあいだに境界線を引いてください。あなたが抑圧者の子孫だったとしたら、抑圧されている人々のためにボランティアとして時間やお金を捧げることが癒しになるかもしれません。先祖の時代の歴史的状況を学ぶのは有益ですし、そこから現在の問題に関する情報が得られるかもしれません。

先祖とつながることができない人は、自分で先祖の血統を創造してください。先祖として崇めるのは、あなたより前に生まれた、あるいは影響力があった、尊敬する芸術家、発明家、活動家。あなたに深い影響を与えたヒーラー、魔女、薬草家でもいいでしょう。あなたと同じアイデンティティを持つ先祖とつながりましょう——性的マイノリティ、黒人、ノンバイナリー、フィリピン人、障碍者、キューバ人、イスラム教徒、韓国人、ユダヤ人、オランダ人、仏教徒……。彼らに感謝を捧げましょう。彼らのエネルギーをあなたの人生に呼び込みましょう。彼らの価値観によって生きることで、彼らの血統を受け継ぎましょう。彼らについて述べ、敬意を表し、ほかの人たちにも彼らの取り組みにかかわるよう促して、彼らの教えを引き継ぎましょう。

月の豊かな霊的・伝統的な歴史(ハーストーリー)とつながることもできます。非常に多くの人々が、長いあいだ月を自分のワークに利用してきたので、有益なエネルギーが集積されたように感じられます。毎晩月を見あげて、わたしの先祖、みんなの先祖が何千年も前にこの月を見あげていたのだと思うと、感動が込みあげます。自分よりもっと大きなものとつながることができるのです。

### 現実的な月のワークを行う

一般の人にとって月のもうひとつの利用の仕方は、現実的な利用です。月の位相を実用的なガイドとして、1カ月のだいたいの予定を立てましょう。正式な始まりはニュームーンです。それぞれの位相において、さまざまな課題と、自分にとって考えうる最高の結果とは何かについて、ブレインストーミングしてみましょう。あるいは、月の位相とグレゴリオ暦の両方を使って考えてみましょう。ある課題をいつ行うべきかを決めるのに、月の位相に従った伝統的な農業の進め方を利用することもできます。これについてもっと知りたいときは、このあとの章で紹介する、それぞれの位相についての現実的な提案を書き留めていきましょう。また、ヨハンナ・パウンガーとトーマス・ポッペ著『タイミングの力（The Power of Timing)』（未邦訳）も読んでみてください。

自分のエネルギーを追求し、自分独自のリズムになじんだら、もっと効果のある計画を立てることもできます。フルムーンのときすっかり疲れてしまうのであれば、スケジュールを帳消しにしたり、それ以外の予防措置を講じたりしましょう。ワクシングムーンの時期にとても気分がいいのであれば、そのときに大事なデートの予定を入れましょう。自分の自然なサイクルに逆らわず、それに合わせて行動すれば、素晴らしい結果が得られるのです。

月の光を自分の行動で模倣しましょう。月が欠けていくときは草むしりをします。月が欠けているときは、毛がのびるまで長く時間がかかるように脱毛や散髪をします。フルムーンの際に人間はより多く出血することがわかっているので、手術は避けます。ニュームーンやワクシングムーンの時期には、模様替えをして空間を増やします。ニュームーンのあいだは庭に種を蒔き、水が植物の表面まで引っ張られるフルムーンのときに収穫します。ダークムーンには休息して回復をはかったり、心の奥底の探索をしたりします。月食のときに自分がどう感じるかを知り、それに従って行動します。

疲れたら眠りましょう。悲しければ泣きましょう。

たまらなく素晴らしい喜びを感じているときには、その喜びを体の隅々まで行き渡らせましょう。

## 月と意識の変容

月は、意識の線の上と下でのワークを助けてくれます。月のサイクルは「意識の円」を表しています。この概念はカール・ユングとジョーゼフ・キャンベルの研究から生まれて注目されたもので、わたしが最初に知ったのは瞑想トレーナーのタラ・ブラッシュからでした。[12] 次に述べるのは、彼らのアイデアのわたしなりの解釈です。

意識の円とは、意識のすべての状態を表したものです。超意識、意識、潜在意識、無意識。円の中にはわたしたちの自我、直観、影（シャドウ）が含まれます。これらの状態に序列はありません。すべてが一体となって機能するのです。自らの意識の種々の面に対処するのに時間を費やせば、自分自身とより健

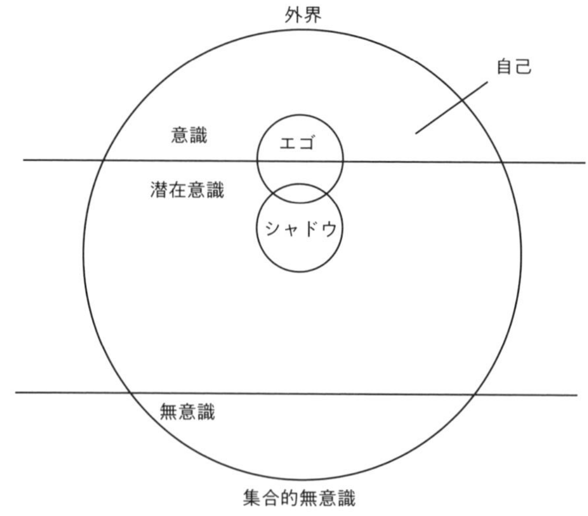

全で親密な関係を築くことができます。月のワークによって、自分の意識のすべてのレベルとより深い関係を結べるようになるのです。

**自問してください。この円の中でわたしはどこにいるの？**
**線の上、それとも下？　なぜ？**
**わたしの自我／影／意識はどれだけの空間を占めているの？**
**わたしの自我は影の「中」にいるの、それとも別の場所？　わたしの影は意識の「中」にいるの、それとも別の場所？**

線の上は意識です。自覚、現在の瞬間への専念。ほとんどの時間この状態でいることは、あまりありません。現在の瞬間だけを生きること――過去にまったく引きずられないこと、未来の予測に無関心でいること――は難しいのです。現在とは、自分自身を本当の意味で見て、感じて、聴くことのできる場所。ニュームーンとフルムーンのエネルギーが結合するところ。一般に、わたしたちの意識は、自分の行動、どのように見られたいか、自分が見られたいように他人に見てもらうために何を伝えればいいか、といったことと関連しています。意識とは、わたしたちが経験するすべてです。自分のエネルギーにもたらす気づきや注意。意識とは、表現されて現実化した自分自身なのです。

人生に変化をもたらそうとするときは、意識下にある自己と潜在意識下にある自己、両方に対処しなければなりません。人間の脳の 80 パーセントは潜在意識に司られています。潜在意識は人の行動の大部分を支配しています。友人や恋人に無礼なことを口走った経験はありませんか？　それは潜在意識のしわざです。何も考えずに靴紐を結んだり、運転したり、大昔に住んでいた最初の家の住所を思い出したりしたことは？　それも潜在意識のおかげです。潜在意識は貯蔵庫です。作家でもあります。言語、種々のパターン、習慣、感情、改められた考え方などを通じて、わたしたちは潜在意識を意識に組み込むのです。

変わろうと努力している証拠は、居心地の悪さです。最初だけということもありますが、33 回続けてもまだ居心地が悪い場合もあります。変わろうとしている証拠は、衝動的な反応の苦痛を味わい、弱さに向かって一歩踏み出し、そうしていままでとは異なる行動や異なる反応を生み出していることです。自分を改変している証拠は、現在とは異なる結果が出ていることです。

自我とは、自分自身の最も霊的な部分です。自我は、わたしたちが狭量な人間のままでいたり自己破壊を行ったりする生き方をやめようとしているときは教えてくれますし、静かになくなったりはしません。克服できないような内面の抵抗に直面するのは、自分を変革して向上させる過程にあるという明確な兆候です。もっと広大な世界に足を踏み入れるとき、潜在意識に組み込まれた思い込みと衝突し、軋轢が生じることも多いでしょう。

線の下にあるエネルギーは潜在意識、直観、内面、夢、無意識です。これはフルムーンやワニングムーンと対応します。表面下にあって、わたしたちが利用できる最も生産性のあるエネルギーの一部です。意識は線の上にあるエネルギーで、行動や気づきです。意識は船長、潜在意識は漕ぎ手。無意識は船が浮かんでいる海です。

自分が線の上にいるのか下にいるのかを突き止めたいときは、いったん立ち止まってください。自問するためには神経を落ち着かせること。深呼吸しましょう。

ひと休みしながら、次のようなことについての情報を集めます。

1　**自分は線の上の場所からものごとを動かしているのか、それとも線の下の場所からか（どちらも本質的に良いとか悪いとかということはなく、どちらも情報を与えてくれます)。**

2　**線の上の状態と線の下の状態は調和しているのか。言い換えれば、漕ぎ手は船長の行きたいところに船を向かわせているか……全員が心をひとつにしているか？　そうでないなら、どんな対話をし、どんな変化を起こせば、自分の心、誠意、直観、真の願望に基づいて人生を送れるようになるのか？**

3　**そろそろ、自分の意識や潜在意識、またはその両方をプログラムし直す時期ではないか？　意識と潜在意識は共生しなければならない。そ**

**のためにはまず、有害な潜在意識のすり込みの原因を探り、次に自分が何を求めているかを明らかにし、次に起こることと調和する行動を起こさねばならない。大切なのは意識と潜在意識が協力すること。**

4 **いま現在、自分に最も大きな影響を与えているスケジュールはどういったものか。過去のパターンや物語、現在の事実、未来の未知なるものに支配されていないか？　癒しのワークや進歩のワークや月のワークを行うためには、決まったスケジュールに縛られてはならない。**

5 **何かに対して反射的に行動しているのか、それとも、じっくり考えて応答しているのか？　高次の自己、魂、心に従って行動しているか？　進歩とは、恐怖や執着心によって反射的に行動するのではなく、自分に誠実であることを言う。**

月のサイクルと協力するとは、創造的プロセスにおいて潜在意識と意識の両方に取り組むことです。潜在意識と意識の両方を自分の夢や目標と同じページに並べれば、もっと容易に達成できるようになります。ワニングムーンの時期には内面の潜在意識に取り組むことができ、月が満ちていく時期には意識や表面的な行動の変化に集中することができます。さまざまなエネルギーのパターンや行動や信念体系や安心感の源に身をまかせれば、新たなすり込みやスケジュールをつくり出し、それによって成功することができるのです。

## 自分の月を育む

自分の内なる月を育めば、魂という土が肥沃になります。内なる月とは、言葉を超えたところに存在する広々とした場所です。過去のスペクトル、先祖の英知の源、癒しや古傷のあふれる湿っぽい洞窟。大海のように広いあなたの心、心躍るホログラム映像。嘆きと涙の小さく暗い部屋、楽しく暴れまわることが許される溶岩に覆われた競技場。苦痛が表面化すれば耐えがたいほどなのではという不安があるため、この内なる月という領域はしばしば無視されます。そこは、自分がどんなに素晴らしい人間かを知ろうとしたときに利用できる場所です。自分の月を育むとは、自分が持つこうした空間を認識し、それに必要なものを与えようとすること。それによって、自分自身と和解できます。自分の最高の親、友人、仲間となれます。そうして自信という旅に出るのです。小さな歩みを一歩ずつ進めて。

内なる月は、満たされることを求める強い飢えの働きを演じることもあります。切望です。願望や夢をかなえるには、努力して傾注することが必要です。わたしたちのインナーチャイルドは慰めと承認を求めています。そうして、わたしたちは自分自身に帰属するのです。

月を育むとは、心から必要としている月のワークを実践すること。行うのは単純なことにしましょう。月の前に姿を現す。期待を捨てる。何が起ころうともそれに向きあって受け入れるよう心の準備をしておく。内なる月はあなたに何を求めていますか？　それは、たったの１語で表せることかもしれません。自分の内なる月が求めるものをどうしたら与えられるか考えましょう。

自分なりの月の儀式を考えてください。フルムーンから始めます。屋外でも屋内でも、楽な姿勢になって。月の日誌を持ってきましょう。月の下で座りましょう。月が見えなくても大丈夫。目を閉じ、数分間ゆっくり深呼吸をして、月のエネルギーを呼び寄せます。自分が月の光で満たされるのを感じてください。月に尋ねましょう。「あなたはわたしに何をしてほしいの？　いま、わたしに何を認識してほしいの？　わたしは何に備えているの？　わたしにどんなメッセージを伝えてくれるの、美しいお月さま？」

この簡単な月の儀式を月の１サイクルのあいだに、あるいは１週間のうちに、何度かやってみるといいでしょう。自分が必要とするものを自分自身により多く与えるようになれば、もっと多くの愛、認識、信頼、安心、気づきが得られるでしょう。そうして内面が成長するに従って、人生のさまざまな局面で経験するこうしたものの質が向上するのです。

## タロットと月

月のワークを行うためにタロットカードを使うのは非常にいい方法です。タロットと月は互いを自然に見事に補完しあっています。月と同じく、タロットカードは進歩のサイクルと対応しています。月と同じく、人の直観を育てるのに有益な道具です。月のサイクルのはじめにカードを引きましょう。何を知りたいのか自分に問いかけてください。タロットに、現在の月のサイクルについてもっと詳しく教えてもらうよう頼みましょう。カードは１枚で充分。そのカードを、月期の残りのあいだ持ち続けてもかまいません。また、カードを広げて、将来を知るために必要な質問に答えることもできます。

ある特定の位相のエネルギーがどのように感じられるかを、タロットカードに現れたものから考えることもできます。それぞれの位相のはじめにカードのデッキに目を通し、その位相で支配的なエネルギーを表すカードを選びましょう。なぜそのカードを選んだのか、何が起こったのかを書き留めます。位相の終わりにカードとメモを見直しましょう。パターンはありましたか？　あるいは予想外のことは？　振り返ると、未来を見るのに役立ちそうですか？

タロットで、月のエネルギーの性質を示す主なカードは２枚です。女教皇のカードと月のカードです。

女教皇は、潜在意識、抑制されない直観、古代の知恵、神秘、儀式、虚空のアーキタイプ。女教皇のカードが出たなら、それは自らの海に飛び込みなさいというアファメーションです。自分の心が想像するものを探究すれば、多くの答えが得られます。そうした答えは夢で得られることもありますし、予想外の方法で現れることもあります。メッセージは言葉で伝えられないかもしれません。女教皇はしばしばシンボルや幻視や感情やそのほかの直覚によって語りかけます。その情報は儀式や魔法やアンダーワールド（冥界）への旅や瞑想、つまり自分の内に向かうことによって集められます。画家パメラ・コールマン・スミスが描いたアーキタイプの伝統バージョンでは、女教皇はエジプト神話の女神ハトホルの王冠を頭にかぶっています。これは、直観と魔法を受け入れる器である子宮と、ニュームーン／ワクシング・クレセント、フルムーン、ワニングムーンという月の３つの位相に対応します。

昼と夜のあいだ、地上と地下のあいだの境目に座った女教皇は、閾（しきい）の存在です——縁にいることで満足しているのです。わたしたちが知覚している現実は正しいのだと信じさせてくれます。たとえ目に見えない現実であっても。

女教皇は、自分の経験を教訓として活かすことを意味するカードでもあります。背景に描かれたザクロはギリシア神話の女神ペルセポネを表し、中心にある傷を癒すためには自分の深みに潜って触れ、それと直面すべきであることを思い出させてくれます。こうした傷の陰にはわたしたちの中心にある強大な力も隠れていて、表面に引きあげられるのを待っているのです。女教皇はわたしたちの傷に口づけし、影を強みにつくり直そうとしています。わたしたちの人生は、独自の神話となるのです。

月のカードは、わたしたちが神秘に身をゆだねる覚悟ができたときに現れます。月の裏側は見えなくても、わたしたちはそれが存在することを知っています。科学的な証拠がなくても、月がわたしたちの内なる潮汐に与えている影響は感じられます。これは正しいかどうか証拠のない道を選ぶのが正義ということです。月のカードでは、わたしたちは無意味の海に自分自身を見いだします。月はわたしたちが奔放になること、変わり者になることを求めます。従順でいてもあまり進歩はありません。わたしたちをその先まで引っ張ってくれるのは、直観的な願望です。自分の中に論理を拒む部分があるからといって、そこに注意や愛情を向ける価値がないとはかぎらないのです。

月のカードはさまざまなものの見方を表してもいます。否定するのではなくやさしい気持ちでものごとを明瞭に見たなら、何が起こるでしょう？恐怖が支配するのを拒んだとき、わたしたちは真実という懐中電灯で意識の基盤を照らします。これまで知られなかった動機が姿を現します。わたしたちは自分の記憶と仲直りするのです。

このアーキタイプは、文明という範疇の外に存在する核心的なサイクルを表しています。トラウマからの癒し、他者や自分自身や大きな計画を生み出すこと、ある特定の人生や霊的な訓練。このカードを受け取ったなら、教訓や経験によって変容するために特定の有意義なサイクルのテーマやパターンを明確化するよう求められるかもしれません。

月のカードは、内なる考えや内に秘めた魔法を意味します。こうしたものを利用できれば、自分だけの力を得ることになります。意識の深みを探ってそこにある強力なメッセージを解読したなら、統一性のループを体験することになり、わたしたちは進歩します。これは完全なる変容です。

タロット以外にも、月のワークに利用できるものはたくさんあります。瞑想、レイキ、ヨガ、アカシックレコード、占星術、薬草学などは、月のワークとともに行えます。どこから始めればいいかは、直観が教えてくれるでしょう。やがて、あなた自身のニーズに適合する月のワークを考え出して進めていくことになるでしょう。いろいろ試して探索してください。発見を待っている資源は星の数ほどあるのです。

# ニュームーン

## 種子とスペース

天文学では、ニュームーンは月のサイクルの最初の位相です。専門的に言うと、ニュームーンのときに月は太陽と地球のちょうどあいだにいます。このとき月と太陽はほぼ同じ黄経にあります。月は太陽の真正面にあるため、地球からまったく見えません。この期間は約３日間続き、その後、ワクシング・クレセントになると、そのサイクル最初の月光が見えてきます。天文学者も占星術師も一部の魔女も、この「見えない」３日間をニュームーンと認識しています。白紙状態としての月、虚無としての月、無としての月。無は神聖です。あらゆるものは無から生じるから。わたしたちみなが帰るところだから。闇は天からの贈り物です。そこから発芽が始まるから。わたしたちが休息し、新しくなり、誕生または復活に向かって動き始める場所です。

けれども多くの文化では、ひと筋の光が空に見えるまではこの月を「新しい」と考えませんでした。古代ユダヤ教の伝統では、月の見張り番を置いていました。見張り番は空に最初の光を見つけると、かがり火を焚いて１カ月の始まりを知らせました（太陰暦の１カ月の始まりはいまでもユダヤ人にとってはちょっとしたお祝いの日で、「ローシュ・ホーデッシュ」と呼ばれています）。イスラム教においても同じ時期をニュームーンとする伝統があり、現在も残っています。「ニュームーン」を「ダークムーン」、休息と和解の時期として崇める魔女もいます。つまり、本当の「ニュームーン」のとき、人々はまだ知覚できない未知の領域にいるということです。ワクシング・クレセントの時期が、一部の人々が新たな月の呪文を唱えるときです。

あなたにとってのニュームーンがいつ始まるかは、直観に従って決めてください。数カ月間自分の内なる月のサイクルと位相を観察し、「正式な」ニュームーンには消耗していたり、まだ過去の清算ができていないと感じたりするなら、この期間をダークムーンの一部と解釈するといいかもしれません。この時期に、ワニングムーンやダークムーンと関係した魔法を行うのもいいでしょう。たとえば交差を解く呪文や浄化の呪文を唱える、ただ休息する、などです。1、2日後に新しく月がのぼったとき、自分独自のニュームーンの儀式を始めればいいでしょう。わたし自身も、この時点でニュームーンの魔法を行います。月の反射した光が垣間見られたときは興奮します。その光はわたしの心にある希望の糸に触れるからです。自分の直観に従って、自分なりの実践方法でエネルギーに関する儀式を計画してください。始める時期をニュームーンの最中にしたり数日後にしたりと試してみて、自分にとって最も効果的な時期を見つけてください。

ニュームーンは日の出とともにのぼり、日没とともに沈みます。ニュームーンのときは大潮になります。引力が増すことでエネルギーや感情が強まります。魔法の観点から言うと、ニュームーン、フルムーン、ダークムーンは、月のサイクルの中で最も強く感じられる位相。いわばサイクルの中の感嘆符です。

この時期は先月の状況と折りあいをつけ、自分や他者を許す機会となります。新たなプロセスや実践の中で希望や信頼や楽観主義といった気持ちを育んだり、古いプロセスや実践方法を新たにつくり直してみたりしましょう。現状を揺り動かしましょう。いままでとは異なる曲を口笛で吹きましょう。勇気の旗を砂に立てて前へ進みましょう。これは始まりの始まり。ヒロインの旅の最初のページ。第一歩、開門、目覚め。暗示やほのめかし——目には見えないけれど心の奥深くで感じ、知っているもの——に伴うエネルギーです。

ニュームーンは向上した意識、マインドフルネス、集中の始まりにもなります。もっと意識的に人生を送ろう、習慣という安全地帯から一歩踏み出そう、「別の思考を抱く」という未知の領域への冒険に出よう、と決意する瞬間です。自分を変革するためのプロトタイプを構築するときです。

## ニュームーンがつらいなら

何かを始めるのは困難です。変わるのは難題です。フルムーンやワニングムーンのもとに生まれた人にとって、ニュームーンは居心地が悪いかもしれません。秋や冬には、ニュームーンは比較的過ごしにくいかもしれません。この季節は、ワニングムーン、ものごとに決着をつけて脱却することと共鳴するからです。必要に応じて調整しましょう。11月や12月のニュームーンに「新たな」始まりを行うときには、プロジェクトを静かにスタートさせたり、裏方で働いたり、あとでもっと飛躍できるよう準備しておいたりするのがいいかもしれません。ニュームーンは多くの未知のもの、多くの空虚さを運んできます。

あなたにとってニュームーンがつらい時期だとしたら、その不快感の原因をそっと探ってみましょう。前進する能力は道具箱に置いておくと便利なスキルです。トラウマを持つ人にとっては、新たなことに挑戦する、リスクを冒してやってみるのは難しいかもしれません。でも、新たなことへの挑戦には楽しみや喜びやフローが伴います。これらはトラウマを癒すための材料です。何が必要かについてのメッセージを自分の直観が与えてくれると信じれば、苦痛から回復して自分の中心的な自己とふたたびつながることができるようになります。

ニュームーンは独創的なアイデアの先触れです。自分自身と他者をくびきから解き放つには、このエネルギーを活用しなければなりません。ＳＦ小説に登場するエネルギー、人生を一変させる非現実的な発明、純粋な理論。未知の領域に向かうあらゆる航海に、ニュームーンのエネルギーは存在します。その領域で見つかるのは、「ごっこ遊び」の国、即興の世界。このエネルギーは生命力と無垢な好奇心に満ちあふれた幼い子どもの中で脈打っています。何度でも挑戦しようという気持ちの中に存在します。この真っ暗な時期に求められるのは、希望とつながりあうことです。信念はお金で買えるものではありません――特に世界が終わるというときには。新たな始まりやテクノロジーを育てることは、絶対に必要なのです。

## ニュームーンの位相にいるとき

ニュームーンの位相にいるときは、少々荒っぽい気分になるでしょう。リスクを冒したくなります。「やってみない？」と自分に問いかけ、「そう、やろう！」と叫びます。そう、やってはいけない理由はあるでしょうか？人生とは挑戦、行動、味や感覚、そのほか人類が存在するスペクトル全体の探索。インスピレーションはとにかくやってみろとあなたを説き伏せ、あなたはそれに鼓舞されるでしょう。

一方、ぼんやりした未知のものに囲まれて圧倒されそうになっている可能性もあります。ニュームーンの状況やシナリオが不安を喚起するなら、自分の反応を見直す絶好の機会です。神経をすり減らすようなこれまでと変わらないループをまわり続けているなら、あなたを悩ませるものの解決策は見つかりません。やり方を変えないかぎり、新たな行動を起こさないかぎり、無意識のスパイラルにとらえられ、自分が決めたものでもないプログラムを永遠に続けることになってしまいます。

ニュームーンはゼロで、普通は見えません。ささやき声の、そのまたささやき声のようなものです。そのメッセージを聴く唯一の方法は、じっとしていること。気を散らす騒音、おしゃべり、邪魔ものを遮断して。現在の瞬間――中立であるとき、警戒心を解いたとき、思い込みが消えたとき――に集中したとたん、わたしたちは明るい虚空にいます。回復という空っぽのスペース。啓示や答えを得られる場所。そこからわたしたちは信頼という海に飛び込むのです。この空の器には、わたしたちの最も秘めた夢が流れ込みます。

ニュームーンは停止の場所。このときあなたは、怒りや憎悪にあふれたメールに返信しないでしょう。腹が立って辛辣な反応をしそうになっても、態度を和らげ、言葉を慎むでしょう。適切な選択はいままでとは異なる扉を開きます。こうしたよりよい選択は繰り返され、積み重なっていきます。やがてそれは、レベルアップした結果を生みます。停止を実行するのに、ニュームーン以上にふさわしい時期はありません。

ニュームーンは「もしこうだったら？」と問いかけるのに絶好のときで

す。絶対に、想像を拒絶するときではありません。そんなふうに自分を抑えてはいけません。あらゆる夢の翼を羽ばたかせましょう。考えうるあらゆる願いを実現させるようにしましょう。ニュームーンは、あなたの基礎をなすものを永続するようしっかり根づかせる時期とすることができます。こう宣言しようと決意する瞬間となりうるのです。「そう、わたしには信じる心の準備ができている」と。

## ニュームーンは意図を設定する時期

ニュームーンは、次の月のサイクルや季節、あるいはもっと長い期間における、自分の意図を決定する時期です。明確な意図がなければ、何が欲しいのか、どこへ行きたいのかを知ることは不可能です。あなたの意図は、魔法のプロセスの始まりにも、ガイドにもなってくれます。

意図とは意識と潜在意識に蒔く種子。その種子に行動とエネルギーという栄養を与えるのです。自分の意図の可能性を信じ、感情（ヴァイブレーション）のパターンをそれに合わせて調整すれば、変化が始まります。自分の意図がはっきり表れるよう努力すれば、意図はふくらみ、あなたの世界もふくらみます。

意図を設定したら、自分のしたいことはすでになされたと断言しましょう。それはすでにこちらに向かっているのです。最高のタイミングで、目の前に現れてくれます。

明確な意図がなければ、成果を出すことは難しいでしょう。どのくらい成し遂げられたかをはかる指標や物差しはありません。意図を決めるときは、進歩を測定する方法も決めておく必要があります。

意図を設定する前に、まずは思いを自由に書いてみましょう。必要と考えられる以上の時間をかけて。実現してほしいことをすべて書き出します。どこにいたいのか、何を感じたいのか、から始めます。意図した結果は、あなたの体の中でどのように感じられるでしょうか。意図に沿って行動した結果わき起こるであろう感情や、実現するであろうシナリオや場面を、思い描いてください。

すべてを書き出したら短時間休憩します。ストレッチをし、水を飲んでください。書いたものを読み直しましょう。何度も出てくる主なパターンや言葉には、どんなものがありますか？　それを、瞑想のアファメーションやテーマの材料とすることができます。明瞭簡潔に書くこと。否定的でなく、肯定的に組み立てましょう。

意図が明確になったら、次の質問に答えてください。

1　**成功をどのように規定するか？　どうしたら意図が達成できたとわかるのか？**

2　**意図を実現させるために何をするのか？　どんな行動を取るべきか？**

3　**どんなマインドセットを育む必要があるか？　どんな行動や実践が、そのマインドセットを実現に導いてくれるのか？**

4　**実行が困難になったときに頼れる日々の習慣には、どのようなものがあるか？**

5　**この意図の裏に隠れている真の願望は何か？（たとえば、あなたの意図が「本を書く」だった場合、真の願望は「独創的な表現や実験」かもしれません）**

6　**真の願望をあなたの人生にもたらす別の方法は？**

7　**変えるべきもの、捨てるべきものは何か？　変えたり捨てたりするときの不快さや苦痛を、どう乗り越えるのか？**

8　**現実的に、また魔法において自分自身を支えるためには、どのエレメント（火／水／土／空気／霊）や精霊／神／源、あるいはほかのツールを活用するのか？**

こうしたことを検討すると、最後にもう一度、意図を書き換えたくなるかもしれません。もっと具体的にして、行動計画をつくり、自信を持たせてくれるような情報を付け加えます。

おめでとう！　意図の宣言書の完成です。これを使って呪文をつくりましょう。これは精霊とのあいだに結ぶ契約でもあります。自分が最も深くつながりたい性質を述べています。その性質を自らの内部につくり出す努力は、いつ始めてもかまいません。何を望んでいるとしても、まずは自分自身にそれを与えてください。

意図は自分のため、自分だけのためのものでなければなりません。社会が命じているからとか、インターネットでみんなやっているようだからとか、そんな動機であってはいけません。一般に、意図は直観から生じます。意図と直観は互いに支えあっているのです。

いったん決めたなら、その意図を持ち続けましょう。意図を持ち続けることに、多くの人は失敗します。何かが欲しいと言う。「本当に、絶対に欲しい」。それを受け取ろうと必死で呪文を唱える。でも意図は実現しない。腹が立つ。悲しくなる。自分を責める。魔法を責める。信頼は崩れる。実践をやめる。なぜこういうことになるのでしょうか？

**自分の意図を完全には信じていない。**

信頼や自信を育むよう努める必要があるかもしれません。あるものが欲しいと言いながらも、もっと心の奥深くをのぞいてみると、その夢を支える信念に根拠はないことがわかるのです。

**願望が、自分の影響力が及ばないところにある。**

誰にでも、自分はどこにいるのか（地理的にも霊的にも）、何を知っているのか、自分は何者か、誰を知っているのか、何をしているのか、といったことについて影響力の及ぶ範囲があります。影響圏の領域をはるかに超えたところにある結果を求める呪文を唱えているのなら、それよりも領域内部にあるものに焦点を当てるほうが合理的です。一般的には、自分の安全地帯のすぐ外側で呪文を唱えるのがいいでしょう。そのとき、体が疼くほどの興奮とほんの少しの不安を感じながらも、それが実現する可能性はあるとわかったなら、あなたの意図は正しいところに向けられています。

**努力しようという気がない。**

何かを望みながら、それを手に入れるための努力はしたくない、という場合があります。早く起きる、特定の人間関係を終わらせるといった、意図を実現するための行動を取りたくないのです。自分の人生は自分のためにあるのではなく、たまたま起こっているだけだ、と考えてしまいます。努力する気がなければ、何も変わりません。規律を養うことについては、ワクシングムーンの期間についての章でもっと詳しく説明します。

**結果を認識していない。**

ときには、厳密な成果や非常に大きな最終結果を得ることに集中しすぎて、現実に起こっていることをじっくり見ていない場合があります。結果として何かがなくなり、だから気づかないのかもしれません――たとえば、保護の呪文を唱え、そのあと受信トレイには元彼やストーカーやネット荒らしからのメールが１通も来なくなる、といった場合です。呪文を唱えたあと数週間は、できるかぎり注意深く観察して変化を見逃さないように。結果が望んだものではないこともありますが、それでも結果は結果です。別の仕事を求める呪文を唱えた結果として、失業するかもしれません。いずれ別の仕事につけることは間違いないのです！　呪文には時間がかかり、人は短気になりがち。いま起こっていることをどのように利用すれば自分のためになるのか、自問しましょう。

## あなたの意図を魔法にしましょう

意図を魔法にするとは、その過程で本当に変わらせてほしいと願うことです。細胞は、つくり変えられて新たなエネルギーを吹き込まれる準備ができています。わたしたちは、自分自身と自分の魂の働きをより深く理解したいと願っています。そのプロセスへの取り組みを行います。わたしたちは魔法によって――魔法の実践によって、エネルギーの源とよりしっかりつながって、フローに心を開いて、高められた奇跡によって、シンクロニシティと力を得たアラインメントを意識することで——自分の意図とつながっているため、その努力ははるかかなたまで広がっていきます。これによって、自分の意図を超えた変化と癒しが可能になるのです。

これが起こるのは、意図の真の理由とのつながり——意図に伴う、また意図の根底に流れる、興奮と切望——が存在するときです。

意識的・継続的に自分のエネルギーを意図的に制御する絶好の方法は、1日を通していくつもの小さな錨を育むことです。これは魔法の推進力を使った「マインドフルネス」のようなものです。これを行うことであなたのエネルギーは変化し、自分の意図と調和し続けられます。意図との「掛けあい」が促されます。これを実践すれば、あなたはエネルギーのウロボロス（自分の尾をくわえて環になったヘビ）となり、自分の意図の核と結びつくことができるのです。小さな錨とは、自分で創造して毎日実践する行動や儀式や習慣です。意図に集中し、それを実現させるために意識のあらゆる面を呼び起こすことです。

あなたが自分の意図と結びつけることのできる小さな3つの錨はなんでしょう？　最も大きなサポートを求めている領域を選びましょう。**小さな錨となる愛の言葉は何か？**　心が躍る言葉、あなたの意図を後押しして、1日じゅう意図を思い出させてくれる言葉を選んでください。

## ニュームーンは種蒔きのとき

ニュームーンのときには、自分が育てたいものを明確にして、それに専念します。注意を傾けたものは成長します。意図は種子です。願望は種子です。感情的に切望するものは種子です。

種蒔きとは、その種子が何になるかを認識することです。種子に備わっているのは全体性です。それは願望の輝きであり、願望の目に見える最終形でもあります。魔法の実践が示すものであり、示されたものでもあります。

種子がなる最終形には、特定の性質があります——概念的な性質、エネルギーの性質、感情面での性質。ニュームーンの段階、つまり呪文を唱える準備段階では、こうした性質を直観的に理解できるよう具現化しなければなりません。どんな活動が感情を呼び起こしてくれるかを考え、その活動を定期的に行う方法を見いだしましょう。こうした性質を連想させる人を見つけて、その人たちと一緒に過ごしましょう。忍耐、喜び、弱さ、挑戦など、どんな性質が種子の成長を助けるか考えて、それをできるかぎり多く自分の周囲に埋め込みましょう。全体的に考えて行動しましょう。

ニュームーンに試してみるテクニックはほかにもあります。最終目標を特定の感情とだけ結びつけるのはやめましょう（「これを手に入れられたら、わたしは安定する／報われる／安全だ」）。愛や称賛や力や許しに条件をつけるのはやめましょう（自分に対しても、他人に対しても）。白か黒か、良いか悪いかでものごとを判断するのはやめましょう（決して良い結果では終わりません）。儀式で、瞑想で、呪文を唱えるときのトランス状態で、そうできるよう努めましょう。呪文を唱えたあとは、日常生活でもこの感覚を持つようにします。言葉に気をつけ、コミュニケーションの仕方を修正してください。

種子は生きていますが、休眠状態にあります。成長するためには、蒔かれ、水を与えられ、暗いところに置かれなければなりません。たいていの種子は、種皮・胚・養分で構成されています。胚は生きていて、成熟した植物のすべての構成要素を備えています。これこそが、わたしたちの意図です。

意図に付随するエネルギーや感情や肉体的感覚の性質を明確にしておきましょう。あなたの意図は、おだやかになれ、歯を食いしばるな、緊張を解け、あまり批判的になるなと命じていますか？　日常生活での自分自身を見直してみましょう。こうした性質のどれくらいを自分の世界にもたらすことができるか、考えるのです。あなたの意図は、もう少し大胆になること、もう少し外向的になること、もう少しおしゃべりになることを求めているでしょうか？　どんな性質を実現させるか決めてください。求められる考え方や肉体的感覚を得られるような、どんな活動をすでに行っているか考えて、それを意図設定のためのツールに加えてください。

種皮は胚を害から守っています。あなたの意図も守られねばなりません。

不信や残酷さや批判といった、夢をくじくものから隠しましょう。意図を安全に守りましょう。他人と共有してはいけません。呼吸する場所、根をおろす時間を与えましょう。あなたと月のあいだの秘密にしておきましょう。

自然では、種子は種類ごとに生きていられる時間の長さ——発芽可能な期間、成長可能な期間——が異なります。種類ごとに発芽の条件が異なります。個々のスケジュールに素直に従いましょう。

意図を広げたり変更したりする余地を残しておきましょう。足を踏み出したあとも、途中で道を曲がって別の道に入らねばならないことがあるかもしれません。魔法には多少の柔軟性が求められるのです。

注意してください。見るもの、読むもの、会う人に注意を払うのです。いままでとは異なる、あるいは興味深い、あるいは何かが変化していて自分の意図が支持されているという確信を与えてくれる、インスピレーションや刺激に注意を払いましょう。月の日誌のように何度でも見られるものに、こういうことを書き留めておくと便利です。

あなたの意図という種子をニュームーンのエネルギーで満たしましょう。そのエネルギーを現在の自分、未来の自分に染み込ませましょう。あなたは冷たく静かな暗闇の中で発芽します。輝きという小さな花をそっと咲かせましょう。笑いにあふれ、祝福というきらめく花束を両手に抱えて。柔軟な回復力を備えて決意というたいまつを持ち、成長を楽しみに世話をしましょう。可能性を意識し、自分のほうに向かってくるものすべてを受け入れて体じゅうをめぐらせ、無事に種蒔きを終えましょう。

## ニュームーンは土を耕す時期

前進する心の準備ができているなら、ニュームーンはそれに取り組む絶好の時期です。自分の衝動に従って進みましょう。ほとんどの人は、起こりつつある人生の変化や、身につけるべきよりよい習慣に備えるのに、少し時間がかかります。

蒔くべき完璧なヴァイブレーションという種子を選ぶのに加えて、種蒔きに使う土についても考えなければなりません。種子が育つ最適な条件をそろえましょう。あなたの夢はどこに根を張ることになりますか？　あなたの夢の基盤という土の、さまざまな面すべてを検討します。ときには、助けとなる土を耕すのがニュームーンの最良の利用法だという場合もあります。種子が発芽するには、それに適した環境が必要です。何も考えず種子を無秩序に土に落として放置したなら、本来育つはずの花は育たず、美しい花束は手に入りません。

あなたの土とは、いまあなたがどこにいるか、何を持っているかということ。内面的な性質、外見的な性質。マインドセットと信念体系。感情の状態。習慣、行動。1日のうちに持つ時間とその活用方法。こうしたものすべてについて、慎重に考えましょう。どんな養分が足りないのかを見いだし、それをあなたの土台に注入するよう努めましょう。あなたの資質、衝動、行動、集中力を養いましょう。

スピードアップするために、あえてスローダウンすべきときもあります。最初の種蒔きの段階でゆっくり進めるのは、結局は時間を節約することになります。でも、計画ばかりしすぎて無駄に先のばししてしまう場合もあります。前準備のそのまた前準備段階に永遠にとどまってはいけません。どれだけ準備をしても完璧にはなれないのですから。安心したでしょう？あなたを取り巻く状況は決して完璧になりません。完璧というのはありえないのです。最善を尽くして向上するだけ。やがて達人や専門家になれます。前進を阻む不安の要因が完璧主義だとしたら、ワニングムーンのシャドウワークのあいだにそれを考え直してください。いまのところは少しリスクを冒しましょう。前進するには、まず一歩、その後また一歩、というように続けていけばいいのです。

土を適切に耕すとは、成功に備えることです。あなたがコントロールできないものは無数にあります。コントロールできるものについて、真剣に現実的に考えましょう。呼吸。集中力。自分自身を大切にすること。時間を取って、意図を育てる最良の方法を考えましょう。意図に栄養を与えましょう。成功に向かって身構えましょう。きっと抵抗や障害物といった目に見えない課題に遭遇するでしょうから。そういうドラマが、ヒロインの旅の性質を決定づけるのです。

成功に備えるというのは基本的で簡単に聞こえますが、多くの人にとってこれは難しいことです。自分の望むもの、自分のいる場所、助けてもらうのに必要なもののあいだに、認識上の不協和音が存在する場合があります。自分がどこにいるのかをきちんと認識していないとき、どうしたら成功に備えられるのかよくわかっていないとき、意図はしおれてしまいます。ふたたび挑戦するのは難しくなります。意図は「意図のごみ箱」に落ちてしまい、二度と顧みられなくなります。

例としてわたしの大事な飼い犬ジジの話をしましょう。ピットブルのジジは３歳くらいで、捨て犬でした。脚は３本です。心やさしく、面白く、チャーミングで、外向的です。うちで飼うようになる前に味わったトラウマのせいで、ジジにはかなり重度の分離不安があります。わたしたちがいくら努力しても、１時間であろうが６時間であろうがわたしたちが家を留守にするとき、ジジは家に残された紙くずや資源ごみの中に飛び込み、靴などを壊して、自分だけで放っておかれるのはいやだという気持ちをはっきりと示します。

わたしたちは、出かけるとき家に「防ジジ」対策を施していく必要があることを悟りました。ものを片づけ、ジジの近くにごちそうを置くなど、とにかくジジが暴れないようにするのです。そうしたら、何も壊されません。こういう行動に閉口してはいますが、ジジに腹を立ててはいません。腹を立てる必要があるでしょうか？　ジジに罪はありません。不幸な出来事が続いたことが、ジジの行動に悪影響を与えたのです。

もちろん、あなたも自分をこのように扱わなければなりません。あなたの内なるジジに罪はありません。あなたは寂しがりやの素敵な人です。ものごとが困難なときや行く手が阻まれるときに何かを壊したくなるのは、条件づけの結果です。わたしたちはよく自分を罰しますが、それは不必要なことです。自分に厳しくしたり自分を責めたりしても、前に進むことはできません。前進させてくれるのは、思いやりを持って自らを育むことです。

ニュームーンの時期に、成功に備えるための、簡単だけれど絶対に欠かせないやり方を現実的に考えてみましょう。あなたの意図がもっと多く書くことだとしたら、それを定期的に行うようスケジュールを立てていますか？　何があってもそのスケジュールを守るには、どうすればいいですか？　執筆グループに参加する必要がありますか？　緑茶のカップとお菓子を自分のまわりにずらりと置いて、執筆の時間をもっと楽しくしませんか？　あなたの意図という種子が土の中から芽を出すようにするには何が必要かを、明確にしてください。

### スペースを清潔で邪魔なものがない状態にする

種を蒔くスペースは、邪魔するものがないよう掃除しておかなければなりません。自分が土を耕して種子の世話をしているところを想像してください。成長を阻害するものはなんですか？　書き出してみましょう。ワニングムーンの時期や月のマッピングをするときなどに見つけた障害物を、いま取り除くようにしましょう。どんなツールがあなたの成長を助けてくれますか？　それも書き出しましょう。

夢という土を耕すのに１週間に３時間しか取れなくても大丈夫。その３時間を、可能なかぎり集中してアラインメントしたものにしましょう。あなたの意図に関連した感情的な感覚や肉体的な感覚を、週のほかの時間にももたらしましょう。あることを行うやり方を、すべてのことを行うやり方にしましょう。あなたが養う感情やマインドセットは、あなたの人生のより多くの領域を活性化してくれます。

清潔で邪魔なものがない状態にするのは、エネルギーにとっても、実用性にとっても、魔法にとっても重要です。家を掃除するのが大切なことは誰もが知っています。エネルギーの清潔さも同じくらい大切です。エネルギーが偏らず、エネルギー場（フィールド）を乱す望ましくないエネルギーがないようにするのに、ニュームーンは絶好の時期です。

ニュームーンの１日前か当日に、浄化の儀式を行いましょう。役に立たなくなったものを処分してください。あなたのスペースのエネルギーを浄化します。お気に入りのレコードをかけ、自分のスペースのものを動かし、片づけなければならない棚や引き出しをいくつか整頓しましょう。一般に、掃除をして片づけ、きれいにすれば、エネルギーの変容が感じられます。集中し直し、浄化し、邪魔なものを除去する必要があるときはいつでも、掃き、こすり、草むしりをし、モップをかけ、ものを動かしましょう。

そしてニュームーンの翌日には、意図を決定して、ニュームーンの儀式か呪文かを行います。きれいにしたスペースで、心が浄化された状態で。自分のエネルギーを呼び戻して、クリアに保ちましょう。マインドフルネスを実行して、エネルギーを美しく保ちましょう。エネルギーの境界のワークを実行して、エネルギーを美しく保ちましょう。自分の目標が何かを忘れないようにして、エネルギーを美しく保ちましょう。いつでも何度でも、本当の自分を取り戻すようにしてください。

## ニュームーンは想像力を働かせる時期

想像力は非常に素晴らしい能力です。それは革新をもたらします。想像は新しい制度を生み出し、さまざまな制約からの解放を思い描き、人を元気にさせるような会話を考えます。想像は即興力や実験的な考えや協力を育みます。

想像は世の中に多くのものをもたらしました。ブルージーンズ、社会的健康管理、字幕放送、バイオダイナミック農法、印刷機、家庭用カラオケセット、シードボム［いろいろな植物の種子と土をまぜて団子状にしたもの］、飛行機、哲学、編み物ブログ。想像は人の命を救い、出産を助け、俳句を生み出し、似非(えせ)黄金を大金持ちの帝国に変えました。あなたは広大な想像力をどう利用して自分だけの現実をつくり出そうと思いますか？　自分独自のヴィジョンをどう利用して世界を改革したいですか？　世界に提供できるオリジナルなものを何か持っていますか？　いまこそ、あなたの素晴らしい頭脳が生み出した芸術、あなたの言葉、あなたの性別にとらわれないファッション、気候変動に対するあなたの解決策、整理整頓についてのあなたのアイデア、あなたの詩、あなたの能力のデータバンクが必要とされています。あなたの自分自身に対する信頼が必要なのです。それを見てわたしたちも、自分自身を信頼することを思い出せるのですから。

自分の想像力とつながるとは、インナーチャイルドとつながることです。幼かったときのことを思い返してください。何時間でもやり続けられたことは何かありますか？　いまそれを、週に何度かできますか？　想像を自由にめぐらせましょう。幼少期の傷を癒すひとつの方法は、幼い頃の自分が好きだったことをして、インナーチャイルドの気持ちをなだめることです。いわば育児のやり直し。ニュームーンは育児のやり直しを始めるのに絶好の時期です。

エイドリアン・マリー・ブラウンは著書『緊急時の対処法（Emergent Strategy）』（未邦訳）やポッドキャスト『世界の終末をどう生き抜くか（How to Survive the End of the World）』で、「想像力の戦い」という概念について語っています。無数のイデオロギーや哲学が正当性を求めて争っているということです。[1] 残念ながら、多くの人々は抑圧者や虐待者の想像が生み出した現実の中で生きています。だからこそわたしたちは、自分自身の現実と、よりよい世界をつくろうと努力している人たちの貴重な想像力を優先しなければならないのです。いま最も尊重すべきなのは、黒人や褐色人種や先住民の思想家やリーダーの想像力です。もっと包括的で思いやりのある想像力を育みましょう。性的マイノリティの人々、フェミニスト、トランスジェンダー、フェム［服装やふるまいが女性っぽいレズビアンやゲイ］、女性の想像力です。魔女なら誰もが、偉大な魔法のひとつは心理的な死に抵抗することだと知っています。有害な人々の想像力があなたのマインドセットやスピリチュアルな生活やスペースを汚染するのに抵抗しましょう。

ニュームーンは、自分が誰の想像の中で生きているかを確認するのに最適の時期です。あなた自身の想像、それとも別の人の想像？　あなたの先祖の想像、それとも他人の先祖の想像？　あなたの想像の糧はなんですか？　どんな思想家、作家、講演家、芸術家、音楽家、詩人、映画、テレビ番組が、あなたの大切な想像に入り込んでいますか？　必要なら、ニュームーンのときには五感から入ってくるものを減らしましょう。1日か2日、どうしても必要なもの以外は、何も聴かず、何も読まず、何も見ずに過ごしてください。空白の時間を持つのです。アーシュラ・K・ル＝グウィンは、執筆する日に壁を眺める時間を必ず予定に入れていました。自分がどうしても読みたいもの、どうしても学びたいもの、どうしても聴きたいものは何か、考えてください。計画は慎重に。自分が考えたいもの、注意を傾けたいものを見いだしましょう。ためになって関心の持てる、想像力豊かな題材を選んでください。

### ヴィジュアライゼーション（視覚化）

ヴィジュアライゼーション（視覚化）は、どんな魔女でも自由に操れなければならない、昔からの魔法のテクニックです。このテーマに関して読むべき本は何千冊もあります。人気があるのはシャクティー・ガーウェイン著『創造的ヴィジュアライゼーション（Creative Visualization）』（未邦訳）。入手可能な情報源は非常に多くあるので、ここで具体的な方法についてはあまり深入りしないことにします。

ヴィジュアライゼーションを行うと生産的な潜在意識が覚醒します。外傷後ストレス障害（ＰＴＳＤ）やトラウマに苦しむ人にとって、ヴィジュアライゼーションができれば神経を鎮められます。心がざわめいているなら、深呼吸しながら安全と静寂を象徴する場所を思い浮かべましょう。

ヴィジュアライゼーションは、意図は成し遂げられるという確信を持たせてくれます。保護の魔法を行っているとき、盾やお守りや保護者やバラの茂みなど、まわりにあってわたしたちを守ってくれるシンボルをヴィジュアライゼーションしましょう。保護の泡や保護のダイヤモンド、中に閉じこもれる保護スーツなどを思い描く魔女もいます。こうしたものは、さまざまなレベルの意識、エネルギー・フィールド、神経系に、これに従って行動するよう合図を送るのです。

ヴィジュアライゼーションは夢や目標をかなえる助けになります。メディアでよく言われる「見ることができれば、それになることができる」という格言があります。実体験を重んじる支配的文化においては、未来への夢を強く信じるのは困難かもしれませんが、ヴィジュアライゼーションはこの解決に寄与します。魔女はたいてい幻視能力を持ち独創的で自立した人々ですが、それでもいままで一度も試していないことに取り組むときにはサポートがあれば役に立ちます。ヴィジュアライゼーションは、夢は現実になると潜在意識に信じ込ませるのに非常に有効な方法です。

ヴィジュアライゼーションが難しい人やアファンタジア［心の中でイメージを思い描くことができない症状］のある人なら、ヴィジュアライゼーションに近い別のことを試してみるといいでしょう。自分の夢について、あたかもそれがすでに実現したかのように話しているところを録音し、休息しながら再生する。自分の夢を現在形で書いてみる。友人に手紙を書くかのように、自分に起こった素晴らしいことを描写する。ひとりでいるとき、実現してほしいことを口に出して言う。

ニュームーンからフルムーンまでのあいだに、少なくとも数分かけて、目標実現に向けて行動している自分自身をヴィジュアライゼーションしてください。想像を願望と結びつけましょう。願望を自分の心の目まで届けてください。願望を感覚として、体じゅうをめぐらせ、心の中まで届けましょう。自分自身に空想を届けたら、それはやがて現実となるのです。

## ニュームーンは考え方を変えるのに絶好の時期

ニュームーンは自分の考え方を省みる時期。ニュームーンのとき、自分の思考パターンを追いかけてみましょう。もっと生産的なパターンをつくり出しましょう。精神疾患をわずらっていたり非定型発達障害であったりする人たちにとって、これは簡単ではないでしょう。強迫性障害のある人、意気消沈している人、心配性の人、そのほか認知的問題にうまく対処できない人は、「自分の思考をコントロール」することが容易にできるわけではありません。「思考は現実化する」というニューエイジのお題目は、必ずしも真実ではないのです。気質やＤＮＡが思考をコントロールすることもあります。人間の持つ健全でノーマルな思考というのは幅広く、すべてが肯定的なものではありません――腹立ちから激怒まで、悲しみから嘆きまで、多種多様です。いわゆるニューエイジ的真実の多くは、思考や感情や肉体を支配する有害な独断的・資本主義的・白人至上主義的なレトリックに根差しているのです。

人生はつらいもの。現代では、人生が悲劇だということも多くあります。

もちろん、あなたの繊細な自己は、周囲で渦巻く集団的あるいは個人的な混沌に影響を受けています。いま、世界は混乱しきっています――いえ、何千年も前からずっと。それを気にしていると、病気になり、悲しくなり、うんざりしてしまいます。とはいえ、セラピーや精神療法によって状況を一変させることは可能です。セラピーやサポートグループやカウンセリングを避けて人生を改善するチャンスを逃すのはやめましょう。

本書は、あなたの脳――心の住処、意識と潜在意識の居場所――を、可能なかぎり自分にとってやさしく心地いいものにしようという、おだやかな励ましです。燃えたぎる炉ではなく、アレルギーを起こさない羽毛ベッド。心が豊かであれば、より多くの人々を助けることができます。心が前向きであれば、あなたの魔法はより強力になります。あなたが影響を及ぼせる範囲は大きくなります。あなたの前向きな性質や愛も大きくなります。あなたの強さや影響力は増し、父権制を打ち壊す力も増すのです！

意識的に考え方を変えるのが難しそうなら、自分の思考とのかかわり方を変えることに焦点を当てましょう。意識が冷酷な思考に支配されているとき、あなたはそんな思考を信じなければならないでしょうか？　そうした思考は何から生じていますか？　価値のない、あるいは自虐的な思考に固執して、得るものはありますか？　もっと心やさしい思考を持つようにしたら、どうなるでしょう？

自分の思考を、一瞬のものと考えてください。思考は心をよぎるだけ。そんなものに打ち負かされてはいけません。訓練によって、自分自身を思考から切り離すようにしましょう。まずは、自分が感じていることについて表現を改めます。たとえば、「わたしは混乱している」ではなく「わたしは混乱していると感じている」とするのです。それによって、ある感情の認識が、現在味わっているけれどすぐに変わる単なるひとつの感情の認識に切り替わります。否定的なことを考えているのに気づいたら、すぐにそれを肯定的な表現に変えてください（「こんなことできない」は「いまはちょっと休憩しよう、難しい状況でわたしは本当によくやっている」に変えます）。

心の中でどんなレコードを再生するかを決めましょう。呼吸によって、自分の思考をおだやかなオアシスに連れていきましょう。数分間ゆっくり、深く、長く呼吸するといいでしょう。あるひとつの色やイメージや心なごむ言葉に集中するのも助けになります。もちろん瞑想を続けることも役に立ちます。

友人や見知らぬ人に話しかけるとき、自分に対するような話し方はしないはず。大切で貴重な友人を扱うのと同じように、自分自身を扱うようにしましょう。人間ですから、間違いを犯すこともあるでしょう。何か害をもたらすことをしたなら、最善を尽くして害を修復し、そこから学んで同じ間違いを繰り返さないようにしましょう。何度も間違いを犯してしまうのは、まだ道半ばで、真剣に努力していて、必死に現状を打開しようとしている、ということなのです。

マインドセットを変え、行動を変えましょう。マインドセットを自分の扱い方に、価値を行動に結びつけましょう。やさしさは、あなたの本質的な価値のひとつですか？　あなたが自分自身に語りかける中で、それはどこに現れていますか？　思考や行動や世界に注入するエネルギーを通じて、自分の本質的な価値をどのように表現していますか？

### 自分のマインドセットを理解する

マインドセットとは、経験、信念、価値観、態度、思考が組みあわさったものです。非常に若い頃に形成されることもあります。家族や養育者が信じていて、わたしたちに教えたことを反映しているのです。社会に出て成功や逆境に遭遇する中で、さらにはっきりと形づくられます。文化や共同体に情報を与えられ、トラウマに悪影響を受けたり、つくり出されたりします。現存するマインドセットを補強する経験を、潜在意識が探し求めることもあります。マインドセットは行動を支配し、人生の結末に影響を与えます。マインドセットは柔軟で、変化や進歩することが可能です。なんとありがたいことでしょう！　夢をかなえるためにどんなマインドセットを持つべきか、目標達成のためにマインドセットをどう変えるべきかを見いだすのは、非常に強力なニュームーンの魔術です。

ニュームーンのときには、新たな信念やマインドセットが機能しない理由を確定しようとしてはいけません。どうやって目標に近づくか、どんな段階を踏むべきかについて、あまり思い悩んではいけません。まだ結果を出さなくてもいいのです。いま必要なのは、結果を引き寄せて受け取る自分の能力を信じることだけ。夢にたっぷりのスペースを与えましょう。

次にいくつか、簡単で効果的な、マインドセットを変える方法や特定の思考をもたらす方法を紹介します。

**感謝のリストと記録。**感謝の実践がいたるところで行われているのは、それが役に立つからです。感謝は増殖します。感謝は文字どおり、人の体を変えます。脳を配線し直します。感謝の記録づけと、脳の前向きで長期的な変化とを関連づける科学的研究は、多くあります。

つねに感謝しているものすべてを列挙していれば、豊かなマインドセットの基礎ができ、好意的な感情が生まれ、より大きな美徳をなすことのできる心理を持てるようになります。創造性はさらなる創造性を生みます。自分の持つあらゆる愛に集中すれば、もっと愛を持てると確信できます。藤色の甘い調べに乗って歌えば、その調べで歌う蝶を引き寄せられます。

自分が持っていないもののことばかり考えていると、エネルギーを消耗します。比較と欠乏のブラックホールが、心の中でどんどん大きくなります。蒔かれたばかりの夢の種はしぼみ、しなびてしまいます。

ニュームーンのときは少なくとも1週間、1日に2、3時間、自分が感謝しているものすべてに耳を傾けてみましょう。感謝のリストに自分の夢を含めてもかまいません。感謝のリストに載ったものに捧げものを供えるのもいいでしょう。窓の外でさえずるスズメに感謝しているなら、粒餌を置いてあげましょう。特定の友人に感謝しているなら、夕食をつくってあげましょう。特定のアルバムを1日じゅう聴いていられるなら、友人にその話をしたり、そのアーティストの次のコンサートに行ったりしましょう。雲に感謝しているなら、空気を浄化する非営利団体に寄付をしましょう。

**好奇心。**質問は探究と可能性の扉を開きます。自分が何かに抵抗していることに気づいたなら、いったん休止しましょう。自問してください。自分を枠にはめる考え方が突き止められるまで問い続けます。その考え方を変えるためには何が必要なのか。もっと役に立つ言葉に言い換えてみましょう。

質問をすることで、探究と可能性のために事態を切り開くことができます。批判的で凝り固まった考えへの執着から抜け出すスペースが得られます。それによって創造性が生まれます。否定的な思考に抵抗したり、そういうものから自らを守ろうとしたりするとき、逆にその抵抗や保護自体が、否定的な思考が糧にできるエネルギーの津波を起こしてしまいます。否定的な思考を感じることと、否定的な思考に抵抗することを交互に繰り返していると、神経をすり減らすような緊張状態に陥ります。子どものような好奇心を呼び覚ましましょう。否定的な思考を相手に、愛を込めた会話を行ってください。仏教ではこれを、「鬼をお茶に誘う」と呼んでいます。

**前向きな思考。**1日に3ないし5分（あるいはもっと長くでも）、意識的に前向きなことを考える時間を取りましょう。最初は中立的な場所で、あるいは楽しい空間で。バラの花に顔をうずめて。ユーカリの香りのするシャワーや風呂で。湖畔や公園や海辺を散歩しながら。人生で楽しかった瞬間の感覚を記憶しておきましょう。そして、そのときの思考や感覚を中立的なときにも思い起こしましょう。困難なことやリスクのあることに挑戦したあと、自らを肯定しましょう。自分にご褒美をあげましょう。結果に目を向けるのではなく、その過程に目を向けてください。前向きな、あるいは中立的な面とつながりましょう。呼吸をして、この心の状態を信じてください。

## ニュームーンの時期に試してみるちょっとした活動や儀式

何もしない空白の時間をたっぷり取りましょう。家具の配置換えをしましょう。新しい髪型や服に挑戦しましょう。聴いたことのない音楽のジャンルについて調べ、1週間あるいは1カ月間聴いてみましょう。何も知らないテーマについて書かれた本を読みましょう。興味のある講座を受講しましょう。いつも「はい」と言っているなら、「いいえ、結構です」と言いましょう。いつも「いいえ」と言っているなら、「はい、お願いします」と言いましょう。好きな人にメッセージを送りましょう。いつもすぐ電話に手がのびるなら、電話を手が届かないところに置きましょう。人の言うことや何かの状況がはっきり理解できないなら、質問しましょう。結論に飛びつきそうなときは、慎重になりましょう。膠着状態に陥る前に、自分にストップをかけましょう。好きな川に沿って歩きながら深呼吸し、緊張を解き放ちましょう。詩のプロジェクト、成人向け教育についての調査、セラピスト探しなどを始める決意を固めましょう。書き、話し、聴き、創造しましょう——新たな発見のために。とてもゆっくり始めましょう。とても小さなことから始めましょう。小さなことも、やがて大きくなるのです。

# ニュームーンの魔法

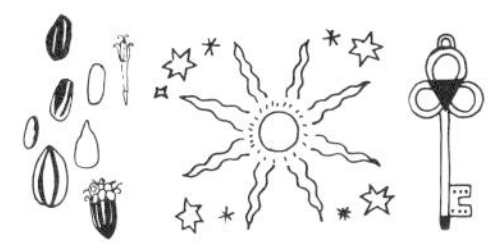

ニュームーンの魔法はヴィジョン、夢、願望と完全な相互関係にあります。種蒔きの呪文、成長の呪文、そして魅了の呪文はこのときのためにあります。ときには、あなたの欲求の確かな基準を呼び出すために呪文を唱えるのもいいでしょう。創造力、規律、寛容さ——正しい材料とサポートとともに月のサイクルを過ごし始めるのに助けとなるエネルギーを選んでください。

時間を取って絵に描いた餅のような最も高い、およそ実現しそうにない望みを集めましょう。その望みを触れられるところまで、理解し、抱けるところまで引きおろすのです。夢想、物思い、スケッチなどはすべてあなたの無意識を刺激し、欲求に対して乗り気にさせてくれます。

ヴィジョンボード——感情全般、感性、夢の結果を表現する方法——を作成するのにニュームーンはとてもいい時期です。詩や歌詞を書いたりコラージュをつくったり、こうしたことはすべてニュームーンに行うのがよい魔法的な行為です。絡みあっているものを解く呪文、清めの呪文、そして過去の解放を簡単にする儀式のワークはみな、白紙の状態をつくる助けになってくれます。

催眠術、アファメーション、指導つきの瞑想を含む呪文は、脳をプログラムし直すのに役立つので、このときに行うのが特に適切です。呪文や、想像力・感覚を刺激する行為はこのときに試みるのがきわめてよいでしょう。プレイリストをつくったり、極上の香りがする果物を買ったり、会話で魅力的な言葉を使う努力をしたり、これらはすべて終わりのない始まりもあるということを思い出させてくれます。これがこの愛すべき月の位相の顕著な特徴です。

## ニュームーンの祭壇をつくる

ニュームーンの祭壇は、月のサイクルのあいだに唱えるすべての呪文の土台になるかもしれません。月のサイクルの始めから終わりまでのあいだ、ずっとそのままにしておくことをおすすめします。数個のアイテムから始め、2、3日ごとに増やしていってください。あるいは、ニュームーンの呪文のためだけにニュームーンの祭壇を組むのもいいでしょう。ニュームーンの祭壇は簡素で最小限でもよく、歓迎の象徴や、夢が落ち着くための清浄な空間であってもいいのです。空白のページ、開いた本、背景に流れる希望の鼻歌が祭壇でもかまいません。

ニュームーンの祭壇は、暗闇の中でひとり心臓の上に手を置き、深く息をしようと決意したあなた自身であってもいいのです。あなたの祭壇は張りついた信仰です。あなたが記憶している夢であり、異なる方向に進もうとするあなたの小さな歩みであり、向きあう準備ができた寛容さを視線に満たす方法なのです。

## ニュームーンに対応する魔法

なんのために呪文を唱えるかを知っておけば、使う材料を導いてくれます。たとえばお金の呪文をつくるなら、緑色か金色のキャンドル、蜂蜜、バジル、ローリエ、またはペパーミント、シナモンを使う可能性が最も高いでしょうし、もしかするとロードストーン、シトリン、またはパイライトのクリスタル、ひょっとすると本物の請求書、硬貨、実際に手にしたい金額を振りだした小切手などを使うのもいいかもしれません。

大切なのは、月の位相ごとの個人的な解釈によって、あなた自身と対応する組みあわせをつくりあげることです。これはあなた個人が共鳴する、意味のあるものでなくてはいけません。このときにあなたが必要としているのがグラウンディングと強さであれば、あなたにとってニュームーンと対応するのはタイガーアイ、イラクサ、茶色のキャンドルとスモーキークォーツである可能性があります。別の魔法のつくり手にとっては、ニュームーンは孔雀の羽根、ミント、セレスタイトをそろえた水星へのオマージュであるかもしれません——それらは美しさ、キャンプ、エーテルからの一風変わった伝達を楽しむことを望んでいます。実験して遊んでみましょう！　以下はわたしからの提案です。

ニュームーンと対応するもの：種子、卵、羽根、磁石、ロードストーン、ヘマタイト、クリアクォーツ、クリソコラ、クンツァイト、セレスティン、オブシディアン、アラゴナイト、シナバー、ロードクロサイト。空気、東の方角。黒色、ピンク色、桃色、緑色。レモンバーベナ、ペパーミント、ジンジャー、レモン、ユーカリ、キャットニップ、カモミール、塩、タロットカードのエース、愚者、魔術師、ペイジ。

神：アルテミス、ディアナ、ルナ、セレネ、嫦娥、イシュタル。

アーキタイプ：ジャンヌ・ダルクの人生。プリンスの音楽と作品、芸術。アグネス・マーティン、オクティヴィア・バトラー、アーシュラ・クローバー・ル＝グウィン、ドラッグクイーン。

動物のガイド：トキ、カンガルー、トンボ、子馬、タツノオトシゴ、蝶、キツネ。

## ニュームーンの呪文

### 種の魔法の呪文

この呪文は春先から初夏にかけて唱えます。もしあなたが北半球にいるのであれば、2月下旬から6月の夏至までのあいだに行うのが最適でしょう。必要に応じて呪文を調整してください。以下に必要なものをあげます。

・種子（または植物の苗）
・鉢（種子のための特別な容器を見つける、あるいは使う）
・土
・あなたが土に入れたいと思うそのほかの物、またはお守り（どのような願望、意図、夢が用意した種子につながるかを考えてください――豊かさにはシトリンの小さなひとかけら、解決には鍵を土に埋めるといいかもしれません）

・ガーデニングの道具（鋤、肥料）
・紙
・ペン
・呪文を唱える

まず必要なものをすべて集めてください。それから静かにして集中します。あなたのエネルギーを自身のもとに呼び戻しましょう。円を描き、あなたの呪文を唱える際のルーティーンとなっているそのほかの作法があれば行います。

あなたの意図をそれぞれ別の小さな紙片に記してください。

種子または苗を手に取り、握ります。あなたの意図が手にした生命に前向きさ、電荷、感情的な肥料を吹き込むところをイメージしましょう。

これらの感情やイメージを心の中に持っていき、苗を植え直し始めるか、または種を埋め始めます。

この小さな生命を鉢におさめ、水をやってあなたの気分がよくなるまで、集中し続けてください。あなたが始めたいこと、引き寄せたいことに対する集中力、気配り、関心が増し、それらのことが育っていくのを認識します。

時間が経ち、容器の中の生命を世話し続けるあいだ、あなたの意図という生命の世話もしていることを自らに思い出させてください。植物が育つにつれ、魔法も同様に成長しているのだと知っておきましょう。植物にかかわり、感謝する関係をつくることを忘れないでください。あなたの成長と変化のメタファーとして、それとともにワークを進めましょう。

また、近所を歩き、意図を吹き込んだ種子を投げて蒔いたり、できるならば庭や裏庭に植えたりすることも可能です。

### 魅了の呪文

以下の呪文は、単純な魅了の呪文です。ニュームーンからフルムーンのあいだにいつでも使うことができます。文字にした呪文または願いごとには、「この内容かそれ以上、あらゆるものの最大の

利益のために」というただし書きや、「この呪文の結果として悪いことではなく、良いことだけが起こりますように」といった別の修飾句をつけてもいいかもしれません。

**必要なもの：**

・キャンドル２本——１本はあなた、もう１本はあなたが魅了するものを表します（あなた自身と魅了したいものに直観的に合致する色を選びます）
・魅了に対応する要素——ロードストーン、磁石、銅、銀、およびまたは特定の水晶、ハーブ、またはあなたが引き寄せるものと対応する植物
・あなたが意識して引き寄せるものに対して、またはそれについて書いた呪文、願いごと、詩、あるいは手紙
・あなたが呼び込むものに関係があり、祭壇に置くか、自らにすり込むためのそのほかの材料やシンボル（例として結び目、または油、または特別な香）

**呪文を唱える：**

祭壇と空間を整える：祭壇には２本のキャンドルをそのほかの材料の邪魔にならず、離して置くだけの充分な空間が必要です。

あなたの作法に必要であれば、任意の導き手／天使／助力者を呼んでください。

呪文の容器の中でキャンドルに気を送り込み、飾りを施します。ホルダーに入っているキャンドルであれば、クリスタルとハーブを埋め込むのもいいでしょう。キャンドルに字やシンボルを彫ったり、それらを塗りつけたり、ハーブを巻くのもいいかもしれません。もしほかにないのであれば、あなた自身を表すキャンドルとあなたの欲求を表すキャンドルの両方に、感情と意図を吹き込みます。

２本のキャンドルを祭壇の対になる端に置いてください。

キャンドルに火をともします。

呪文を詠唱するか朗読するか、あるいは歌ってください。最低でも３回は繰り返しましょう。最後に唱えた／歌った／話したら、キャンドルを互

いに数センチメートル近づけましょう。

あなたの欲求が近づいてくるのを視覚化する時間を取ります。体の中でそれを感じてください。

円を閉じます。

キャンドルの火を吹き消してください。

この呪文をその翌日から3日間繰り返しましょう。3日目には、キャンドルをさらに近づけて互いに触れさせます。一緒に最後まで燃やしてください。最終日に蠟が残っている場合、ホルダーに入っている場合は、糸かリボンで互いに縛りつけましょう。それから一緒に埋めるか、または捨てるかしてください。

## ニュームーンのタロット

この並べ方はニュームーンを歓迎します。祭壇をこのニュームーンに引き寄せたいものを象徴するアイテムで整えてください。空間を清めるためにハーブに火をつけてから円をつくり、キャンドルをともしてカードと日誌を出し、自らを落ち着かせます。

このときにあなたの人生に呼び込む準備ができているものに集中しながら、カードをシャッフルします。用意ができたらカードを引き、正面にピラミッドの形に並べていきましょう。まず左から右へ1から4のカードを並べて底辺とし、続けて5から7を中段に、8を頂点に置いていきます。

カード1：このサイクルのあいだに、人生においてつくり出される準備ができているものは何か？

カード2：どうすればそれを効果的に呼び込めるか？

カード3：どうすればそれが自分に明らかな、目に見える形で表現されるか？

カード4：どうすればそれが自分の内面に感じられる形で表現されるか？

カード5：どこに自分のエネルギーを集中させるべきか？

カード6：さらに集中する必要がある活動は何か、どんな行動を取らねば

ならないのか？
カード７：もっと優雅に前へ進むために、手放さなければならないのは何か？
カード８：こうした意識的な歩みによって、どのような結果が得られるのか？

カードの記録をつけましょう。何がつながるのか？　何が混乱させるのか？　メモを取ります。記録をつけたあと、自らの洞察をもとに瞑想するのもいいでしょう。どのようなイメージがあなたに向かって飛び出してきましたか？　あなたがもっと体現しなくてはならないカードがあった場合、どうすればそうできるでしょうか？　あなたがニュームーンの下でそうしているところを思い浮かべられますか？　カードの並びから得た洞察を消化したあと、行動計画やスケジュールを書くのもいいでしょう。

## ニュームーンの儀式

儀式は、わたしたちが月の位相ごとに特定のエネルギーに浸っていくのを助けてくれます。また、移行を通じて導きと手助けとしても機能します。さらに、わたしたち自身が必要とするものを提供するためにつくられることもあります。そして、わたしたちがより意図的に生きるのを後押ししてくれます。

### ニュームーンの清めの入浴

このために必要なのは入浴する場所、1本のキャンドル、あなたの好みのソルトスクラブだけです。もし浴槽がなければ、シャワーを浴びる場で行ってください。そのほかの材料はただの提案にすぎません。直観に基づき、あなた自身の材料を加えてください！

・入浴する場所
・ある種の体を洗うもの／角質除去用スポンジ
・塩／ソルトスクラブのブレンド
・乾燥したラベンダーまたはラベンダーオイル
・生または乾燥したバイオレットまたはバイオレットオイル
・クンツァイト
・クリアクォーツ
・ブルーカイヤナイト
・１本以上のキャンドル

風呂に水を張るあいだ、あなた自身を体の中に置き、中心に据えます。この次のサイクルのあいだに何を呼び出すかを心に描きましょう。それが色、感覚、イメージとともにあなたを満たすのを想像してください。あなたの祈りの本質が体の細胞と合わさっていくのを想像しましょう。ハーブ、塩、クリスタルを風呂に入れます。キャンドルに火をともし、電気を消して風呂に入りましょう。

体と心を落ち着けてください。言葉、または心をおだやかにする色に集中し、希望を呼び込みます。緊張や過去が体から離れていくのを想像してください。つま先から首まで、できるかぎり体の広範囲をこすって洗い始めてください。精力的に死んだ皮膚を落とし終えたら何度か深呼吸をし、ふたたび自身を中心に据えます。あなたの体の中に欲求と新しい物語を呼び起こすのに必要なだけの時間を費やしましょう。

壁のキャンドルの明かりがあなた自身の新しい映画を映す映写機だと思ってください。キャンドルの炎のちらつきを通じ、あなたの夢と新しいふるまいを思い描いてみましょう。炎の中でいくつかのシーンをつくるのに必要な時間をかけてください。エネルギー、魂、肉体、炎、あるいはそのすべての変化を感じるまで、入浴を続けます。

シャワーを浴びてすばやく洗い流します。風呂からあがる際、この新しいエネルギーを持ち出し、目を覚ましつつある人生に取り入れましょう。このとき、抵抗と助けにならない行動パターンは風呂に残し、排水溝に流したのだと知っておいてください。

クリスタルは風呂から拾いあげ、ベッドの脇か祭壇に置くか、必要なときにはポケットに入れて持ち歩きましょう。

## ニュームーンの意識確認の儀式[2]

この儀式はベッドに入る直前、またはベッドの中で始めてください——少なくとも30分、最大で1時間ほど時間をかけましょう。

**必要なもの：**

・紙片

・ペン

2　ジョセフ・キャンベルとタラ・ブラッシュに触発された

まず紙片のいちばん上にあなたの意図を記入してください。続けて紙の残りのスペースいっぱいに円を描きます。円の中間に水平な線を１本引いてください。この円は、ニュームーンにおけるあなた自身を表しています。円の上半分はあなたの意識と意図――この意図にまつわるあなたの認識、アファメーション、ふるまい――を、下半分は無意識、前意識、直観――あなたの動機となるもの、核となる信念、無意識の反応――を表します。

さて、あなたの意図が必要とする特定の意識について考えてください。あなたの注意、アファメーション、ふるまいについてです。あなたが意識的に集中しなくてはならない感情、道具、行動、考え、信念を線の上のスペースに書き留めましょう。

続けて、あなたの意図にまつわる新たな方向づけが必要な新しい無意識の信念とふるまいについて考えます。無意識の準備に必要な信念、感情、そのほかの洞察を線の下に記入しましょう。

いったん立ち止まって何度か深呼吸をし、円を見てみます。あなたの注意を引く単語か語句があるかもしれません。あれば理由を考え、そのまわりにアファメーションをつくりましょう。

眠りにつく前に、さらなる洞察でもって夢の時間に備えるのもいいでしょう。朝になったら役に立つ情報をもたらしてくれるよう、夢に求めましょう。

また、ニュームーン後の１週間、またはそれ以上の期間、忘れないために絵を残しておくのもいいかもしれません。

## ニュームーンの認識の儀式

１日に一度、いままでに行ったことがなく、おそらくはもう二度と行かないであろうところに行きましょう（心と想像の中で行うこともできます）。行ったことのないこうした場所で少なくとも 30 分、ぶらついてみてください。

宇宙を探る探偵になったつもりで、周囲を観察します。自分が気づいていることに気づきましょう。

あなた自身がめったに考える機会を与えない考え――好奇心をそそる、

美しい、または愛すべきもの——を思考する練習をしてみましょう。もしうしろ向きな考えが浮かんできたら、すぐに前向きな、または自然なものに変えてください。

新しい宇宙、この新しい思考法に必要なだけの時間を取るようにしてみましょう。

ニュームーンに続く３日間、これを繰り返してください。自由に別の場所を訪れてかまいません。自宅で、近所を歩きながら、ベッドの中でこの練習をしてみましょう。

あなたの洞察を日誌に記録してください。

## ニュームーンのためのジャーナリング・プロンプト

**日誌を書くことを促す（癖づける）ための質問**

ニュームーンに考えるため、以下のプロンプトからいくつかを選んでください。

このニュームーンにどんな種子を植えますか？

なぜこれらの種子に注目するのですか？

これらの種子が成長するため、全力を傾けなくてはならない存在とは、どんな性質ものですか？

夢についてどう感じますか？

意図はなんですか？

どうすれば次のニュームーンまで意図に対して好奇心を持ち続け、それとのかかわりを保ち続けられますか？

どこで変化を切望していますか？

何が変化するのが怖いですか？

何を片づける必要がありますか？

毎日考えるに当たり、変えられる小さな習慣やパターンはなんですか？

どんな人になるのですか？

刷新する準備ができている新しい始まりはなんですか？

# ワクシングムーン

## ワークを行い、筋道（糸）をたどる

月が満ちる期間はおよそ２週間で、ニュームーン直後に始まり、フルムーン直前に終わります。ニュームーンのリセットを終えたわたしたちの衛星は、毎日少しずつ空高くのぼり始めます。月が高くなるにつれ、月光はより明るくなっていきます。この期間は月のサイクルすべての半分に当たります。

成長、豊かさ、筋道をたどること、行動を起こすことはすべて、この期間におけるテーマとなります。あなたがやりたい何かをどう行うのか、それを見つけるのがこの時期なのです。あなたは人生において何を築きますか？　これはあなたのふるまいや周囲にどう反映されますか？　この時期のみなぎるエネルギーは、どのようにしてより多くのあなたの自己、より多くの魔法を共有し、あなたの最もアラインメントされた行動をさらに後押しできるのでしょうか？　それをあなたのエネルギーのヴァイブレーションと呪文のワークに表してください。毎日の習慣、思考、ふるまいを通じてよりアラインメントした状態であろうと最大の努力をしましょう。

意識のサークルの中では、ワクシングムーンは本能、マインドフルネスと認識──「線の上の」意識──を象徴しています。深いレベルの認識は長いあいだの集中をもたらします。長いあいだの集中は変化した注意をもたらし、変化した注意は選択の受容とアファメーションをもたらします。ワクシングムーンはわたしたちの意識下、覚醒している生活の中で取る前向きな行動の支えになるのです。この時期は、わたしたちの言葉が信念を後押ししているかどうか、しているのであればどのようにそうしているか、わたしたちの行動が欲求を反映しているかどうかを確かめる時期に当たります。

ワクシングムーンは「線の上の」意識が変化する時期です――このあいだに、わたしたちは意思と行動を通じて意識を変えようとすることができます。無意識があいかわらず主導権を握ろうとしますが、認識し、方向を変えることが容易になります。これは自己認識とマインドフルネスを利用することによって分刻みで行われるワークなのです。やっとの思いで手にした、自らの汚れを落として再度試みる能力であるリコミットメント（再傾倒）が、わたしたちの進歩を助けてくれます。

また、これは精神とふるまいのつながりに取り組む機会でもあります。古傷を意識的に癒すステップを踏みましょう。あなたにとっての癒しの過程とは、実際に何で構成されていますか？　いくつかの方法を探ってみてください。認知行動療法、弁証法的行動療法のようなふるまいを基礎としたセラピー、ソマティクスのような身体化の実践が助けとなるでしょう。

ワクシングムーンの期間は、ヴィーナスの時期です。官能と美の時期であり、肉体やさまざまな感覚を通じて欲求を実現する時期に当たります。手づくりの陶器の皿の縁からぶらさがる、熟した緑色のブドウをかじったり、美術館を散策して何百年も前の金箔の絵画からファッションのインスピレーションを得たり、真夜中にピンク色の照明の下で踊ってわれを忘れたり――ヴィーナスはそうした喜びにわたしたちが真剣になることを望んでいます。どのようにして人生を彩るかにわたしたちが真剣になること。それがヴィーナスの望みなのです。このエネルギーは、わたしたちが自分の価値観を中心に行動を築いていくことを望んでいます。愛とつながり、素晴らしいセックスをし、心に従って創造し、セルフケアに集中するよう、わたしたちに懇願しているのです。ヴィーナスは、わたしたちのもろさの果実を表しています。わたしたちの愛に対する熱烈な献身は、思いやりの持続をもたらします。またヴィーナスは自尊心を表してもいて、その自尊心には境界線がつきものです。ワクシングムーンの期間は、その両方を得る絶好の機会なのです！

ワクシングムーンの期間はまた、マルスのアーキタイプとも対応しています。世間一般にローマの戦神として知られるマルスは、元来ギリシアの農耕と園芸の神、すなわち成長の神でした。社会が農業中心から戦争中心になるにしたがって、マルスへの理解もこの変化を反映して変わっていきました。[1] 現在では、マルスは一般的にすばやい行動、身体的な強さ、攻撃性と結びつけられています。個人的には、マルスのエネルギーを活力、外に焦点を当てた断固たる行動と解釈するのが好きです。ヴィーナスとマルスの異なるエネルギーを合わせれば、愛のために大胆な行動を取る助けとなります。

成長のエネルギーは、あなたが取るリスクを支援します。ファーストクォーターのあと、海や地球、水の赤子であるわたしたちの中の水は上昇します。この時間を最大限に活用し、あなたの力を導いて長く続く結果を得られるようにしましょう。夢を現実に変えるのに最も効果的な行動のアイテムを決めてください。それらの行動をあなたが制御できるアイテムとそのほかと依存関係にあるアイテムに分割することで、あなたの気運の流れを維持するのです。たとえば、フリーライターになるのが目標であれば、あなたのリストは毎日一定の量を書くことと、仕事を売り込むことのバランスを取ったものになるでしょう。すべての意図的な行動が魔法だと想像してみてください――あなたは愛と献身の供物を人生の聖杯に注いでいるのです。

ワクシングムーンの期間は、観客に新しい作品を発表して共有し、より公共の場で自分の進化を見せるのにいいと考えられています。世界に新しい計画を紹介したり、自撮り写真を共有したり、リニューアルしたウェブサイトを公開したりして、あなたが次に何を使命としたいのかを人々に知らせましょう。自分自身に異なる肩書を与えてください。新たに資格を取るのもいいでしょう。行動を通じて夢をアラインメントさせるのです。

## ワクシングムーンの位相

ワクシングムーンの期間は、クレセントムーン（三日月）、ファーストクォーター、ギバウスムーン（凸月）の３つの位相に分けられます。ワクシングムーンの期間、おおよそ２週間のあいだの全体的な感情は、蓄積、アップサイクリング［使用済みのものや再生品を利用して、もとの製品より付加価値の高いものをつくること］、成長ですが、月のサイクルが進行していくと、決まった日々においては互いにかなりの違いがあるように感じられます。それぞれの副次的な位相は、それ自身のテーマによって特徴づけられています。それらのうちのいくつかは、あなたが過程のどこにいるか、どの季節にいるか次第で――言葉どおりの意味でも比喩的な意味でも――別のものよりもあなたの経験と共鳴するでしょう。この全体の位相を通じ、あなたがどう感じているのかを毎日観察してください。あなたの気分とエネルギーは、月が「真に新しい」状態からワクシング／ワニングムーンに移るにつれてわずかに、または劇的に変化するかもしれません。

## ワクシング・クレセント・ムーン

ニュームーンのあとの数日は、再生の期間にできます。空にきわめて細い銀色のワクシング・クレセントが現れたとき、これをニュームーンと見なして敬う人々もいます。このときには特に受容的であるかもしれないので、摂取する――肉体的にも精神的にも――ものには充分に気をつけましょう。この時期は前に進むこと、希望を持って手を取りあうことに適しています。新たにエネルギーが誕生し、子馬の震える脚がかたい地面にしっかりとした足場を見つけるようなものです。また、この時期は女神アルテミス、狩人、勇敢な探究者の時期です。弓は引かれ、矢は放たれました。その狙いはわたしたちをどこへ連れていくのでしょうか？

## ファーストクォーター

ニュームーン／クレセントムーンのおよそ１週間後、ハーフムーン（半月）またはファーストクォーターが訪れます。この位相はバランスと対応します。統合には完璧なときと言えるでしょう。もしあなたがニュームーンに月のワークを始め、月のマッピングに忠実ならば、この位相は明確な変化に気づくポイントかもしれません。あなたの気分が整えられる可能性があります。意志と動機が大きくなっているのを感じることもあるでしょう。もし外部の結果に集中してきたのであれば、それらが明白になっているかもしれません。招待状がたくさん届いたり、携帯電話にチャンスと思われる連絡がなだれ込んできたり、メールで約束した小切手が実際に届いたりといった具合です。シンクロニシティが豊富にあるかもしれないのがこの時期です。肯定を指すあらゆる兆候に注意を払いましょう。

また、ファーストクォーターはわたしたちが岐路に立つときでもあります。試練のときです。もしニュームーンに新しい習慣や行動を始めたのであれば、この実験を始めておよそ１週間が経っていることになります。この時点であきらめたり気持ちが揺らいだりすることもあるでしょう。それまでの努力を維持することを決断してください。勇気、自信、意志、再度身を捧げること、こうしたすべてが集中するためのテーマかもしれません。忍耐、献身、規律を中心とした呪文、祈り、またはアファメーションがおすすめです。

### ワクシング・ギバウス・ムーン

ワクシング・ギバウス・ムーンは恵みと美を意味しています。パイライト、シトリン、レモンクォーツの華やかさと対応する位相です。この目に見えて明るい空の鏡は、アファメーションの月とも言えます。それはうなずき、あなたは望むもの、必要とするものを手に入れられるのだと完全に肯定してくれるのです。あなたは自らのエネルギーを守らなくてはなりません。必要なのは、影響を受けやすい状態、境界、エネルギーを改善すること。必死でコントロールしようとするのではなく、恐ろしいながらも自分を開け放しておくことです。ワクシングムーンは、わたしたちは本質的に豊かであり、豊かさは生まれながらの権利であると宣言します。ワークの一部は、わたしたちにそうではないことを告げようとする何か、何ものかから切り離されています。

月のお腹が大きくなっていくにつれ、不安も大きくなっていくかもしれません。意識は爆発的に高まっています！　フルムーン前には、あなたのシステムにトラブルが起き始め、夜に眠れなくなり、自身の努力について疑うようになるかもしれません。進み続けるにつれ、拒絶や遅延という形でハードルが現れることもあります。これを通り過ぎる唯一の方法は、通り過ぎることです。不快な衝動があなたの中に入ってくるのにまかせ、出ていくよう願いましょう。反応へのかかわり方を変え、パターンを壊すのです。必要とあらば、もっとサポートを呼び込んでください。

## ワクシングムーンがつらいなら

ワニングムーンかダークムーンのときに生まれた人であれば、ワクシングムーンがつらいかもしれません。もしあなたがもっと概念的な考え方をするか、頭の中で考えごとをするのに多くの時間を費やしているなら、アイデアを形にするのに苦労する可能性もあります。絶え間なく夢を見続ける人にとって、地上におり立つのは大変なことです。

ワクシングムーンはエネルギーと感情を蓄積する時期です。焦り、いらだち、悲しみを含めてあらゆるエネルギーは増幅されます。何か問題が起こったら、それを取り除くか、放出するための方法を見つけましょう。ワニングムーンは中断の時期になるので、そのときがあなたにとって最も生産的な時期となるかもしれません。

ワクシングムーンのエネルギーと活動は、内向的で極端に繊細な人にとっては､厳しいものである可能性もあるでしょう。この期間は行動する人、何かを動かし、震わせる人、働き蜂、兵士、城の跳ね橋から森へと馬を走らせる鎧を着た騎士の時期です。あなたが自分自身を外に出す時期でもあります。まずは手をあげましょう。第３の目を目標に向け、表に出て手に入れるとき、猛然と前進するときなのです。以前には手を出せなかった――あるいは出さなかった――ものに腕をのばすときでもあります。人にいままでより暴言を吐かず、人からの愛情をいままでより必要とする、新たなあなたになるのです。

ここまでに書いたとおり、ワクシングムーンは豊かさ、愛、健康、物質中心の世界、喜びと対応します。この時期の月は、わたしたちが悪びれずに欲しいものを探し、わたしたちが大事にするもの、できるかぎり体が快適に感じるものを追いかけるよう望んでいます。これらの中に、あなたにとって引き金となるか不愉快なものがあれば――批判ではありません！

——この期間に落ち着いているのは難しいかもしれません。あなたが美しいと感じるものの探究だけでも､やる価値のある試みです。もしかしたら、わたしたちはふだん自分自身が必要とするものを満たしていないという、厳しい真実に行き当たるかもしれません。

リスクを回避する人、慎重な人にとって、ワクシングムーンをつらいと感じられることもあるでしょう。リスクを取る、挑戦する、自らを表に出すといった行為には中傷がつきものです。批判する人間や他人の不幸を願う人間､ひどいレビューが必ず出てきます。この露出は自尊心､ADHD（注意欠陥・多動性障害)、そのほかのメンタルヘルスの問題に苦しむ繊細な人々にとっては、残忍なものにもなりうるでしょう。過去にいじめられた経験がある人は、ときにあらゆる種類の注意を虐待と同一視します。しっかりとしたサポートシステムと挑戦を続けるための決意を持っていれば､道を歩み続けるのを助けてくれます。ワークを本当に楽しむことと、そのワークが達成を熱望する大きなヴィジョンを本当に理解することは、わたしたちが建設的でない批判を乗り越えていくのを支えてくれるでしょう。

秋または冬のあいだのワクシングムーンは、月が活性化して北半球が休憩モードに入っているので､不快に感じられることもあるかもしれません。季節に根差し、余分な時間にあなたの体が必要とするものに磨きをかけることを忘れないでください。11月の夜空の下であなたに訪れるものが苦痛に感じられたとしたら、それとともにじっと座っていましょう。それに耳を傾け、それが宙に舞いあがって星々にまじり、あなたが学んでいる教訓を反映する星座を形づくるまで一緒にいてください。

ワクシングムーンの位相にいるとき、あなたは成長しています。わたしたちは自分に厳しくあることができるため、現にあなたがしているあらゆる努力よりも、うまくいっていないことにより注意を払っているのかもしれません。ワクシングムーンは、完璧主義者の傾向をやめるのに素晴らしい時期です。

あなたは人生においてワニングムーン、ダークムーン、あるいはニュームーンの位相にあるのかもしれないので、拡張に集中するのは意味がないかもしれません。あなたが悲嘆に暮れているか、ふさぎ込んでいるか、奇妙な変化を遂げているということもあるでしょう。もしそうであれば、肉体的な健康とまっすぐ向きあい、水をさらにたくさん飲み、もし体が許すならばもっと多くの時間を運動の習慣に当てることを提案します。芸術に挑戦したり、ボクシングをしたり、ドラムを叩いたり、歌ったり、あるいは泣いたりといった行動を通じて感情を変化させましょう。

ワクシングムーンの時期か、ワクシングムーンを中心として提示される概念やテーマがあなたにとってつらいものであれば、次のことを考えることをおすすめします。何があなた自身を表に出すことを押しとどめているのでしょうか？　ひょっとすると、ワクシングムーンの時期にはあなたが達成してきたことを書き留められるかもしれません。そして、そう、「ベッドから出る」のは、間違いなく達成したことに当たります！（「ベッドにとどまる」のも同じです！）あなた自身をもう少し褒めるところから始めましょう。あなたが成し遂げたいことに関して、あらゆる種類の達成リストをつくってください。あるいはそれらをひとつずつ、月ごとに追っていくことを始められるかもしれません。挑戦することは信頼につながり、信頼が自信につながり、自信が回復力につながり、回復力が独立につながるのです。

## ワクシングムーンの位相にいるとき

あなたがワクシングムーンの位相にいるとき、地平線は広がっています。ここまで来られたのは、あなたがようやく自身の望みを見つけたからであり、いまここにいるあなたが最終的に前に進んでいるからです。インスピレーションとアイデアは着実に舞い込んできます。1本の糸が別の、そのまた別の糸へとつながっていき、タペストリーはあなたが想像した以上に魅力的な、輝く柄になっていきます。

この時期はトレーニングのときであり、筋肉をつけ、あらゆる種類の健康的な習慣を身につけるときでもあります。思考と習慣、目標と行動のバランスを見つけるのです。ワクシングムーンの期間にいるとき、あなたは遠くまで行くことを決心します。やめるという選択肢は存在せず、ひたすら進むのです。あなたはその過程において、毎日机の前で座っていることを求められるのを理解しています。それが退屈に感じられる日もあるでしょう。1分が1時間、1時間が37週間にも感じられるかもしれません。骨がきしむ日もあれば、インスピレーションやモチベーションがわかない日もあります。でも、集中していない時間は失われた時間だと知っているあなたは、また集中する努力を始めるに違いありません。

わたしたちは意志の力で、反復することで、一貫性でもって、扉を押し開きます。ほとんどの人にとって反復ときつい仕事が人生の多くを占めていることを、わたしたちは受け入れているのです。この現実を受け止めている人々は幸運です。なぜなら、仕事を通じて――舗装道路の上、溝の中、ブースの中、無意識の森の中で、あるときはほかの人たちと一緒に、別のときは完全にひとりで――わたしたちは自分が何者かを学ぶのですから。仕事をすること、その仕事の上に積みあげることを通じて、わたしたちはいずれどこかへとたどり着くのです。そして、最終的にはそのどこかこそが、わたしたちの最も実現され、最も完全な自分自身に近いところだと言えるでしょう。これは一歩ずつ、1分ずつ進んでいくことでしか実現できません。

ワクシングムーンは、陽光の中の猫のように自分の人生の中でのびをする時期です。あなたのニュームーンの意図という土壌から突き出て、着実に芽を出し始めているものを情熱的に迎える時期。あなたのエネルギーに集中し、仕事をすることで成長し、筋道をたどり、毎日の魔法を実践するときなのです。

## ワクシングムーンはあなたのエネルギーを微調整するとき

月面の光が増すにつれ、わたしたちが意図を行動に移すようになるにつれ、自分のエネルギーに注意を払わなくてはなりません。わたしたちはみな振動の周波数の送信者であり、受信者です。エネルギーの動きは静的ではありません。わたしたちの振動は再プログラム化と再パターン化を介し、意識を通じて変化します。

明らかに、わたしたちはコントロールできないことの影響を受けています——もし慢性的な病気であったり、新しく親になったばかりであったり、不眠症に苦しんでいたりなどした場合、わたしたちのエネルギーは影響を受けることになり、それはわたしたち自身のせいではありません。自分独自のエネルギーの痕跡を見つけるためにできることをし、自身のエネルギーを、意識、休息、マインドフルネス、意図を通じてシフトさせます。これはちょっとした、管理できる行動から始めます。瞑想し、わたしたちを持ちあげるもの、引き込むものに意識を集中させることもできます。可能なときはいつでも、その瞬間にやるべきことをやったり、感じたりすることで、アラインメントを実行できるのです。それはもしかすると、不満を爆発させたり、枕を殴ったりすることかもしれません。休憩をするか、入浴するか、または散歩をする必要がある可能性もあるでしょう。わたしたちのエネルギーを回復させ、育むために役立つことなら、自分自身のエネルギーを成熟させることならなんでもいいのです。

「振動」もまた、感情や思考と同じように良いものでも悪いものでもなく、ただ「そうである」ものです——収縮した、興味深い、役に立たない、脅迫的な、喜ばしいなど。わたしたちのエネルギーは習慣やパターンをつくりあげることのほうがそうでない場合よりも多いですが、これは反動的であり無意識的です。わたしたちが心を配り、自身の反応を価値観とアラインメントしたものに保たれた意識的な反応に変えられれば、習得に近づけるでしょう。自身のエネルギーを変質させ、あるところから別のところへ移すのも可能になります。周波数、チューニング、ダイヤルのまわし方を自分の好きなようにできるのです。芸術作品をつくるのもこれを行うひとつの方法です。フリーダ・カーロの作品は好例でしょう。彼女は痛みを受け入れ、作品に反映させました。本当の意味で、カーロは自らの人生のすべてを芸術に注ぎ込んだのです。別の例としては、ビヨンセの『レモネード』があげられます。彼女は傷ついた心を受け止め、意味と癒しの波が個人の物語をはるかに超えたところまで広がる芸術的な傑作をつくりあげたのです。

振動、エネルギー、意図、魔法のワークがあなたの究極の創造とアラインメントした状態にあるのを確認するため、ワクシングムーンを利用しましょう。培ったエネルギーがわたしたちを行くべきところ、流れていくべきところまで導いてくれるはずです。これはわたしたちが発する以上のものを受け取るフィードバックのループとなり、わたしたちの日々の生活をおおむね向上させるでしょう。

## ワクシングムーンはワークを行うとき

高価なツールをどれだけそろえても、正しい日に正しい色のキャンドルを世にも貴重で最も高価なクリスタルのまわりにどれだけともしても、あなたがワークをしていないかぎり､呪文が成果をあげることはありません。ワークには、たくさんの恐怖や不安、そして多くの矛盾したメッセージがつきものです。ここで言う「ワーク」とは、あなたが特定の目的や目標を達成するのに役立つあらゆる活動、行動、アクション、思考、または努力を指します。感情的な発達、精神的な発達、魔法的な発達はすべて「ワーク」と見なします（ヘルメス主義では､「偉大な仕事（ワーク）」をスピリチュアルな道の集大成、つまり啓発や超越を得ることとしています)。

ワークには以下の事柄のいくつかが含まれます。生きること､死ぬこと、芸術を創作すること、親となること、きょうだいとなること、ペットの飼い主となること、自分の神経系を癒すこと、新しい技術を学ぶこと、給料を受け取ること、健全な境界線を定めること、自信を養うこと、人生の目的を見つけること、デートをすること、もろさを具現化すること、儀式、瞑想を続けること、行動主義、充分な水を飲むこと、やめること、セラピーに行くこと、読書、終わりが視野に入っていない長い計画に従事すること、健康のために何かをすること、健康のために何かをやめること、ごみを出すこと、話を聞くこと、関係を終わらせること、関係を修復すること、新しい関係を始めること、承認を申請すること、庭いじり、トイレを掃除すること、あなた自身になること、フェミニストの将来を築くこと、決してあきらめないこと。

ワクシングムーンは、あなたのニュームーンの夢にまつわるあらゆるワークに取り組むときです。ワークを行うことは、あなたを成功に導く秘されていない秘訣であり、独力で優秀さを示すことでもあります。独力で優秀さを示すことは、自分に与えられる最も奥が深い贈り物のひとつです。また、本当に大変なことでもあります。外部の権威やシステムに承認や援助や証明を頼むのが一般的と教えられてきた世の中で、ワークを行う——自分自身に投資する、自身の最も優れた主導者になる——ことを選ぶのは、不自然、あるいは恐ろしく感じられるかもしれません。自分自身や自分が望むものを優先することは——特にそうすることを教わっていない場合——多くをもたらしてくれる可能性があります。

人間は近道や確立したメソッドを求め、次のように尋ねます。

「どうやってそれを手に入れましたか？」
「誰を知っていたのですか？」
「それを実現するために何をしましたか？」

でも、以下のように尋ねるべきなのです。

「あなたはこのワークをどのくらい続けてきたのですか？」
「あなたのワークでいちばん楽しいことはなんですが？」
「このワークを行うことで何を教わりましたか？」
「ワークをするうえで、どんな課題に直面しましたか？」
「あなたのワークは時間とともに、どのように成長し、変化しましたか？」

ほとんどの場合、大事なのはワークです。

幾度にもわたって献身を呼び出すワーク。インスピレーションを誘発するワーク。内なるコンパスに耳を傾けることを選ぶワーク。抵抗や抗議のワーク。奉仕のワーク。あなたのワークのためのワーク。

ワクシングムーンの時期には、特にあなたのニュームーンの意図とつながりのあるワークがいまのあなたにとってどういう意味があるかを定義しましょう。あなたの目的をより大きなシステムにつなげてください。深い意味において響くように目標を磨くのです。あなた自身に戻るため、ワークを行ってください。成功を定義するか、再定義しましょう。

魔法、儀式、人生の根幹にこの実践があります。真の生きる方法とは、自分と魂のための生き方を実践することなのです。あなたがどうなる必要があるのか、どんな助けを求めなくてはならないか、あなたの成功がどんなふうに見えるかを明確にしておきましょう。それを書き留め、一歩ずつこなし、それにこだわってください。

## ワークは人によって違って見える

「ワークを行うこと」は究極的には自分自身への投資なのです。将来に向けての投資です。この意味において、総体的な投資でもあります。

自分をほかの人と比べてはいけません。この過程は、あなたひとりだけのためにあるのです。まわりに目をやってほかの人が何をしているのかを見て、自分のワークがその人たちのものと似ていると考えるのは簡単です。でも、比較は無駄だと知ってください。もちろん、ほかの人たちに啓発されることはあるでしょう。生きるのが本当に上手な友人や、インターネット上にいる、気安い笑顔と気楽な物腰を見て知った気になっている人物によって。そこからインスピレーションを得て血流に取り込み、切望しているものを自分に引き寄せるようにしましょう。あなたの称賛を燃料として利用するのです。自らのワークを上手にこなしている人々を祝福してください。

あなたが行動を起こし、1週間か2週間経っても結果が見えない場合、実験を試みましょう。ワークのやり方を変えてください。ワークを行う時間を変えるのも手です。簡単にするのもいいかもしれません。まず結末を書いてみる、別の媒体を使うというのもいいでしょう。次に何をするか確信が持てなくても、心配はいりません。やっていることが絶対に失敗しないとわかっているならば、夢に見た結果を得られるとわかっているならば、当面は何をしようかと、いつでも自分に問うことができます。それを終えたら、実行に移してください。

ワークは人によって違って見えます。あなたが存在する場所は、あなた自身の人生の中にしかないのです。自分自身の空間で完全かつ快適に存在すること、過程を楽しむのを忘れずに必要とする成長の仕方で成長することが、あなたのワークです。

## ワークはときに大変

ワークはときに大変です。特に根本的に異なる何か、まったく試したことのない何かをしようとする場合は。たび重なる拒絶に直面してなお苦労することは、決して小さくない功績です。ワクシングムーンは、開始から絶頂までの期間です。創造的な人は誰でも、ときにこの部分が霧の中を行く長くつらい歩みであることを知っています。せっかちな人であれば、辛抱の呪文を唱えましょう。毎朝、なぜこれをするのかということを自らに思い出させてください。

あなたの欲求が特定の結果——名誉、財産、１日に１万ドル以上もらわないとベッドから出ないなど——に固執しすぎているならば、あるいは目標を見直したくなるかもしれません。実際の過程の中にはあなたが楽しめるところがあり、ワークの中にはあなたに喜び——あるいは安らぎ、あるいは慰め、あるいは自己の解放——をもたらすところがあるはずです。ヒンドゥー教の聖典『バガヴァット・ギーター』はわたしたちに教えています。「あなたには働く権利があるが、それは働くこと自体のためだけに働くということである。働いた成果を得る権利はない。働いた成果に対する欲求が働く動機になってはならない……結果についての不安を抱えて行われる仕事は、そうした不安がなく、忘我のおだやかさの中で行われる仕事よりはるかに劣る……結果を求めて利己的に働く者はみじめである[2]」

不快であることがワークの一部とはいえ、ワークが正しいものであるかどうかを直観的に確認する方法には以下のようなものがあります。それについての白昼夢を見ているのに気づく。なんらかの形で他人を助けることを伴う。あなたの直観とつながっている。どうすれば価値のあるものになるか定義できないが、あなたが探し出さなければならない曲がり角の近くで何かちらちらと光っているものがある。とても重要であると感じられて恐ろしい。喜びと満足をもたらす。時間を忘れさせる。

ワークを行うことは、信仰の行為なのです。

わたしたちがハードルを高くするために、ときにワークは厳しいものとなります。わたしたちは自分自身に偉大なことを求め、正真正銘のワークをうまくこなしているほかの人々のまわりにいることにしました。自分の安全地帯の外で動くことは、たくさんの成長を目撃することです。自分の能力の限界を超えたとき、結果は全般的に驚くべきものになります。

わたしたちがより愛のこもった方法で自らとかかわることを選ぶとき、ワークが厳しいものになる場合があります。非難、審判、罰を中断してください。考えが短絡的になることもあるかもしれません。古い計画は取り消されます。自分を愛するワークの初期段階、または回復の実践は生々しく、混乱しています。手軽に清算できるものではありません。それに耐え抜き、違う方向へ一歩ずつ歩き続けることを忘れないでください。

ワークは究極的に自分を選ぶ過程なので、ときに厳しいものになります。愛情、関心を得るため、または必要とされていると感じるため、わたしたちは自動的にものごとを行うことができます。家族の集まりにおける暗黙の了解、特定の重要な関係、あなたが抱える特定のアイデンティティに関して、あなたがすべきだと考える何かを維持するものごとを行うのは簡単でしょう。これは、わたしたちの多くが教えられたこと――わたしたち自身のきらめき、喜び、自分への投資よりも他者、基本的に自分以外のあらゆることを優先させるという教え――なのです。ワクシングムーンのワークを行うときには、このワークはあなたが勇気を持って完全に自分の人生を生きることのメタファーであると認識する練習をしましょう。

ワークへの前向きな執着を養うことは役に立ちます。オクティヴィア・バトラーはエッセイ『前向きな執着』で以下のように述べています。「前向きな執着とは、あなたが恐れ、猜疑心に満ちているからというだけではやめられないことを意味します……前向きな執着とは、あなた自身、あなたの人生、あなたが選んだ標的に狙いを定める方法なのです。あなたの望みが何かを決めましょう。高いところを狙い、突き進むのです[3]」

あなたの前向きな執着とはなんですか？　それはどうやってあなたに困難な局面を切り抜けさせるのでしょうか？　あなたの前向きな執着は、ど

 のようにしてあなたを真実に近づけさせてくれるのでしょうか？

## ワークはときに単純

ワクシングムーンはあなたのニュームーンの意図を日常的な行動に注ぎ込むときです。これは単純なことになりえます。ニュームーンの意図のひとつがペースを落とすことだとしたら、ペースを落としてください。もっとゆっくり歩きましょう。皿を洗うのもゆっくりと。呼吸をするのも同様です。

ときにワクシングムーンのワークは、本当に基本的なことです。ワクシングムーンにおいて、ただ計画に忠実であることがあなたの仕事となります。もし1日でもそうしなかった場合は、最初からやり直しましょう。ただそれだけ、それがすべてです。自分の計画を把握し、カレンダーや携帯電話にスケジュールをつくりましょう。目覚ましをセットし、やることをやってください。

ワクシングムーンの課題の一部は、毎日の習慣を正直に検証し、もっと前向きなものをつくることでなくてはいけません。決めつけはせず、あなたが1日にすることを書き出してみましょう。朝のルーティーン、毎日の習慣なども。たとえば、いつ食事をして、どこに行き、何を見て、誰と話したか、何があなたを守るのか、どうストレスと向きあうのか、ベッドに入る前にどんなことを考えるのかを書いてください。どんな習慣が有用なのか、もっと役立つものに代えなくてはならない習慣は何かといったこともです。

あなたの意図を支え、より健康的でもっとアラインメントされた習慣を選び、それらに継続的な集中を注ぐことは、呪文を唱えたあとで次に行うステップです。あなたが回復のための習慣と支えとなる習慣に集中する時間とエネルギーが増えるほど、破壊的または役に立たない習慣に従事する時間は減るでしょう。これは美しい方程式です。

あなたの新しい習慣は、小さな魔法の祈りと供物であるかもしれません。スムーズに変化するため、小さな儀式を日常に加えてみましょう。やるべきことのあいだにちょっと立ち止まってエネルギーを呼び戻し、基本的なエネルギーをリセットするのもいいでしょう。歩いてドアを通過するとき、「お願いします」と「ありがとう」という言葉をまめに使ってみてください。行動は、その背後にあるエネルギーに意識と熱意を注ぐことで、さらに意図的なものとなるでしょう。

## ワクシングムーンは筋道（糸）をたどるとき

ワクシングムーンは、わたしたちに夢を形にするようにという声がかかるときです。形にするというのは、撫でたり、量をはかったり、触れて感じられたりする何かにするということです。その際には、わたしたち自身の内なる月をリソースにすることができます。満ちていく位相の時間を利用し、何が近づいているのか――内的にも外的にも――を知り、障害を味方につける方法を見つけることもできます。メッセージはガイドとなり、障害を見直し、恐怖とともにワークを行うことを支えるため、解決策を提示してくれるでしょう。

わたしたちのために毎日糸を出している糸巻きが存在し、わたしたちをある場所から別の場所へと導いてくれます。これは内的にも外的にも言えることです。内的には、わたしたちは自身の知っていることに由来する衝動とつながります。わたしたちの直観があとを追うことのできる案内として機能し、外的な変化へと導いてくれます。

たとえば、あなたの目標のひとつが歩く、運動する、もっと体を動かす、だったとします。その場合、あなたにとっての障害はなんでしょうか？　時間がない？　さあ、そこがあなたの仕事になります。1日に20分、自分のための時間をつくりましょう。朝いちばんにレギンスと靴をはくのがつらい？　レギンスをはいて眠り、靴と靴下をドアのすぐ横に置いておきましょう。まったく基本的なことのように思えますが、そうした基本的なことがわたしたちを妨げているのです。

同様に、さらに深いところまで行くこともできます。仮にあなたの問題が行動の遅さだとしましょう。筋道（糸）をたどってください。行動の遅さの下には完璧主義があります。完璧主義の下にはあなたの能力が充分なものになるはずがないという感情があります。そこで不可能という基準が設定され、それを満たすことは決して起こりえず、能力が充分なものになるはずがないというあなたの信念が強くなり、行動の遅さが強化されます。そんなとき、あなたは糸巻きから解かれた糸の中にいて、あなた自身からかけ離れており、目標ははるか遠くにあると感じています。実際には、エネルギーを向ける方向を変えさえすればすぐあなた自身に戻れるのです。

あきらめることは受け入れることに等しいと知っておいてください。受け入れることを少しばかり多めに見てあげることで、わたしたちは自らにスペースを与えます。動くためのスペースです。わたしたちはなんであるかを認めている——わたしたちは現実を認めている——ので、受け入れることはそこからスタートする肥沃な土壌となります。これは解き放つ練習なのです。あなたが働きかけられる場所につながるため、抵抗の最初の層の下に潜ってみましょう。

筋道（糸）をたどるには、謎と対話するという別の方法もあります。助けを求め、それを受けられることを期待するのです。答え、兆候、安らぎを求めましょう。心を開き、信じるところにとどまり、新しい道の足がかりとあなたに向かってのびているほかの機会の糸を見てください。それらの糸と向きあうために足を踏み出し、糸をたどって森の中を進んでいきましょう。

そうした糸がのびてくる方法のひとつに、シンクロニシティの形を取ることがあります。なんらかの形で大いに関係する特定の期間に同時に起きる出来事です。シンクロニシティはアファメーションとしても機能するので、わたしたちにヒントと答えを示して筋道（糸）をたどる助けとなります。

シンクロニシティは偶然を一歩超えたもので、きわめて珍しい、魔法的な、あるいは運命的な感情を持っています。道の角の店で隣人に遭遇するのは偶然です。たくさんの偶然——そのうちの大半は不可思議なものであったり、あなたの中で成長している特定の何かと関係していたりする——が短い期間に起きることは、シンクロニシティに相当します。

シンクロニシティをつくろうと決心してください。あなたの人生をシンクロニシティの神殿にするのです。あなたにサポートを提供するかなんらかの方法で扉を開くよう、宇宙に願いましょう。あなたの人生のあらゆる分野にそれらがやってくるよう、都合をつけておくのです。それらが優れている証のひとつに、流れを感じるということがあります。それらがあなたに要求するものを続けることにより、それらをいつでも利用可能にしておきましょう。人生においてより小さなシンクロニシティをつくることで練習をしていってください。限界ではなく選択肢を探すように自分を訓練するのです。

ほかにも、わたしがシンクロニシティを信頼するのは、通常でない出来事や前進がすぐに安心やフローにつながった場合、あるいはタイミングやスケジュールにおいて機会が重なる場合です。ある友人はこれから迎える週、月、年に空き時間を設定しておくことで、幸運と機会を招き入れています。自分に訪れるかもしれない恩恵のため、意図的に時間を空けておくのです。意図的に空けた時間があると、気持ちが高ぶる機会が流れ込んできます。

満ちてくる月は、あなたと考えを共有したいと願う人生に、すでにあるものは何か知るのにいい時期です。物理的な対象、お守り、あなたに語りかけたい、もしくは宇宙からのメッセージを示す、あるいは少なくともあなたの無意識から届くシンボルがあれば、それらは心理的なアファメーションの物理的なシンボルとして現れるかもしれません。ある友人はどこへ行っても必ずタカを目にします。目にしたタカは彼の動物のガイドであり、彼の視界と見方を拡大するためのリマインダーでもあります。わたしの足もとの地面にある１ペニー硬貨は、わたしが進むべき道の上にいることのシンボルです。ワクシングムーンは、意味のあるシンボルをためる器をつくったり、あなたがすでに持っているシンボルについてよりよく知るのに最適なときです。

異なる糸を織りまぜてみましょう。あなたは複数の異なるものに関心がありませんか？　あるいは、それらは別々にしておくべきものではないのかもしれません。本物のコラボレーションは急激な力の深化を促進します。ガーデニングと詩は好きですか？　それならばシャクヤクの視点で詩を書いてみましょう。あなたがたどっている糸の１本が信頼で、もう１本が創造性の再点火であるなら、創造力を発揮するグループをつくって毎月活動してください。異なる糸とシンクロニシティを意識し続けるには、朝にタロットカードを引き、瞑想し、ジャーナリングをして集中力を高めるのが有効です。これはあなたの日課である月の追跡に加えることができます。タロットは、あなたの精神のあるレベルで何が起きているのかをそのまま映す謎めいた鏡であり、魔法の素晴らしいリマインダーなのです。あなたがタロット向きでないのであれば、日誌を書く、絵を描く、歌を歌う、料理をする、動きや運動の練習、あるいは瞑想などでもいいでしょう。あなたがあなたとつながるものであれば、なんでもかまいません。

筋道（糸）をたどるには、あなたの意図に耳を傾け、これを信頼する必要があります。また、表面上は論理的に見えないかもしれない行動を起こすことも必要です。「夢の仕事」を辞めて学校に戻る。誰もがあなたにとって「完璧」だと思っているが、しっくりとこないよきパートナーと別れる。こうした選択は短期的には心が痛むでしょうが、終わってみればそれだけの価値があるものです。我慢と勇気が同等に必要なのです。この時期は、あなたが生きていかなくてはならない人生において前進するために、難しくも正しい選択をしなくてはならないという強いメッセージを受ける時期かもしれません。あなたはコミュニティ、あなたのガイド、あなたの意図という形を取った救いの手をいつでも頼れるのだということを忘れないでください。

## ワクシングムーンは豊かさを認めるとき

電気と農業の産業化が出現する以前には、ワクシングムーンとその増大する月光は、農民たちが収穫にもっと時間をかけられるようにしていました。人々がより遅い時間まで働けるようになったことは、生産性の向上とさらなる豊かさという結果につながったのです。豊かであるというマインドセットを向上させることは、わたしたちにできる最も重要なワークと言えます。

主要な文化賞の多くは、数字と形あるものに基づいています。それでもわたしたちは、自分が必要だと思っているよりもずっと少ないレベルで人生の大部分を楽しめるのです。ただ「相続したか、働いて稼いだ金銭」だけを定義とする豊かさは、とても限定的です。富、繁栄、豊富さ、資金力があることは、すべて心の状態です。

それがあなたにどう見えるのか、改めて定義してみましょう。時間、インスピレーション、健康、興味深い経験、前向きな心の状態、おだやかで愛情に満ちた心、コミュニティ、つながり、笑い、批判的思考、天性の才能の育成、髪を揺らすそよ風、本物のコミュニケーション、真剣に耳を傾けること、創造力、好奇心、利他主義、寄り添い、自然、そしてお金で買えるものの範疇から外れているそのほか多くのものを含めてです。毎週、あなたの豊かさを中心に置く性質と行動に集中して時間を過ごしてください。

「豊かさ」という言葉に難しさを感じる、または豊かさを感じるのが難しいのであれば、持っているものすべてを思い浮かべるところから始めましょう。すでに持っているものをできるだけたくさん思い出してください。あなたのリストには以下のようなものが含まれます。

・話す言葉
・あなたが持っているスキル
・あなたのたくさんの才能
・あなたと他者とのあいだの特に強い関係
・これまで切り抜けてきたこと、生きのびてきたこと、学んだこと
・あなたに喜びをもたらすもの
・これまでにしてきた興味深い経験と冒険
・あなたの教育（学業、商売、独学、人生経験）
・先祖から受け継いだスキルや知識
・あなたが大切にしている特定の慣行
・あなたのキッチンの食べもの、キルト、クローゼットの中の衣服、頭上の屋根

豊かさのエネルギーにつながるために持っているものすべてに焦点を当ててください。

アーティストのジェニファー・ムーアは、他者が恩恵を受けるために流れ出るものこそが唯一、本当の豊かさだと書いています。真の豊かさとは共有されるものなのです。そうでなければ、それは欠乏を永続させる買いだめになってしまいます。[4] 豊かさというマインドセットを培うことは、資本主義に反します。資本主義は、わたしたちが恐れ、自己満足に浸ること、搾取・競争・取引関係が永続することを望んでいます。わたしたちが最も重要で唯一の頼みの綱としてお金に依存し、これに左右されることを望んでいるのです。豊かさというマインドセットを持っていれば、真に他者を助けることができます。豊かさを感じて生きられるということは、価値のある人生を送る方法を無限に持っているということです。

豊かさを実感できていると、ものを簡単に手放せます。サポートを得られない人とは別れることになるでしょう。ものごとがうまく運ばないのは、ストレスを感じたり、自己犠牲を払ったりしてまでそうなる必要がないからです。わたしたちの最善の利益とより合致する機会がいつだってあるものです。貪欲なせいでうまくいかないなら、それをやめましょう。わたしたちはもう充分なのです。

「多数派ではない」と言われる人たちにとって、豊かさのワークは重要です。直観的で感受性が強く繊細で創造的な人々、フェム、性的マイノリティ、見栄っ張りな人々、臆病な人々、性的に逸脱した人々、欲望に正直な女性たち、「わがまま」であるとして支配的文化によって軽んじられ、放逐されたそのほかの人々はみな、豊かさを具現化することによって恩恵を受けています。その結果、自分が唯一無二であることを心地よく感じ、自尊心を高め、多様な創造的表現を可能にしています。

本来の自分と再度つながるため、バランスを取る行動を心がけましょう。あなたが孤独を感じているなら、同じような気持ちかもしれない人に手を差しのべてください。破産すると感じているなら、持っているものすべてを数えあげ、何かを手放してください。誰かに冷たくされたら、自分にも他人にも、もっとやさしくしてください。こうした行動は、豊かさを実感していれば、自分の世界を形づくり、変化させる能力がわたしたちにはあるのだということを思い出させてくれます。

ワクシングムーンのあいだ、豊かさを実感するという目標に自信を持って進むために、自分の資質を利用してください。資質とは、創意、コミュニティ、感情的なサポートの余剰分かもしれません。いま現在、あなたのデスクトップ、あなたの部屋、あなたのアパートメントのどこにすべてがあるのかを知ることを意味している場合もあるでしょう。最も大切な関係（自分自身との関係も含む）において、あなたがどういう位置にいるのか知ることを意味している可能性もあります。あなたの核となる価値観を明確にすることを意味しているかもしれません。それはつまり、あなたをより広い視野を持てる場所へと運ぶ使命記述書（ミッションステートメント）です。豊かさとは、毎日こうしたアイデアに従って生きるという特権を持つことも意味します。

わたしたちの文化は一般的に、大多数が「より少ない」ことを豊かさと結びつければ、豊かさは「より多く」なる。邪魔なものがより少ない、混乱がより少ない、厄介な問題がより少ない、義務がより少ない、ストレスがより少ない、時間の浪費がより少ない、偽りの友情がより少ないのは、豊かであることにつながります。豊かさとは、シンプルであることを意味するのかもしれません。規模を縮小しましょう。最も重要なことに集中できるよう、やることを減らすのです。

豊かさを実感するには、自分自身をもっと愛し、気にかけることです。外部の状況とは関係なく、あるがままのわたしたちに無限の価値があると確認することで、豊かさを実感できます。日常生活――憂鬱だったり、世間から落ちこぼれてしまったように感じる、つまらない日々――において、喜び、性欲、おだやかさ、安全、官能を優先することは、ワクシングムーンを実践していることになるのかもしれません。

しかしながら、豊かさをどれだけ享受できるかは、「受け入れる能力」によって違ってきます。自分に正直になれば、丁重な扱い、愛情行為、特定の額の金銭に自らが値しないと認められるかもしれません。そうであるならば、受け入れる容器を大きくするためにワークを行いましょう。ワクシングムーンのあいだに、ニュームーンの意図とともにこれを実践すれば、希望するものを拡張できるはずです。つまり、再プログラムを後押しし、豊かさをもっと感じられる手助けをしてくれるのです。

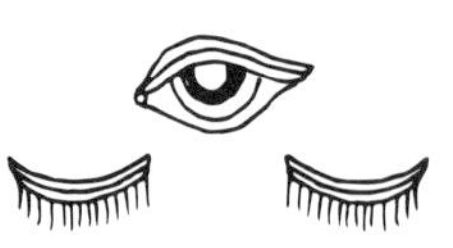

静かに座って目を閉じてください。自分の人生にどれだけの愛を取り込みたいのか、あとどれだけのお金を稼ぎたいのか、あとどの程度の落ち着きをふだんの生活で得たいのかなどを考えてください。シナリオ、感情、その特定の願いと関係する数字を頭に浮かべましょう。意識下でそのシナリオ／感情／数字が具現化したと同時に、体や心の中で何が起こるのかに注意してください。いくらかの窮屈さや不安を覚えるようなら、呼吸をします。あなたが必要としているのは、そのシナリオ／感情／数字に心から共感し、細胞レベルで苦もなく受け入れられるようになるまで、少しずつ、ゆっくりとなじんでいくことかもしれません。その境地に達するまで意識し続けてください。あなたの欲求はすでに満たされる状況にあり、実現の途中であることを確認しましょう。「わたしはいま、～をつくって受け取るための自分の能力とアラインメントしている」と言う練習をしてください。

充分に所有するのがどんな感じなのか、瞑想してみましょう。充分に与えるのは、充分に受け取るのは、充分に生み出すのは、充分であることはどんな感じかも同様です。それがすんだら、そのエネルギーを取り込み、あなたの欲求を行動に移してください。

## ワクシングムーンの魔法は日常にある

ワクシングムーンは日常的で実用的な魔法に適した時期です。魔法が働くための儀式は、長く複雑である必要はありません。わたしたちの技術は、徹底して劇的である必要も、高価な手彫りのアセイミー［儀式用の刀］、銀の杯、入手困難な材料を使う必要もないのです。1日じゅう繰り返される小さな呪文こそ、いくつかの最も効果的な魔法の心臓となります。とはいえ、いくつかの魔法コミュニティにおいては、実用的な魔法（特定の物質的な結果やそのほかの対外的な結果をもたらす魔法）に対するわずかばかりの汚名も存在します。伝統的にこの種の魔法（言い換えれば非儀式的魔法）が労働者階級の魔女たちや民間の魔法使いたちによって実践されていたからです。こうした人々は、自分たちに不利な世界で生きのびようとしていました。わたしは、実用的な魔法を必要とあらば毎日行うことを熱烈に支持します。経験上、お金がないときや、資源がかぎられているとき、資源を確保するか金銭的に安定するようになることは、手近にある最も差し迫った問題であることが多いのを知っているからです。小さな呪文を唱え、日常の魔法を利用するといった実践は、短期的にも長期的にも素晴らしいことです。これはわたしたちのエネルギーを高めて促進し、集中を持続させて自身の魔法の容器の中にいる状態を維持し、マインドセットを確認し、さらに行動をアラインメントされた状態に維持してくれます。これが費用対効果に優れている――すでに持っているものを使います――という事実もまた、魅力的です。日常の魔法の材料には、わたしたちの声、思考、紙、ペン、呪文のリスト、水、布、ティーライト、プレイリスト、わたしたちが出歩いているときに遭遇するかもしれないその他のアイテムが含まれます。公園を歩いているときに足もとに飛んできた滑らかな小石、歩道のコンクリートから顔を出しているタンポポ、これらは間違いなくとても魔法に適した材料です。

フルムーンへのカウントダウンのあいだ、自分の意図を尊重するにはどんな行動を取るべきか考えることができます。この行動には、朝のルーティーン、よく使う言葉、転職のような大きな変化、集団の活性化、あなたの短くも素晴らしい人生をはるかに超えてなお生き続ける一連の作品までが含まれます。あなたが取れる小さな、またはそれほど小さくはない行動について考えてください。わたしは、特に魔法に関する意図をサポートするために取る行動を象徴的な行動と呼んでいます。これらは特にあなたの目標を達成するためのエネルギーに満ちた行動です。それにより、呪文とはあなたの生き方であると思い出すことができます。魔法はあなたの外に存在するのではなく、中で生まれるものなのです。ワクシングムーンの期間に、あなたが取る象徴的な行動のリストをつくり、毎日確実に行っていきましょう。

毎日、魔法をつくってください。足を地面につける前に感謝をして、1日を迎えましょう。朝のコーヒーかアールグレイの紅茶に魔法をかけるのです。スプーンで蜂蜜を入れるときには、祝福してください。あなたの人生の中にあるすべての甘さと栄養に気づきましょう。

毎日、魔法をつくってください。シャワーの水が望まないものをみな洗い流すところを想像してみましょう。五芒星を描き、バスルームの曇った鏡に前向きな言葉を書くのです。それが脈打って光を放ち、生き生きとしたメッセージになるまで見つめてください。

毎日、魔法をつくってください。お尻のポケットに守護を象徴するアイテムを入れておきましょう。家を出る前に、エネルギーを足もとに置いて保護しましょう。1分間、呼吸を体の中で頭から足まで上下させてください。あなたの時間を他人のためにすべて費やす前に、自分の目標を第1にすると誓いましょう。

言葉は呪文となりえます。賢く使ってください。手紙は慎重に書きましょう。話す言葉。日常的に自分に言い聞かせること。あなたの心に転がっているメッセージやあなたの口から発せられて外の世界に入っていくメッセージ。あなたのコンピューターのパスワードや電子メールのアドレス、あなたが聴く歌詞、送ったテキスト。それらは現在と未来のためのあなたの意図を具体的に示しているのかもしれないし、あなたが他者によってどう表現されたがっているのかを表現しているのかもしれません。あなたの1日の意図を示す1語を決め、大声で口にしてください。

あなた自身を愛しましょう。閉じたまぶたの上にローズクォーツを置いてください。壁にちらつく虹色の光、日没のはかないドラマといった、単純な喜びをさらに楽しめる方法を見つけましょう。あなたの力がいつでも周囲、選択、旅を変えることを肯定します。ダンスパーティー、イチゴでいっぱいのティーカップ、本とともに過ごす公園の午後など、あなたが最も必要としているものを自分自身に与えてください。

1日の終わりには、生じたすべてのストレスや動揺を解放する時間を取りましょう。そのあいだに平和な夢を見る眠りを呼び込みます。明かりを暗くし、2本のキャンドルをともしてください。このキャンドルの1本はあなた、もう１本は精霊のためです。次の日のために自分の肉体、祖先、天使、支援者に感謝し、ベッドに入りましょう。

### ワクシングムーンの時期に試みるちょっとした行動と儀式

無理にでも、前に行ったことのない場所に行き、知らない人と会話してみましょう。あなたが空間に持ち込むエネルギーについて考えてください。ベッドは空間、インターネットも空間です。１日のあいだの異なる時間に、エネルギーを呼び戻してみましょう。貯金を始めてください。習慣にしたいと本気で思うことを選び、それを実行しましょう。そして毎日続けるのです。ニュームーンにいい習慣をいくつか始めているようなら、さらに追加してみましょう。あなたの部屋、飲み水、経験した出会い、あなた自身に魔法をかけます。もっと魅力的であること――特に自分自身に対して――を優先させてください。ビタミン剤やハーブの抽出液を日常のルーティーンに加えましょう。健康に注意してください。大切な瞬間にも、些細な瞬間にも、官能を取り入れましょう。人とであれ、ひとりであれ、快楽を得る回数を増やすのです。あなたが見たあらゆる美しいものについて意識的に調べましょう。昇給を要求するか、料金のレートをあげましょう。あまり適切ではないオファーをきっぱり断ってください。あなたが尊敬する人のうちのひとりかそれ以上に声をかけ、ディナーに誘いましょう。仕事を始める時間を１時間早めるか、終わらせる時間を１時間遅らせるかして、あなたが愛することに集中してみましょう。より多くの行動をあなたが大事にすることとアラインメントさせましょう。

# ワクシングムーンの魔法

ワクシングムーンの魔法は、豊かさ、拡大、外的な結果に焦点を当てています。守護の呪文、愛の呪文、お金の呪文、豊穣の呪文、美の呪文、創造性の呪文、豊かさのワーク、健康の呪文、認知、名声、昇進、認識の呪文はすべて、ワクシングムーンに支えられています。強力な呪文はこの時期に最適です。勝利、成功、障害の克服の呪文はみな、ワクシングムーンのあいだに行うといいでしょう。ものごとを成し遂げるための呪文を唱えるのがこの時期に当たります。

セックスの魔法、共感の魔法、芸術制作のような創造的な魔法、お守り、護符はこの時期、特にサポートされます。繰り返しの呪文のワーク——一定の期間に同じ呪文を繰り返すか、または何日もかけて行う——は、ワクシングムーンの成長するエネルギーによって特にサポートされます。

## ワクシングムーンの祭壇をつくる

ワクシングムーンの祭壇は数日間、またはフルムーンまでのまる２週間のために設置することができます。次のワクシングムーンまで設置していてもかまいません——わたし自身そうしたことはありませんが、月の１サイクルのあいだずっと祭壇を設置したままにするという、わたしとは異なるやり方を実践する人もいます。

ワクシングムーンの祭壇には、あなたのワクシングムーンの行動と焦点に対応する重要で象徴的なものを置くのもいいでしょう。あなたの祭壇は、あなたのワクシングムーンのエネルギーの解釈となりえます。また、あなたが取り組んでいることのリマインダーとして機能するかもしれません。あなたが成長を望むところを視覚的に表現するものをつくってください。

個人的には、象徴的なもの、供物、願いごとで、ワクシングムーンの祭壇をあふれさせるのが好みです。

ワクシングムーンの祭壇は、あなたが意味を込めて模様を描いた陶製のポットかもしれません。また、したいことを口にし、どれだけ弱気の虫が体内で騒ごうともそれを実践するあなた自身を、ワクシングムーンの祭壇としてもいいでしょう。つねに忘れないでください。あなたの祭壇はあなたであり、それは変えることができるのです！　あなたの祭壇は、あなたが続ける献身と、起こそうとする奇跡です。それはあなたがこの世に送り出すワークであり、あなたが自分自身をどう扱うか、大切な器としての自分自身をどう飾るかということでもあります。

## ワクシングムーンに対応する魔法

以下は、ワクシングムーンに対応するものの提案です。あなた自身の解釈による、個人的な対応の組みあわせをつくることが重要です。響かないものは無視し、あなた自身のものを追加していってください。

パイライト、シトリン、ブラウンタイガーアイ、ブルータイガーアイ、カーネリアン、ピンクムーンストーン、ハニーカルサイト、レモンクォーツ、マラカイト、グリーンオパール、ジャスパー――ピカソジャスパーとクロコダイルジャスパーなど――開いたばかりの花のつぼみ、角や蹄、ピンク色、赤色、緑色、黄色、オレンジ色、茶色、イラクサ、ビーポーレン、ローズマリー、セイヨウノコギリソウ、ジンジャー、イワベンケイの根、アシュワンガンダ、竹、地球／北の方角、小石、木の皮、蜂蜜、ほぼ満開に咲いている花、タロットの女帝、恋人、騎士、あなたがともにワークをしたいと望むか、増大する月光の下でエネルギーを満たしたいと願う個人的に特別なものすべて。

ワクシングムーンに対応する女神は以下のとおりです。ヴィーナス、ジルナ、ハトホル、ブリギット、イエマンジャ。

ワクシングムーンに対応するアーキタイプは以下のとおりです。フリーダ・カーロ、ビヨンセ、メアリー・オリヴァー、ケイト・ボーンスタイン、マリー・ラヴュー、ケリー・ジェームズ・マーシャル、アナ・メンディエタの作品と人生。

ワクシングムーンに対応する動物ガイドは以下のとおりです。ヒョウ、馬、シロイワヤギ、ウサギ、アリ、ハチ。

## 簡単なマネー・マジック・ヒューマニフェステーションの呪文

**必要なもの：**

・白いペンと赤いペン
・願掛けをしていない（キャンドルを彫る必要があるため）緑色、または金色のキャンドル
・アセイミー、ピン、釘、またはその他のとがった道具
・お金――特にあなたが手にしたい金額と相関するお金。たとえば、８万ドルに対して８ドル分の紙幣など（硬貨でも同じ働きをします）
・パイライト、マラカイト、クロコダイルジャスパーのように、あなたにとって豊かさと繁栄を意味するクリスタル
・バジル、乳香、ローリエ、シナモンのように、あなたにとって繁栄を意味するハーブ

**呪文の準備：呪文の材料がキャンドルを囲むように祭壇を整える**

あなたがつくりたいか、もっと呼び込みたいものについて考えてください。具体的にイメージし、ひとつを選びます。それがお金であれば、金額を具体的にしましょう。専門家からのアドバイスとしては、１年で稼ぎたい金額（または今後数年間の安定した収入の合計額）を願ったほうが、お金のために一時しのぎの（たとえば「家賃を払わないといけない」のような）呪文を唱えるよりもいいでしょう。後者の場合、数カ月ごとに「家賃を払う呪文」を唱える羽目になるかもしれないからです。また、可能なかぎりすべての人々のためになる健全な方法で入ってくるお金を積極的に受け取ることは、やってみるべき方策です。同様に、活気に満ちた長期的な健康、または今後数年にわたってとても優秀な医者に恵まれることを願う

ほうが、インフルエンザを根絶する呪文を唱えるよりも理にかなっています。呪文のフレーズには注意し、具体的にするようにしてください。

あなたの欲求を書き出し、「これか、これ以上」と書き足しましょう。

### 呪文を唱える

円を描き、その中に呪文を置いて力を高めるためにいつも行っている決まった動きを始めます。

あなたの意図した欲求を彫ってキャンドルを仕上げます。これを行うに当たり、ふたつの方法があります。（1）とてもシンプルに、金額またはその欲求を示す単語をひとつかふたつ彫る。（2）創造力を発揮し、その欲求のシンボルを彫る。または（3）自身の印をつくる。

キャンドルに火をつけます。

呪文を唱えるか、またはあなたの欲求を大きな声で読みあげるのを３度繰り返します。その後、紙を火に入れてください。

あなたの活気に満ちた意図を注入するために、お金を手の上に置きます。

あなたの意図した結果を思い浮かべるか、体内のエネルギーまたは感情を呼び起こします。お金が札であれば、キャンドルに刻んだシンボル、言葉、または印を札に書いてください。

３日間、家にいるときにキャンドルをともします。(火のついたキャンドルを放置しないでください)

キャンドルが燃え尽きたら、祭壇を解体します。呪文に使ったお金は、あなたにとって意味のある方法で、使うか手放すかしてください。さらに繁栄してそれを享受するため、あなたが必要とするあらゆるワークを行っていくことに全力を尽くしましょう。

### エネルギーの呪文

この呪文はあなたのエネルギーを高め、望まれる行動にかかわる勢いと動機をサポートします。

**おすすめのツール：**

紙

赤いペン

赤い糸

キャンドル（赤色、黄色、オレンジ色が望ましい）

ローリエ

カーネリアン、シトリン、ブラッドストーン、シルバーカッパー、フローライト、またはクリアクォーツのようなエネルギーと動きを象徴するクリスタル

呪文のため、刺激となってあなたを鼓舞する曲が入ったサウンドトラックを選んでもいいでしょう。あとで聴くこともできます。

始める前に、あなたが何を本当にしたいと思ってきたのか、何を先のばしにしてきたのかを考えてください。これはそれらの衝動を活性化させ、世に出すための呪文です。ほかの何よりも勇気とエネルギーの活性化のための呪文なのです。

シャワーを浴びて顔と手を洗うか、乾燥させて束にした植物に火をともし、全身とエネルギー場（フィールド）に浴びせるように上下させるか、もしくは塩を入れたお風呂に浸かって清めます。

あなたが選んだ呪文の材料を、自身の必要とするサポート、エネルギー、または動機を象徴する位置に置き、祭壇をつくりましょう。たとえば、規律と一貫性が必要だとします。その場合は、あなたのアイテムを祭壇の上に四角形に置くといいでしょう。もっと自由が必要なら、材料それぞれのまわりに隙間をつくりながら遊び心のあるパターンで置くのがいいかもしれません。自分がいいと感じられるようにしてください。

円を描きます。

キャンドルをともし、炎に集中しましょう。続けて炎の周辺に両手をかざします。キャンドルの炎が両手から入り込み、エネルギー・フィールドのまわりを動きまわるところを想像してください。ちらつく炎の感情とつながってこのエネルギーをあなたの心臓、第３の目、両手に送り込み、全

身にめぐらせます。

あなたがこれから何に向かって前進していくのかを書き出します。終わったらローリエを紙の上に置き、包むように紙をたたみましょう。

クリスタルのひとつをローリエの上に置きます。

願いごとを唱えるか歌うかしながら、それに糸を巻きつけていきます。

エネルギーを動かすため、体をなんらかの方法で動かします。声をあげる、足を踏み鳴らす、踊る——あなたの血流がよくなることならなんでも結構です。

いますぐにでなくとも、このワクシングムーンのあいだに物理的な領域で次の段階へ進み始めるということを確認します。あなたが前に進み始めればそれが実現するか、またはよりよい何かが訪れるということを知っておいてください。

つくったばかりのお守り（紙、クリスタル、ローリエ）をキャンドルの隣に置きます。祭壇の上にほかのアイテムがあれば、それらにエネルギーを注入するためにお守りのまわりに置きましょう。キャンドルが燃え尽きたらお守りを祭壇から離し、あなたがしなくてはならないことを思い出させるために持ち歩いてください。

### ワクシングムーンのタロット：中心にい続けるために

ここで紹介するのは、あなた自身の冒険を選んで5枚のカードを引く方法です。ワクシングムーンのあいだ、あなたが自身のワークと動きの中心にい続けられるようにするのが目的となります。

**カード１**：カードをひととおり見て、あなたが現在取り組んでいることと対応するカードを１枚選びます。このカードは、目標を完遂した状態と、あなたがワークのあいだにどのような気持ちでいたいかを反映していなくてはなりません。

体の力を抜き、何度か深呼吸をします。あなたの欲求に集中しながら、タロットカードをシャッフルしてください。人によってシャッフルの仕方

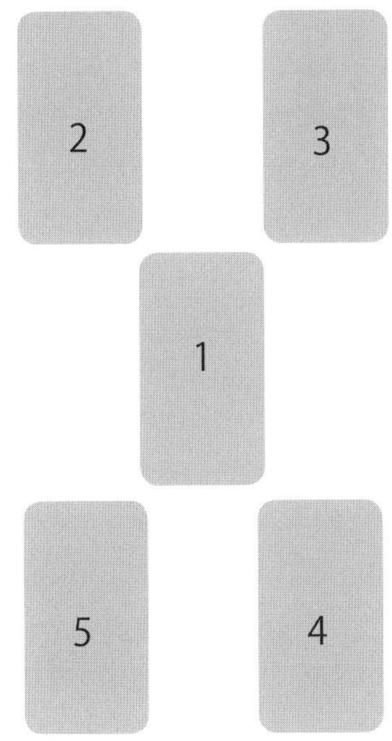


は異なります。カードを引くたびにシャッフルするのもいいでしょうし、シャッフルをしてから続けてカードを引くのもいいでしょう。

ほかの４枚のカードで四角形をつくります。時計まわりに配置してください。

まず、最初のカードの左上にカード２を置くところから始めます。このカードは、あなたが目標に向かうための次の段階、または行動を示します。

最初のカードの右上にカード３を置きます。このカードは、あなたが前進する際に訪れつつあるか、あるいは訪れるであろう障害、不吉な前兆、課題を示します。

最初のカードの右下にカード４を置きます。このカードは、あなたがその課題にどう対処し、取り組むかを示します。（この課題には特に注意を払ってください。もしこれがあなたの人生のテーマとなる課題であり、それが真実であるならば、行動を起こすことがほかの長きにわたって抱えてきたパターンを打破する後押しになるかもしれません）

最初のカードの左下にカード５を置きます。このカードは、ワークを終えたあとであなたにとって何が変わるのか、癒しとなるのかを示します。

あなたが集中し、前進し続けるため、あなたを守護するアーキタイプとしてかかわるために、この展開法（スプレッド）からタロットカードを１枚選ぶのもいいでしょう。あなたの携帯電話の壁紙として保存し、それがあなたに与えるアドバイスを描き出し、書き出してください。

## ワクシングムーンのお守り

ワクシング・クレセントのあたりからファーストクォーターにかけては、魔法のお守りをつくるのに素晴らしい時期です。ここで言うお守りとは、運と意図が注ぎ込まれた魔法の呪文か物になります。世界じゅうで人々はこうしたシンボルを利用してきました。ヴィレンドルフのヴィーナスは、ある人々から豊穣のお守りだと思われています。エジプトでは、天空の神（ホルス）の目または全能の目は、守護、力、健康のためのお守りです。ユダヤでは、ハムサ［邪視から身を守るための護符］は運、幸運、健康、守護を示すシンボルです。あなた自身の文化の象徴学や歴史に由来するアイテムからお守りをつくるのもいいかもしれません。

お守りはわたしたちのそのときの意図を思い出させ、触れることができ、持ち歩くこともできるリマインダーとして機能します。守護のためのお守りや護符をつくってみましょう。裁縫で暗い色のポーチをつくり、黒いトルマリン、セイヨウノコギリソウ、ローズマリー、小さな盾、安全についての手書きの詩を入れてください。愛情のお守りであれば、バラの花びらやローズウォーター、ローズクォーツ、バイオレット、あなたが自身に宛てて書いたラブレターを利用するのもいいでしょう。

魔女の中には円を描き、その中にお守りを置いてエレメントでエネルギーを注入する者もいます。火で注入するにはキャンドルの炎の中をくぐらせ、空気で注入するには息を吹きかけ、大地で注入するには水や塩をかけたりします（もしあれば五芒星に触れさせたりもします）。あなたは手にしたお守りで自身の意図を視覚化してから、大地に置くことができます。お守りをキャンドルが燃え尽きるまで祭壇に置き、それから日常生活を送る際に身につけるなりポケットに入れるなりすることもできます。お守りは永遠に使い続けることもできますし、あなたが使命を終えたと感じるまで利用したあと、感謝の気持ちを込めた供物を捧げることも可能です。

あなたがとてつもなく手先が器用な魔女でないのなら、手づくりするよりも簡単にお守りをつくる方法があります。単純に、あなたが必要とするものを象徴するアイテムを買うか使うかすればいいのです。幸運のためには馬の蹄鉄、守護のためには盾などがいいかもしれません。アイテムを手に持ち、集中してください。アイテムに向かって歌を歌うか、呪文を唱えましょう。手からアイテムへと望ましいエネルギーが流れていき、あなたの魔法でそれを注ぎ込んで循環させるところを思い浮かべます。アイテムを見える場所、あなたに目的を思い出させるところに置いてください。

## ワクシングムーンのあいだに負のエネルギーを無力化するために行う「感謝」の瞑想

あなたが快適な姿勢であれば、座ったままか寝ころんだ状態で行うことができます。このエクササイズに慣れると、歩いているときや立っているときもしたくなるかもしれません。一定間隔の呼吸を何度か繰り返してください。呼吸をゆっくりにしていき、吸い込む時間と吐き出す時間が同じになるようバランスを取ります。吸い込むときは、お腹を出して可能なかぎり空気を肺に取り込んでください。吐き出すときは、息がなくなるまでしっかりと吐き出します。

さて、息を吐き出すときに望ましくないエネルギーが大地に向かって放出され、解き放たれたそのエネルギーが大地の層に沈み——地球の中心の溶解した核まで——役に立つエネルギーに変わるところを想像してください。もしかすると、色や形があったり、描写でき、触れることが可能で、粘っこいタールのような質感の可能性もあります。このエネルギーを手放すためには、意識的に切り離さなくてはならないかもしれません。放出を何度か繰り返したあとは、エネルギーの確認をしましょう。感じ方は変わりましたか？　前よりもゆったりした感じになりましたか？　もっと放出する必要がありますか？　必要なだけ、体内システムの調節に努めてください。

準備ができたと感じたら、認識をいま現在のあなたの体に戻すことによってもう一度中心に置きます。息を吸う際には、命を与え、力に満ちている大地のエネルギーが足の裏からあがってきてあなたを活性化させ、地面にしっかりと立たせて支え、細胞に栄養を与えるところを想像してください。このエネルギーをあなたの肺、頭のてっぺん、体の隅々まで行き渡らせましょう。このエネルギーは両腕と両手に滝のように落ちていきます。

吸う息で有益な状況を祝福しましょう。「このアパートメントに感謝します」「ペットの猫に感謝します」「自分の健康に感謝します」「この呼吸に感謝します」など、できれば大声で言ってください。

吐く息でストレスとなるものに感謝しましょう。「この請求書に感謝します」「この一時解雇に感謝します」「この恐怖に感謝します」などと言ってください。

息を吸い、解決策とアファメーションでストレスとなるものに反応しましょう。「わたしの困難なときに対処できる性質に感謝します」「わたしの救いを求める能力に感謝します」「わたしの貯金に感謝します」などと言ってください。

あなたの現在の状況におけるすべての感謝を外に出し終えるまで、必要なだけの時間をかけてください。さらに何度か呼吸をしましょう。このエクササイズを終わらせるために、何度か大きなため息をついたり、叫んだり、身を震わせたり、またはその他の方法で解放したりといったことをしたくなるかもしれません。

## ワクシングムーンのためのジャーナリング・プロンプト

ワクシングムーンの時期に考え、書くために以下のプロンプトの中からいくつかを選んでください。

わたしはニュームーンの意図をどのようにワクシングムーンの行動に変えていますか？

この時期のわたしのワークはなんですか？

わたしのまわりにはどんな抵抗がありますか？　なぜですか？

わたしに向かってどんな筋道（糸）がのびてくるでしょうか？

どうやってその筋道（糸）をたどればいいのでしょうか？

いま、どんなシンクロニシティが起きていますか？　それらは何を象徴していますか？

シンクロニシティをつくる必要がありますか？　どのようにそれを行いますか？

わたしのエネルギーをどう描写しますか？

わたしはエネルギーをアラインメントのどこに位置づける必要がありますか？

どのようにそれを行いますか？

わたしはどこをレベルアップする必要がありますか？

豊かさがどのように見えていますか？

どうすればもっと豊かさを実感できますか？

どうすれば人生にもっと余裕が持てますか？

# フルムーン

## 意識の魔力

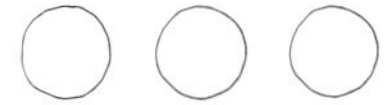

フルムーンは、地球が太陽と月のあいだをまっすぐに結ぶ位置に来たときに起きます。フルムーンでは、太陽と月の楕円の経度が180度離れています。月のサイクルでこのときだけ、このふたつの天体は互いに正反対の位置になるのです。月と地球の位置により、太陽の光がすべて月の表面に反射して月をわたしたちの共有のランタンとするのを、宙に浮かぶわたしたちの成長する水晶玉とするのを目にすることができます。

フルムーンは日没時に東からのぼり、日の出のときに西へと沈みます。天候によっては、ひと晩じゅう頭上にあるのを見ていられます。月のサイクルの観察をニュームーンから始めた場合、フルムーンは3番目の主要な月の位相となり、月のサイクル全体のちょうど半分に相当します。月のマッピングをするのに効果的なのがこのときです。わたしたちは、いま自分が何を知っているか、何を学んできたのかを認識していて、ニュームーン以降に自分がたどってきたあらゆる場所に気づいています。フルムーンは、わたしたちがなろうとするすべてを具現化する道を照らしているのです。

電気の登場以前、夜間は暗く危険な場所でした。夜は危険、未知と同義だったのです。街灯が現れる前は月が空の電球であり、フルムーンはつながりを容易にする存在でした。あなたの恋人はあなたの輝く瞳を見つめてあなたを崇めることができました。伝統的に、フルムーンは魔女たちが集まるときでもありました。宗教的でスピリチュアルな魔女の集会であるサバトは、フルムーンのあたりで開くことになっていました。「サバト」という言葉は、「停止」や「休止」を意味するヘブライ語の「シャバット」から来ています。ユダヤ教では、シャバットは毎週末に日没から日没までを観察する聖なる日です。ユダヤ教は月の暦に従っているので、その主要な祝日はフルムーンと重なっています。多くの民間信仰と異教の伝統では、その儀式と祝日をこの月の位相に合わせています。人々は安全に集まり、食事をし、親しく語りあうことができ、安全に帰宅することができました。このときは吉兆とされるようになったのです。大釜――養う手段であり、魔法の調合のための容器であり、魔力の行われる場所――はフルムーンのメタファーです。

またフルムーンは、人々が収穫のような農作業のために夜遅くまで起きていることを可能にしていました。伝統的に、薬草家はこのときに薬をつくりました。フルムーンのあいだ、人々は自分たちの食料が充分にあり、愛する者たちがきちんと世話をされていることを知っていたのです。いまでも、このときは農家が種を蒔く時期に当たります。1年のどの時期かにもよりますが、土壌の水分が地表に近くなるため、庭師が挿し木を分け、より多くの植物を増殖させる時期にも当たります。

潮が最も高くなるのもこの時期です。わたしたちの中の水も高められ、わたしたちの表面への道をつくります。民間伝承は、わたしたちはフルムーンのあいだにより多くの血を流すと伝えています。フルムーンのあいだ、わたしたちの水、感情は動き、高められるのです。わたしたちはそれらを否応なしに考えさせられます。それは落ち着かないことかもしれません。感情とは強力なものです――それは選挙を左右し、人が船で海を渡る原因となり、公民権運動を牽引し、オペラを書き、新しい人生をつくります。自分自身の波がどの方向に打ち寄せるのか、あるいはどう波に乗るのかをわかっていないとき、自分を恐怖へと導く不明瞭な感情と不安を経験します。

わたしたちがこの位相のあいだに経験するかもしれない高められた感情は、フルムーンのあいだに「狂気じみた」状態にある――感情と欲望に圧倒され、フルムーンがきっかけと思われる熱狂的な反応を示す――という信念につながりました。でも、月はすでにそこにないものをつくったりはしません。出口を必要としているものを強調するだけです。月の反射は、単に注意を払い、世話をする必要のある自分自身の一面をわたしたちに見せているにすぎないのです。

自らの感情と通じているとき、わたしたちは必要なものを認知できるようになります。自分の感情と一緒にワークを行うとき、自分の思考を感情化できるとき、自分を癒し、進化し、欲求に向かって動くのを後押しするよう感情をプログラムしたとき、わたしたちは完全に魔力を伝えるものとなります。

フルムーンは伝説的なものです。人間がオオカミ男に変身し、魔女は大釜のまわりで高笑いし、人々は狂人と化します。狂人（ルナティック）という汚名は、人々に月の崇拝から背を向けさせることを望んだ教会に起源があるのかもしれません。ローマ神話に登場する月の女神のひとりの名はルナであり、彼女の崇拝者は教会から「狂っている」と非難されました。[1]

フルムーンにまつわる恐怖の多くは古い女性嫌悪（ミソジニー）に起因しているかもしれません。フルムーンは長いあいだ、女性、女性のセクシュアリティ、月経の血、飼い慣らされていないもの、制御不能なもの、野生のものと結びつけられてきました。女性は長いあいだ、内なるもの、感情的、本能的に、無形の領域に存在するすべてのものに結びつけられてきたのです。

フルムーンはわたしたちの無意識と意識が出合う場所です。そこではわたしたちの欲求と恐怖がまじりあいます。魔力の場であり、機会でもあります。フルムーンが高めてくれる「すべてをいっぺんに」という感覚は、無駄にしていい贈り物ではありません。わたしたちは啓示と啓蒙を得ます。自身の特定の過程において、次に何を処理しなくてはならないのか提示されます。フルムーンを体への入口として、感情の解読器として、無意識のトンネルに導くロープとして経験すればするほど、ガイドとしてその力につながれるようになります。わたしたちの変化は、フルムーンの扉の下で目に見えて明らかになるのです。

## フルムーンのタイミング

月が「満ちた」位相となるのは、厳密に言えば数秒のことです。人の目には、フルムーンはおよそ4日にわたって「満ちた」状態であるように見えます。これは、月の輝きがフルムーンに向かって95パーセントに達したところから、反対——欠けていく——側にまわって95パーセントまで輝きが落ちたところまで動くのにおよそ4日かかるためです。[2]

月は平均しておよそ2日、ひとつのアストロロジカル・サイン［占星術で、黄道帯（または獣帯）を黄経で12等分したそれぞれの領域］にいます。あなたが特に「おひつじ座のフルムーン」のエネルギーを利用するため、フルムーンの占星術に取り組んでいるのであれば、儀式をつくって呪文を唱えるのにおよそ2日あるということです。経験則から、フルムーンが出現して3日以内に観察することをおすすめします。あなたがフルムーンの超自然的なダウンロードや高められたメッセージに対してとても繊細なら、フルムーンの翌日か2日後、さらなる導きを受けたあとにあなたの呪文を唱えるか、儀式を行うのが理にかなっているかもしれません。いつ、どのようにあなたのフルムーンとワークをするのか決める方法は、ニュームーンの経験のニュアンスを見つける過程と同じです。肉体的、精力的、感情的、直観的にどう感じるかを確かめましょう。これはあなたの実践であり、あなたが個人的に共鳴する方法でそれをつくることになります。

フルムーンのタイミングと、フルムーンの感情（フィーリング）は別物です。フルムーンのフィーリングは、実際のフルムーンより1週間ほど早くやってくるかもしれません。断続的な睡眠、不眠症、違和感、心配、非常に感情的になることはみな、ほぼ満ちた月かフルムーンの影響です。

フルムーンはニュームーンとダークムーンとともに、すべて大文字で表記され、強勢の感嘆符がつく月の位相のひとつです。フルムーンはまた、わたしたちにすべては最終的にふたたびめぐってくるということを思い出させてくれます。可能であれば対処しましょう。わたしたちはいま、ここにいるのです。月を見あげてメッセージを受け取るにはあまりにも打ちのめされているとき、急ぎすぎているとき、気が散りすぎているときは、次の夜、次のフルムーンまで待ちましょう。注意を払い、準備が整っていれば、自分自身と周囲の人たちにもっと対応できるようになります。

## フルムーンがつらいなら

フルムーンの位相は大多数の人にとって、あからさまに不快なものです。さらされるのは大変なことです。すべてのつらい秘密や、あなたのいちばん悪いと思われるところが、人生の大スクリーンに映し出されます。フルムーンはまた、とても個人的な傷をふたたび開くこともできます。あなたが隠しておきたいと願うまさにその場所に、残酷にも懐中電灯の光を当てるようなものです。こうなった場合、どんなものであれ湧きあがってくる感情と調和をはかってください。痛みとともに存在し、その痛みにいくらかの場所を与えましょう。インナーチャイルドや暗部に必要なサポートと検証を与えるのです。

フルムーンの強い光の下では、自分が必要としているものと望むもののあいだの葛藤をもはや無視できません。また、わたしたちが持っているものと実際に必要とするものも同様です。これらの対照は、耐えがたく感じられるかもしれません。精神と論理、夢と行動、現在と未来、それぞれの世界のあいだは探究するための重要なスペースとなっているため、実際のところ、両面性とうまくつきあうこともできます。これらを区別するのではなく、まぜあわせるのに時間を費やすことで、パターンを変えられるかもしれません。

さらにフルムーンは、必要なことや欲求を明らかにして満たすのが難しいという人々にとって、つらい時期です。影響を受けやすいからといって、気弱なわけではありません。ダウンロードとメッセージの時期でもあるので、繊細な人――浄化を定期的に実施していなかったり、自分を守るために強固な境界線を築いていたりする――にとってはつらいかもしれません。

それから、生理学的な効果もあります。多くの人にとって、フルムーンはほとんど眠れないか、まったく眠れない時期です。ぎらつくフルムーンが夜にあなたを寝かせてくれないときは、受け取るものでワークを行いましょう。真夜中にあなたが受け取るダウンロードを日誌につけてください。どのおなじみのパターンが混乱した内なる会話の下に横たわっているのかに注意を払いましょう。ふだんこのときの前後に質のよい睡眠をたっぷりと取れないのがわかっている場合、以下のことをしてください。スケジュールの詰め込みをやめます。食事、買い物、難しい決断、厳しい会話は前もって計画します。あなた自身の親友となってください。

フルムーンは、月のサイクルのちょうど中間に当たります。中間はつらいものです。未知の火花や新鮮な経験が、わたしたちに新たなことを始めさせます。官能的なニュームーンはみな大好きです！　ところが、わたしたちが進んでいくと問題が発生します。解決する必要のある問題が浮上してくるのです。進み続ける理由よりも、やめる理由のほうが多く存在します。フルムーンのとき、わたしたちはワクシングムーンの位相を通過してきました。のぼる山があり、涙と汗があったわけです。少しばかりあざができ、傷ついている恐れもあります。ものごとが思ったとおりに運ばず、屈辱を味わったかもしれないし、途中で断念し、そのせいで屈辱感に折りあいをつけているところかもしれません。あるいは、わたしたちはすべてのワークを行ってきた可能性もあります。何日も深夜まで頑張り、難しい会話を切り抜け、精神的、肉体的な労力を注ぎ込んだので、フルムーンがやってくるまでには完全に疲れきっているかもしれません。

フルムーンの下で儀式を行うか、呪文のワークをする際、重圧を感じることもあるでしょう。大きな魔法を炸裂させるにはこの一度きりの機会しかないという重圧です。でも、そうではありません。呪文を成功させるには、そこにいること、エネルギーを変換すること、変化すること、いくらかは楽しむことが重要です。そういうことができないなら、それがあなたの現実です。自分を責めるのはやめましょう。フルムーンに打ちのめされたら、ベッドで映画を観るとか、タロットカードを引いて日誌をつけるとか、10分間、外に出て月を見つめ、感謝の念があなたの美しい体を輝かせるのを認めるといったことをするかもしれません。サイクル全体にわたってワークをすることは、フルムーンのときだけでなく、すべての循環を通じて魔法をつくり続けるということです。それぞれの位相を通じて月のエネルギーと協調しつつ、わたしたちはフルムーンを含むすべてのサイクルにつながっているのです。

## フルムーンの位相にいるとき

フルムーンの位相にいるとき、あなたは上向きの状態にあります。エネルギーがみなぎっていて、とてもいい気分です。生きていることを実感し、心を動かされ、元気でかわいい地球の天使。それがあなたです。自分自身を感じてもいます。運命と呼ばれる川の急流をうまく渡っていくのと同時に、宇宙に抱かれているのです。

喜びや祝福によって、感謝を示しましょう。別の日なら、ひとつかふたつのものごとを変えたくなるかもしれませんが、いまこの瞬間は批判に影響されることもありません。こうした魔法のような瞬間は毎日あるわけではないので、謙虚な気持ちで臨むようになります。輝かしい瞬間においても、気楽に構えてください。しかしながら、あなたが慎重でない場合は、転倒して燃え尽きる恐れがあります。

フルムーンの位相にあるとき、あなたは他者とのつながりによって育まれています。集まり、話を聞き、自分の居場所を確保したくなるでしょう。あなたがたどってきた筋道（糸）はいまや、集団の魔法に織り込まれています。

フルムーンの位相にあるとき、あなたは深いところに錨をおろし、真の意思とふたたびつながってゴールラインへと到達します。以前にはできなかったところに手をのばしてください。ツルをつかんで裂け目の反対側へと飛び、つづら折りの道を最後のひと踏ん張りでのぼって、比喩的な山の頂上にたどり着きましょう。

フルムーンの位相にあるとき、あなたは内なる知恵に完全な注意を払っているので、答えはどこにでも見つかります。すでにあなたは波止場から飛び込み、戻れないところまで泳いできています。直観と信仰が着実にあなたを別の海岸まで運んでくれるでしょう。

## フルムーンはあなたが好きなように使える「すべてをいっぺんに」行うエネルギー

未来は約束されたものではありません。人はみな、「いつか」成し遂げたい望みのリストを持っています。いつか熱気球に乗る。いつか舞台に立つ恐怖を克服する。いつかＣＰＲ（心配蘇生法）の資格を取る。ヨガ／セラピー／映画に遅れない。性的な空想をかなえる。毎朝、瞑想をする。ひどい仕打ちをしてしまった友人に謝る。毎日、朝食をとる。大事な先生に感謝の手紙を送る。平日に８時間の睡眠を取る。いつか、いつか、いつか、いつか！

どこかの時点で、「いつか」を「今日」にする必要があります。

わたしたちの人生がどのように見えるかは、過去に何をしたかに起因します。未来がどう見えるかは、今日何をするかに直接影響されます。どのフルムーンの呪文を唱えれば、何年もする必要があったことを成し遂げられますか？　**どうすればなんらかの形で「いつか」を今日にできますか？**

フルムーンはわたしたちにたくさんの「いつか」を見せてくれます。わたしたちが確かめる準備ができているもの、具現化する準備ができているもの、解放する準備ができている理由を。忘れてしまったことで、いまが思い出すのにちょうどいいのは何かを。あなたが見ることをフルムーンが後押しするのにまかせ、自分の全スペクトルを受け入れましょう。フルムーンの位相は、わたしたちの無意識と意識の両方に関連するより大きな人生のテーマとパターンを考えるための、特に有力な時間です。

フルムーンは、わたしたちの人生のひとつ、またはそれ以上の領域において角を曲がるために取り組まなくてはならないことを示すことがあります。この反映は多くの場合、わたしたちの最も深い欲求や可能性と同様に最も脆弱な部分、変化を試みることを最も恐れる部分にも光を当てます。あなたが何度も進もうとするものの、試みて実現しなかったときに立ち直れないほど失望するに違いないとわかっているせいで、あきらめてしまった夢の人生。それこそがあなたの行かなくてはならない場所です。自分自身と真に向きあおうと決める方法に、良いも悪いもありません。力を高められた状態にいれば、痛みや屈辱感を切り抜けられるのだとわかっています。わたしたちは魔法であり、呪文であると自分自身に思い起こさせることで、エネルギーは変換します。

伝統的な魔法と呪文のワークに関して、心を引きつけられるあらゆることのために呪文を唱えるのにフルムーンが最適な時期だと、わたしたちは承知しています。ここで言うあらゆることとは、顕現、導き、保護、エネルギーの上昇、豊かさ、豊穣、決着、平和、調和、サポート、創造性、精神的なメッセージなど、たくさんのことが含まれます。自分の望みをはっきりと知っている人たちこそ、これから恩恵を受ける準備が最もできている人々なのです。

フルムーンの中には、さらに内向的であることを要求するものもあります。ときにはただ座り、息を吸うのと吐くのとのあいだでいったん呼吸を止める努力をするのもいいでしょう。勝利を味わうと、わたしたちはいつでも休んでかまわないし、それこそが時間や空間を拡張する方法であると思い出すことができる。ときに、わたしたちができるのは１日を乗り越えたら、それで終わりにすることだけかもしれません。ベッドは祝祭です。１日が終わったという事実が祝祭です。それで充分ということもあるでしょう。

星と月は自分たちがどうやって光っているのかを知らなくとも、同じように輝き、魅了しているということを覚えておいてください。あなたも輝いていることを忘れないようにしましょう。鏡の中の自分にウインクをしてください。あなたの完全に美しい顔を輝かせる笑みをはじけさせましょう。それから、フルムーンの強力なエネルギーの下でしなくてはいけないことをやってください。

フルムーンは夜空の中で最も明るい許可書です。

それは答えがイエスであると、わたしたちを安心させます。

イエス、泣いてもいいのです。

イエス、やめてもいいのです。

イエス、ノーと言ってもいいのです。もちろんイエスとも。

イエス、あなた自身を愛してもいいのです。

イエス、あなたは美しい。

イエス、その人をフォローしなくとも、無視しても、ブロックしてもいいのです。

イエス、あなたは自分のために上に突き出てもいいのです。

イエス、あなた自身の道を歩いていいのです。

イエス、目標に向かって頑張ってもいいのです。

イエス、あなたは自分を信用してもいいのです。それは安全です。

イエス。

## フルムーンは収穫のとき

収穫（Ｈａｒｖｅｓｔ）は動詞でもあり、名詞でもあります。収穫とは、取る準備のできた成熟した作物を指します。収穫するというのは、見分ける、働くという状態にあることです。種を蒔き、育て、世話をする努力の集大成でもあります。ニュームーンの種蒔きと耕し、そしてワクシングムーンの手入れがフルムーンの果実となり、わたしたちの口に入るのです。

農場では、収穫することは成長の季節における最も労働集約的な行為です。収穫の季節は最も人手と労力を必要とします。収穫の季節はあなたが考えるよりも長く、あなたが準備をしていたより少しばかり多くのエネルギーが必要かもしれません。ワクシングムーンのあいだずっと全力を尽くしてきたのであれば、エネルギーは月が満ちるときまでに妥協するようになっている恐れがあります。その場合は適切に調節する必要があるでしょう。

収穫自体は、いつも物が手に入るわけではありません。重要な教訓を得るということかもしれません。内的な収穫は、外的なそれと同じように意味のあることなのです。

わたしたちの文化においては、日常生活を犠牲にしてまでも自分を磨き、張りきり、努力しなくてはならないという、とても現実的な重圧があります。成長とはのびることであるのと同じように、しっかりと根を張ることでもあるのです。土壌は肥沃であり続ける必要がありますし、長期にわたって命を支えられるものでなくてはいけません。わたしたちは自身の成功が他人の強い根と絡みあっていることを望んでいます。共有する天蓋が生き生きとして強いことを望んでいるのです。持続可能な過程の一部には、わたしたちの成功が究極的には全体の成功に編み込まれているのを受け入れることを含みます。わたしたちは、互いを必要としているのです。これは存在のあり方が「わたし」から「わたしたち」になる変化なのです。

収穫を健康的に行うということは、何を意味しているのでしょう？　疲労の極みにいたるまで自分を追い込まないことです。わたしたちこそが自分の最も大切な資源であるかのように自分の世話すること。わたしたちのエネルギーが金よりも無限に価値があるのだと認識すること。資産、先祖、わたしたちをここまで連れてきた教訓に感謝を示すこと。受け取れるからという理由だけで受け取らないこと。利益よりも人命と地球を尊重すること。他者のことを考え——決して会うこともない人々であっても——どうすればその人たちを助けられるか考えること。これらがわたしたちを最も長く養ってくれる種類の収穫なのです。

自分自身に尋ねてください。わたしは何を収穫しているのだろう？　その方法と理由は？　長期的な計画とワークの目標とは何か？　生きるか死ぬかのような気持ちでいるか？　その理由は？　どうすれば繁栄に移行できるか？

## 何を収穫するかは戦略的に

サイクルのこの部分は、戦略を要求します。よりハードにではなく、より賢くワークを行いましょう。収穫のペースは、自分がそれまでに行ってきた自己管理の程度で決まります。あなたが他人を優先するようにしているのであれば、エネルギーがほとんどすべてなくなったあとでのみ、やっと多くを収穫できるようになるかもしれません。ゴールラインに到達する直前にやめるのがあなたのパターンであるならば、果実が熟する直前にあきらめるのを避ける方法を考えましょう。より少ない行動で多くを得る戦略を編み出してください。

フルムーン、あるいはあなたが人生におけるフルムーンの位相にいるとき、ずっと育ててきた恵みを自分のものにすることが収穫戦略の一部かもしれません。足をアクセルペダルから離し、しばらくのんびりやりましょう。最初のときには充分な注意を払わなかった古いワークを実践してみてください。あなたがある種の教訓を学んだのには理由があります。その知恵を利用しましょう。

また、効果的な収穫とは、抵抗のなるべく少ない道を選ぶことです。変えようとしない、曲げようとしない人たちを説得しようとするのはやめましょう。ホテルの長い廊下にいて、82あるドアのひとつの向こうで、愛する人たちがあなたに敬意を表して開く素晴らしいパーティーが行われているとしましょう。あなたの好きな人たちがみなそこにいて、あなたの好きな料理が出され、ダンスフロアにあなたの好きな音楽が流れていて、その隣には熱い湯を張った浴槽もあります、あなたがしなくてはならないのは、ただ正しいドアを開けることだけです。あなたは目にした最初のドアで立ち止まり、開かなかったらひと晩じゅう開けようとするでしょうか？　そんなわけはありませんよね。あなたのためのドアを見つけるまで、ドアというドアをノックしてまわるはずです。人生もまた、その行為と似ているかもしれません。わたしたちは、びくともしないドアではなく、簡単に開くドアを見つけなくてはなりません。夢をあきらめろという意味ではありません。夢を実現するために、さまざまな方法を試すべきだという意味です。それほど重要ではない結果ひとつで、人生における次の位相を決めてはいけません。正直に建設的な努力をしてもうまくいかなかった状況を、無理にどうにかしようとする必要はありません。行きたいところに行ってください。愛があるところに行きましょう。

あなたの人生で収穫される準備ができているのは何か知るために、周囲を見まわしてください。花開いているのはなんですか？　すべてのものにはそれ自体のサイクル、タイミングがあります。いますぐに何かが現れないからといって、そのあとにも現れないということではありません。我慢するというのは、異なる方法、考え方、波動を経験するという意味です。いまそこにあるものに集中しましょう。異なるやり方で挑戦できるものに焦点を当ててください。

### 収穫して具現化する

具現化とは、刺激的な欲望のために、腰をかがめて泥だらけになることです。具現化はまた収穫の魔法でもあります。収穫とは、豊かさを受け取るときです。だからフルムーンがわたしたちの豊かさと直接関係する具現化――わたしたちが望むものと、実際に受け取るに値すると信じているものの合間を埋めること――を強化するときであることは理にかなっているのです。受け取ることを意識的に実践しましょう。欠乏ではなく、豊かさの中に生きているかのようにふるまいましょう。

必要であれば、シンプルに始めてください。わたしが主催している講座「ムーンビーミング」の生徒のひとりは自分が計画している職場の集まりを中心に意図を定めました。「休日に行われる職場のパーティーを楽しい祝賀会にしたい」というものです。これはきわめて明確な発言であり、意図です。「楽しい」と「祝賀会」という言葉は、具現化するための感覚のいくつかを定義しています。収穫のワークにおいては、意図を明確にしてください。意図の内にある感情を特定し、それらとつながり、行動でそれらを具現化しましょう。

切望と具現化の段階のあいだにかかる橋となるのは、難しいことかもしれません。期待を抱いてから、実際の必要を満たすために机の前で考える時間へ移行するのは大変です。ときにいちばん難しいのは自分自身のやり方から抜け出ることだと言われるのは、嘘ではありません。

具現化には時間と実践が必要です。必要な材料は肉体、意識、欲求だけ。実践のあとには進歩がやってきます。ひとたび進歩したら、そこに存在します。存在が確立されたあとは、根を張ります。地に足をつける技術が備わると、無駄な時間はなくなります。失敗はもはや自らを憎んだり、やめたりする理由ではなくなるのです。恐怖に基づいた考え方はしなくなり、つまずきはもはや夢をあきらめる原因ではなくなります。具現化を実践するとき、わたしたちの現在の収穫は、行うのがずっと楽になっているはずです。

## 収穫と解放

大勢の占星術者と魔法の実践者は「解放」をフルムーンの重要なテーマのひとつと考えており、このときにあなたが感じるかもしれないあらゆる強い感情を「解放する」よう——普通は脇に置いておくこと——すすめています。わたしの見たところ、これはフルムーンのエネルギーの無駄使いであり、人々の感情にまつわる恐怖から来ています。

感情があふれたとき、大勢の人々は最初の反応として、たいていは避けるか無視するかして、それらの感情を切り捨てようとします。問題は、わたしたちが適切に対処せず無理にのみ込んでしまうと、それらの感情は実際にはまったく解放されず、ただ窒息してしまうということです。

本当の解放には、フルムーンがときにわたしたちに求める「処理」という感情のワークを行うことが含まれます。拒絶という形で感情を捨て去るのではなく、感じてください。感情に耳を傾け、ともに座り、あなたよりも偉大な何かとつなげるのです。最低でも感情に名前をつけ、根源を認識し、自分自身に慈悲をかけ、それからなんらかの方法で望まないエネルギーを体から外に出してください。

フルムーンに解放のワークをするのであれば、どうやって異なる考え方をするのか、何を違うやり方で行うのかを明確にし、あなたが解放するものが簡単に出ていって戻ってこないよう、実際に自分自身を変えることに懸命になってください。以下のように自分自身に尋ねましょう。挑戦的な感情と向きあうのを避ける代わりに、解放を利用していないか？　どういう責任を取らなくてはならないか？　この状況は、無視することではなく、真っ向から対処することを求めているだけなのではないか？　どうすればこのエネルギーをつかみ、何か偉大なものとつなげられるだろうか？

## 収穫物が腐っていることもある

ときに収穫は、わたしたちがあまり望んでいないことを教えてくれることがあります。結果は教訓として利用できます。それらはわたしたちが将来使う情報となるのです。ときに、自分は根本的に立ち直りが早い——ほぼどんな天気でも耐えられます——という認識が、わたしたちに与えられる最高の教訓だということがあります。

すべての失敗が、あなたが疲れているのを意味しているだけということもよくあります。

成功は通常、数多の失敗の反対側で発見されます。一度、または二度続けて収穫物が腐っていたからといって、あなた自身が腐っていると感じてしまわないようにしましょう。自然界には病気もあれば、具合の悪いこともあります。自然界では、すべての種が成長するわけではありません。あなたの視点を転換し、挫折のあいだ慈悲のエネルギーを保持しようと試みてください。

いわゆる失敗は、成功を経験するために必要なことです。何をしないか学ぶのは、未来を旅するに当たって、はかり知れないほど貴重なことです。ときに、知識は困難な方法で得られることがあります。失敗し挫折したとき、わたしたちは未来が見えず、そのために障害に囲まれてしまいます。やがて、学んだことがわたしたちに新しい洞察、機会、関係を与えてくれるでしょう。

冴えないフルムーンのときを過ごしているのなら、自分自身にやさしくしてください。そのあいだ何度か深呼吸をしましょう。あなたのためにやってくるものに気づいてください。進行中の大きな問題を反映して明らかになったなんらかのパターンがありますか？　それは失敗をめぐってあなたが自分自身をどう扱うかということですか？　どこで違う選択ができるのかに気づいてください。この瞬間はやがて過ぎていきます。携帯電話の電源を切り、目を閉じ、両手を心臓の上に置きましょう。できるなら外へ出て、月にあなたの泣いている声を聞かせましょう。月はあなたの悲しみを受け止められますし、あなたの悲しみのために存在することもできます。45億3000万年存在するあいだに、月はたくさんの涙を目撃してきたのです。

次の始まりはすぐそこにあります。でも、いまは休みましょう。長いため息をついて、自分を許し、立ち直りましょう。その後、評価を行います。この状況から何が学べるだろう？　わたしがうまくやったことは何か？　どこでならもっとうまくやれる？　いまのわたしは何者だろう？

すべての終わりとともに、輝かしい別の始まりが訪れます。

## フルムーンは直観とつながるとき

月とともにワークを行うことは、わたしたちの直観、内なる認識とともにワークを行うことです。月のワークの過程は、わたしたちが月の位相を通じて動くのに合わせて自己のさまざまな面を明らかにし、直観の範囲を広げます。感覚、内なる知恵、衝動、創造力、感情、行動はみな、この傘下にあります。わたしたちの直観は自己との親密さに直接通じる入口なのです。

月が満ちるとき、入口は最も大きく開かれています。フルムーンは、わたしたちの直観を意識的に広げるための活動を集中して試してみるのに最適な時間です。伝統的に、超自然的な能力は８種類あるとされています。透視能力（クレアヴォイヤンス）、透聴能力（クレアオーディエンス）、霊的共感（クレアエンパシー）、超感覚（クレアセンシェンス）、霊的触覚能力（クレアタンジェンシー）、霊的嗅覚能力（クレアサリエンス）、霊的味覚能力（クレアガスタンス）の８つです。これらはそれぞれ、直観への道筋（チャンネル）になっています。これらの能力すべてにアクセスできる人間はほぼいないとはいえ、わたしたちはそれぞれ少なくともひとつの能力にアクセスでき、自分の天賦の才を強化することで直観に周波数を合わせられます。わたしは、あなたの直観への複雑すぎるアクセスをしないことをおすすめします。あなたの直観は、何があったとしても――先に述べた能力のいずれかへのアクセスに不安がある、またはそれに自信がないとしても――あなたの一部なのです。

単純に、何に気づいたのかに気づいてください。あなたが最も心を引きつけられているものに注意を払っておきましょう。それがアートとヴィジュアルなら、透視能力とより強いつながりを持てるかもしれません。透視能力は、単に第３の目でものごとを視覚化して見えるようになるというだけのものではありません。タロットの占い師、映画の評論家、美術史家がするように視覚を通じてメッセージを受け取り、解釈できるという能力でもあります。すべての「クレア」は、これと同じように機能します。あなたが特に音楽に敏感であるか、ミュージシャンであるならば、透聴能力があるのかもしれません。この「クレア」は内なる声が聞こえるだけではありません。あなたが話したり、フリースタイルで歌ったり、フロー状態で詠唱を始めたりしたとき、超自然的な能力の領域にアクセスすることかもしれないのです。あなたは歌詞に格別敏感なのかもしれません。正しいときに正しいコーラスが聞こえるので、困惑状態を脱する助けになるでしょう。直観を開発する唯一の方法は、あなたが魅力を感じる活動に挑戦し、楽しむことです。なぜ自然の中の散歩、タロット、瞑想が好きなのか説明する必要はありません。最も興味を持ち、心を引きつけられることから始めてください。あなたの自然の中で、最も親しみのある池で泳ぎましょう。

チャネリングはもうひとつの関連する直観的な能力であり、フルムーンと直接つながる活動です。これは自分よりも偉大な何かとつながる過程です。わたしたちは情報、感情、アーキタイプ、魂が自分自身の中を流れることを許します。器と、その中に入っている贈り物の両方になるのです。わたしたちは霊能者と使者の両方でもあります。

受信者と送信者の両方でいることには、集中力が必要となります。情報を伝える前には、よく聞くことが求められるからです。受け取った情報をわがものとして動かすとき、フロー状態でなくてはなりません。チャネリングによって、いつでも楽しめるよう心を開いていてください。自分自身、精霊、根源、あなたの天使、ガイド、あるいは月に尋ね、その問いに答えるために、エネルギーがあなたの中を流れるのを許しましょう。

ときおり、チャネリングに不安を覚える人と会うことがあります。そうした人たちは、冷酷な精霊や存在が自分の中に入り込むことを心配します。あるいは、自分がコントロールを失うことを恐れています。わたしは、そうした恐怖の多くは、メディアの表現が大衆に誤解を与えた結果、超自然的な能力にまつわる宗教の教義と社会的な汚名の両方から発生したと信じています。本来は、わたしたちが愛、助け、親切な導きを受けるために明確な意図と指示を定めたときのみ入ってくるものなのです。どんなときも、チャネリングの前に地に足をつけ、エネルギーの限界を超えることは、いい考えと言えるでしょう。

直観と密接につながっていれば、すべてはずっと簡単になるという誤解が存在します。必ずしもそうとはかぎりません。直観を信じてその導きに従うと、不便、困難、変化を生み出してしまうことがよくあります。移動、別れ、キャリアの喪失は、あなたの直観に従った結果である可能性もあります。直観に従うのはときに、痛みを伴うかもしれません。それは魂と精霊の呼びかけを気に留めることなのです。いつも自分に都合のいい結果を得られるわけではありません！

直観は、自分のエゴという不健全な部分から離れることを教えてくれます。わたしたちを分離させたり、超越できなくさせたりするものです。わたしたちが受け取る情報がときに期待していたものでないことがある一方で、直観と協調すれば成長が促進されるでしょう。

直観は、自分自身、または集団を助けるのを後押ししてくれます。わたしの経験上、直観がおりてきたり、そのダウンロードは、個人ばかりでなく、ほかの人たちのためにも強力な真実を明らかにすることがあります。メッセージまたはダウンロードがより大きな集団的意思を含んでいるというひとつの兆候は、それを受け取ったときにエゴや抵抗がかかわっていないということです。

### 月のメッセージにアクセスするそのほかの方法

精霊と自己にアクセスする方法はたくさんあります。時を超えて用いられる占いのツールにはコーヒーの出し殻、茶葉、振り子、タロットまたはオラクルカード、聖書占いの本、ルーン文字など、ほかにもまだまだたくさん存在します。

スクライング、またはセカンドサイトの技法とは、イメージと洞察という方法で情報を受け取るために、反射的・抽象的な物体を見つめる行為です。スクライングに用いられる物体にはクリスタル、黒く塗られた鏡、黒いインクのしずくを加えた水のボウルやグラスなどがあります。超自然的なロールシャッハテストだと考えてください。

フルムーンがのぼったとき、水を入れたボウルを見つめます。できることなら、ボウルは水に反射するフルムーンが見える位置に置きましょう。月の反射を、しばらくそのまま見続けてください。いかなる、そしてすべての答えや印象が編集なしであなたの無意識に浮かぶのにまかせます。

黒いボウルを水でいっぱいにし、暗闇の中で見つめるのもいいでしょう。闇の中、水の中に何が見えるでしょうか？　あなたの占いによく出てくるパターンや象徴の種類を書き留めておくと、自分の直観につながることを助けてくれます。

あるいはもちろん、フルムーンをスクライングの道具に使うことも可能です。いつの時代も尼僧と魔法使いたちはそうしてきました。月を長く見つめると、月もあなたを見つめ返してきます。じっと見つめていると、やがて自分自身が見えてくるでしょう。あなたが見たものを書いてください。

フリーライティングもまた、わたしたちを自身の直観とつないでくれます。座ってペンの先を紙につけ、心に浮かぶままを書いてください。無意識からのメッセージを受け取ることに興味があれば、その意図を持って始めましょう。編集してもペンを止めてもいけません。書いていることが難解になったとしても、ただ書き続けます。出てきたものがなんらかのメッセージ、内容、または形になるまで書いてください。あなたのために興味深い何か、ぴんと来る何かが表れるまで、あるいは洞察をひとつかふたつ得るまで続けるのです。

最初はゆっくり始めてください。窓のそばか外の安全などこかに座ります。静かに月を見つめましょう。月に質問をし、それから答えます。メッセージが真実のように思える方法について考えてください。ひとつ以上の真実をもとに行動しましょう。月によって支えられたあなたの意図が、あなたの人生である芸術的表現にさざ波を起こすのを許してください。

## フルムーンはあなた自身の神話を創造するとき

フルムーンはウサギ、女性、バッファロー、カメ、カエル、ヒキガエル、男性であるとされてきました。太陽の恋人、太陽の妹、天空の偉大な女神ともされてきました。フルムーンの神々は平和の使者であり、破壊の前兆であり、全宇宙の創造主でもあったのです。あらゆる文化に月の神が存在し、すべての人々は自分自身の月の神話を持っています。

神話はわたしたちの人生に意味をもたらします。それはわたしたちの集団的無意識とその切望を翻訳したものでもあります。さらに、神話はそれぞれの文化の――問題があるイデオロギーも含めて――鏡でもあるのです。わたしたちが嘘と認識し、置き去りにするべき現代の神話もあります。そうすることで、自分が本当に考えていることを探求し、自分の本当の姿に名前をつける空間を与えられるのです。

わたしたちの物語を共有することにはパワーがあります。この表現を通じて、自分自身を何度も発見するでしょう。わたしたちが間違っている、変わっている、この世界において野蛮すぎると言われてきた自分自身の一部を共有すると、パワーと解放を得られます。そうした部分について語るとき、抑圧が表現されているのです。わたしたちの無意識の自己、排除された部分は、出てきても安全だ、遊んでも平気だ、存在しても大丈夫なのだと安心します。これは影を統合するための方法のひとつであり、癒すための手段のひとつなのです。

フルムーンは、あなたが無意識で受け入れた自分自身についての、実際には真実でない神話を振り返る絶好の機会です。あなたが自分に語った神話は、あなたが本当に望む方法で人生を生きるだけの勇敢さを持つ妨げとなってきました。こうした信念とあなた自身の関係について考えてみてください。あなたが書き換え、書き直す準備のできている個人的な物語はどれかを考えましょう。

過去形で書き、未来形で書いてください。過去形はわたしたちがページをめくるのを助けてくれます。「わたしは人前で話すのが怖かったけれど、いまはもう違う」物語を書き換え始めるとき、インポスター症候群があなたの精神の空間をまた貸ししようとすることに注意してください。これらの疑わしい声に注意を払いつつ、それらに主導権を取られないようにしましょう。行動とエネルギーで、あなたが本当は何者なのかを自分自身に証明するのです。これはまた、月のマッピングの過程において重要な部分でもあります。わたしたちは自らの物語を覚えておいてほしいように語ります。わたしたちは自分自身を書き、話すことで存在しているのです。

フルムーンには、あなたの物語を共有するすべての方法について、慎重に考えましょう。月のサークルや回顧録といった形であなたの物語をほかの人たちと共有したいかもしれません。あなたの物語は指導の形で最もよく機能する可能性があります。相談を通じて、あなたの助言や導きを必要としているかもしれない、あなたよりも若い誰かを助けるのです。

わたしたちはすべての記憶を必要としています。最後のひとつまで残らず。わたしたちは、ほかの人々がそれぞれの物語を語るのを奨励する必要があります――歴史的に隅に追いやられ、抑圧されてきた人々は特にそうです。わたしたちは愛する人たちにそれぞれの人生について尋ねなくてはなりません。熱心に耳を傾け、人々の物語についての本と小冊子を買い、共有するのが安全だと感じ、可能なかぎり互いを持ちあげ、メッセージを強める必要があります。

わたしたちの祖先の多くは、自分たちの物語を語ることができませんでした。そうした人々の遺産のいくらかは廃墟や破片の中、時間と暴力による破壊を免れた芸術作品の中にわずかに残されています。支配的な文化が何を恐れていたのか、無視したがっていたのか、隠したがっていたのかが、本の中に小さな手がかりとして残されている場合もあります。人間が互いを破壊しようとしたり、特定の信念と伝統をまとめて消し去ろうとしたりする方法については、より記述が多くなる傾向があります。忘れられた方法を調べ、新しい方法をつくり出すことは、わたしたちの責任の一部なのです。新たな物語を創造することは、未来へラブレターを送ることでもあります。魔女の格言はわたしたちに思い出させてくれます。「記憶されたものは生きている！」のです。わたしたちが覚えていれば、わたしたちの物語は生き続けます。

### フルムーンのあいだに試みるちょっとした活動と儀式

フルムーンのサークルを友人たちと計画しましょう。手芸を楽しむ夕べ、映画を鑑賞する会、呪文の会、料理を持ち寄る食事会などで結構です。あなた自身をあなたの愛する誰かと共有してください。以前にはしたことが

ないほど共有するのです。あなた自身の一部、あなたのスキル、才能、直観、まだ実践していない関心を掘り下げます。メッセージを伝える必要がある場所を考え、きちんと完結させてください。あなたの人生において、それがどういう時間で、循環がどのように機能するのかをよく考えましょう。試したことのない呪文を唱えてください。どこで、どのようにして時間の流れを変化させるのか決めましょう。ウォーキング、呼吸法、掃除、悲鳴など、エネルギーを動かす活動を選んでください。1時間ほどクジラの歌か海の波音を聞いてみましょう。完全に癒されることはないかもしれないことを受け入れつつ、それができる可能性のためのスペースを空けておいてください。体のマッサージをし、つねに世話をされるに値するのだと自分自身に言い聞かせるのです。月を引きおろしてください。両手にエッセンシャルオイルをすり込み、ボウルのような形をつくって深く息を吹き入れます。願いと感謝の言葉を口に出しましょう。あなたにイエスと言う機会を人々に与えてください。

# フルムーンの魔法

フルムーンはわたしたちの感情を増幅し、体に影響を与えます。わたしたちにセックスをしたい、踊りたい、叫びたい、ばらしたい、よこしまになりたいと思わせるのです。自身の欲求、切望、才能とつながり、そのすべてをあらゆる種類のフルムーンの魔法に使うのは自然なことです。

セックス、繁殖、あらゆる種類の創造は、フルムーンとかかわっています。妊娠したお腹、月経、成長する命と出産の領域は、数千年にわたってフルムーンが支配してきました。

ほうきに乗った魔女の象徴的なイメージは、つねにフルムーンを背景にしています。この固定されたヴィジュアルは、自慰行為と幻覚作用のあるハーブから成り立っています。女性は空を飛ぶために幻覚作用のあるハーブを自らの粘膜に塗っていたと言われています。何百年も前、女性はこれらのハーブを性器にすり込むことで「空を飛び」、彼女たちが実際に送っている生活よりもはるかに明るく、自由な世界へと飛び込もうとしたのです。ほうきに乗って空高く飛ぶ幸せそうな女性のヴィジョンが、不敬な魔法と、それが言及する比喩を通じて生きのびてきたのは間違いありません。

## 集まるのはフルムーンの魔法

フルムーンは伝統的に人々が集まるときです。太陽、月、地球が１列に並ぶ宇宙的な集まりでもあります。どうしてわたしたちがこれをまねしてほかの人たちと集まらないことがあるでしょうか？　ほかの人たちと集まると、わたしたちがひとりではないことを確認できます。フルムーンのサークルはつながりを支え、同様に美しい集団の魔法を行うことを容易にするのです。幾度にもわたり、一貫して同じ何人かの友人と集まって時を過ごしてください。時間と友人という甘美な目撃者は、あなたの進歩を応援します。

サークルには分けあうという要素と聞くという要素があります。意図を持って落ち着き、姿を現し、正直で感じやすくなれることは、最高の材料です。多くの人がより精神的につながりたいと願っており、招待されたいと思っています。あなたにホストになる能力があるのなら、ぜひそうしてください。友人たちに望みは何かと尋ね、一緒に創造しましょう。

あなたがすでに魔女の集いを催している場合、毎月及び／または安息日の１年の車輪、あるいは至点と分点のあいだで集まっているでしょう。あなたが孤独な修行者であっても、他者との儀式は時々で重要です。集団の中であなたの欲求を分けあうことは、さらなる勢いと増幅をつくり出します。愛情を込めて見られるのは魔女にとって重要です。あなたが自分を孤独な修行者だと強く認識している場合、ときにはあなたの成長と夢を分かちあって称えるため、フルムーンの下で少なくともひとりの他人と集まってみましょう。

意図はカジュアルな集まりを儀式に変えます。料理を持ち寄る食事会はただの集まりですが、みなが意味のあるレシピで料理をし、輪になって最大の望みを語りあい、それからみなが一緒に瞑想すれば、それは儀式となります。

月のすべての位相の中で、フルムーンが集団のための呪文を最も強くサポートします。魔女たちは何年にもわたり、活動として呪文をつくってきました。第２次世界大戦中に大英帝国を守るために儀式的な魔法をつくったイギリス人魔女たちの集団は、伝説となっています。1960 年代後半にアメリカで始まったW．I．T．C．H．（地獄からのテロリスト国際女性陰謀団）という匿名の活動家集団は、現在の悲劇的な政治情勢のあいだ、さまざまな都市で復活しています。多くの魔女たちが活動家であるのは完全に理にかなっていますし、それだけに彼女たちの魔法が行動主義に通じているのも理にかなっています。

行動に基づいた副産物なしに集団のために働く呪文は、もちろんまたしても起きた恐ろしい学校での乱射事件のあとの「思考と祈り」と同じ重さがあります。魔法のワークと行動をつねに組みあわせてください。ワークのあとは集まり、請願書をつくりましょう。下院、上院の議員に手紙を書くか、政治運動のボランティアをしてください。自然の力や動物、または地球のために呪文のワークをするときは、対応する現実的な行動を取りましょう。たとえば、きれいな水のための呪文を唱えるなら、ミシガン州フリントにあるような、きれいな水を必要とする人々を支援する組織に寄付をしてください。

わたしは少なくとも年に1度、フルムーンのときに、フルムーンを守り、称えるための呪文を唱えます。月に感謝するために時間を取るのです。あなたも地球のため、動物のため、自然の力のため、崇拝する神のためにこのやり方を実践できます。呪文のワークを一貫した行動と組みあわせることで、あなたの守護の魔法をさらに神聖なものに、さらに強力なものにすらできるようになります。

もしあなたが魔女であることを主張して、世界をよりよい場所にするために魔法を使おうとしていないのなら、あなたはいったい何をしているのでしょうか？　魔女は歴史的にヒーラー、支援者、相談者、薬草家、医術の提供者、活動家でした。本質的に政治的なのです。偉大なワークの一部は、他者を思いやることなのです。

## キッチンの魔法の実践

キッチンでの魔法は自然にフルムーンと組みあわせられます。わたしたちは自分自身を養い、他者に食事を与え、他者が同じようにわたしたちに栄養を贈りたいと望む場合にそれを受け入れることができるとき、最も栄養を与えられているのです。

月と食べものは手を取りあう関係です。多くの伝統的な異教と土着信仰の呪文のワークは、ある種のごちそうがなくては完成しません。フルムーンを、わたしたちの消費を考え、自分の体が最高の状態になるものに集中して、それを継続するときにもできます。有毒な食生活の文化はわたしたちに何も教えてくれないし、他者に何ももたらしません。どんな食べものがわたしたちをいい気分にさせるかに注意を払うことにより、自分自身の世話をし続けることができます。

キッチンの魔法は通常、季節の魔法とエネルギー、家と家が含むものを使って行われます。これにはキッチンと炉が含まれますが、キッチンの魔女は手先が器用な傾向にあります。彼女たちはフラワーアレンジメントをし、美しい庭をつくり、自分の壁や他人のためのアート作品をつくります。食事の準備をしながら魔法を使うのです。何かの象徴である食材を料理に用いたりもします。キッチンの魔法は毎日利用することができ、どんなものが対応するかを知ることは役に立ちますし、自分でつくることも可能です。愛情にはシナモンと蜂蜜、情熱にはトウガラシ、守護にはローズマリー、許しにはバイオレットが対応します。

フルムーンの下で花と振動のエッセンスをつくるのもまた、伝統的な活動です。具現化のワークを後押しする拡張の呪文として使うため、オリジナルのエッセンスをつくることができます。エッセンスの詳しいつくり方については、ロビン・ローズ・ベネットの『癒しのハーブの贈り物（The Gift of Healing Herbs)』（未邦訳）のような薬草家の本を参考にしてください。

また、食べものを供物として飾っておくこともできます。仏教徒、ヒンズー教徒なら、または先祖を称えたいと願うなら、あなたの神／女神／性別の区別がない神／オリシャ［西アフリカのヨルバ人の神話・伝統宗教にまつわる神々］／精霊のために供物の皿を飾っておくのは一般的な慣行です。あなた自身と愛する人たちのためのフルムーンのごちそうに参加してください。そのごちそうには、季節的、魔法的、または比喩的なテーマがあるかもしれません。テーマは先祖の料理、コンフォートフード［食べるとほっとする料理］、季節ごと土地ごとに栽培されるもの、占星術の星座、あるいはあなたが具現化したい感情や共有したい感覚を表現した食事をつくることなどでもいいでしょう。料理を通じて自分自身を表現してください。

または、単に月が「あなたに栄養を与える」のにまかせましょう。1800年代、シェットランド諸島の魔女たちは力を得るためにひと晩じゅう月光の下で横たわっていました。インドのイスラム教の伝統には「月を飲む」というものがあります。神経の疾患を治そうとして水を銀のボウルに注ぎ、フルムーンの光の中でそれを飲むのです。ブルターニュの女性たちも妊娠を促進するために「月を飲んで」いました。[1] 外に出て自分自身を開きましょう。両手と心、精神を開いてください。フルムーンの正直な顔の下で、あなたのエネルギー・フィールドを開放しましょう。月光に洗い流され、月に癒され、愛や力を注ぎ込まれるのにまかせましょう。全身の細胞で月を飲み込むのです。完全に受け取る方法を月に教えてもらいましょう。

## フルムーンの祭壇をつくる

フルムーンの祭壇はおよそ１週間にわたって設置しておくことができます。フルムーンのおよそ３日前から３日後までの期間です。あるいは、フルムーンの呪文のためだけに祭壇を設置するのもいいでしょう。フルムーンがあなたにとって特に明るく、刺激的に、あるいは強力に感じられるのであれば、祭壇を次のフルムーンまでそのままにしておいてください。特に共鳴していると感じるか、季節を通じての決意を遂行しているのであれば、その季節のあいだフルムーンの祭壇を設置しておいても結構です。

多くの魔女はフルムーンの魔法を屋外で行います。可能であれば、近くの安全な場所か、裏庭に行き、地面、木々のざわめき、コオロギの鳴き声から祭壇をつくり、さわやかな空気の広がる中で手足をのばしましょう。

フルムーンの祭壇は、あなたがいまここで浴びているフルムーンのエネルギーをどう感じるかの解釈となりえます。あなたが行う瞑想、思考する頭の中の迷宮かもしれません。あなたのフルムーンの祭壇は、ターコイズブルーの紙に心臓の波長をゆっくり描きながら、それに合わせて歌う歌である可能性もあります。あなたのフルムーンの祭壇は、大切な人々のために行うディナーパーティーかもしれません。全員が炭酸水とともにブルーベリークランブルを堪能し、楽しんで思い出になるような。

あなたの祭壇はあなた自身だということを決して忘れないでください。あなたの人生はあなたの祭壇だということをつねに覚えておきましょう。自分の意図、思考、呼吸の質、どういう状態でなければいけないかに合わせて祭壇を飾ります。あなた自身をどう扱うか、どう表現するか、どうふるまうかが魔法なのです！

## フルムーンに対応する魔法

あなたがなんのために呪文を唱えるかを知ることは、あなたが集める材料のガイドとなります。許しの呪文と名声の呪文は遠くかけ離れているように感じられます。それはつまり、使う材料もそれぞれ大きく異なるということです。

あなたが月のそれぞれの位相をどう解釈し、どう感じるかによって個人的に対応する組みあわせをつくるのは重要なことです。フルムーンの場合は、アップルパイと赤ワイン、ピンク色のキャンドル、大人の玩具、ベッドルームでのダンスといったすべてかもしれません。なぜなら、自己愛、自己に求愛すること、愛しあうことが、このときのあなたに求められるからです。別の魔法使いにとって、フルムーンの儀式は熱い湯を張った浴槽の中で泣く時間です。少なくとも、すべての魔女は、そのときの目標のために使うクリスタルや物に、月の下でエネルギーを注入するか、それらを清めることができます。

以下に記述するのは、あなたのインスピレーションを炸裂させるためのフルムーンに対応する魔法の例です。直観を同調させ、自分自身のものをつくってください。これらは特定の色、または動物、またはフルムーンの前後に浮かんだあなたにとって意味のある言葉かもしれません。

水——水道水、海水、フルムーンのエネルギーが注入された水（別名ムーンウォーター）。体液（血液、唾、涙）、全種のムーンストーン、サンストーン、銀、銅、海藻、セレナイト、ラピスラズリ、ハーキマーダイヤモンド、クリアクォーツ、セレスタイト、全種のジャスパー、シーグラス、貝殻、海の泡、サンゴ、真珠、海上風、滝からのエネルギー、鏡、大釜、ボウル、輪、螺旋、塩、ホログラム、テラリウム〔植物や動物を育てるためのガラスケース〕、満たされたカップ、光またはヴィジョンの投影、長く心のこもった大笑い、好きなものでいっぱいの容器、西の方角、あらゆる色調の青、白、黒、灰色、銀色、ハス（根から花まですべての部位）、ローズマリー、オウシュウヨモギ、メハジキ、イラクサ、咲いているバラ、ヒマワリ、リンゴ。

女神／神：嫦娥、ツクヨミ〔ツキヨミとも呼ばれる、日本神話に出てくる神〕、観音、マウ神〔沖縄で信仰される個人の守護霊〕、オシュン［ブラジルの民間信仰に登場する川の女神］、ハトホル［古代エジプト神話に出てくる愛と美の女神］、ヴィーナス、アフロディーテ。

アーキタイプ：ソランジュ、フランク・オーシャン、コレット、ヴィレンドルフのヴィーナス、タラ・ブラッシュ、オクティヴィア・バトラー、レメディオス・ヴァロ。

フルムーンに対応する動物ガイド：クジラ、イルカ、カンガルー、タツノオトシゴ、カニ、ロブスター、カメ、スカラベ、アオサギ、雌ライオン、カモノハシ、オオカミ、クモ、ガ——特にアメリカオオミズアオ。

## フルムーンの呪文

### フルムーンの呪文のワーク

この章を通じて、わたしたちはフルムーンがサポートするすべての種類の呪文を議論してきました。集合的な呪文、集団の呪文、キッチンの魔法、豊かさと拡張の呪文、守護の呪文、先祖の呪文、月の神の呪文、供物、長期にわたって継続する呪文、直観と超自然的な力の強化のための解きほぐす呪文、魔術の呪文、愛情の呪文、セックスの呪文、健康の呪文、上書きの呪文、解放の呪文、パターンを破る呪文。すべてがこのときにはサポートされます！　フルムーンのときに、人は間違った魔法を行うことはできません。月のマッピングをするのであれば、あなたのいまの目標をサポートする、またはあなたがやってきたすべてのワークのお祝いとアファメーションとして機能する呪文や儀式を行ってください。

### フルムーンの拡張の呪文

この呪文はワクシング・ギバウス・ムーンの位相とフルムーンのあいだなら、いつでも行うことができます。正式なフルムーンの夜に終えるためには、フルムーンの2、3日前にこの呪文を始めるのがおすすめです。

呪文を行う前に、物／エレメントを使った空間／

祭壇を適切に設置してください。

おすすめのツール：タロットまたはオラクルカード

あなたの好きな色や色の組みあわせのキャンドルを４本。これらはあなたが呼び込むものと今後６カ月またはもっと早く起こしたいことを表しています。

おすすめのクリスタル：ガーネット、シナバー、パイライト、ハニーカルサイト、セレスタイト、アメトリン。

おすすめのオイル／香り：ゴマ、乳香、イランイラン、ゼラニウム、コショウまたはコショウの実。

植物／ハーブ:植物、花、または広がりを表し、喜びをもたらすハーブ。

祭壇の上にのせるエレメントは水、土、空気、火を表しています。

あなたが拡張して入っていく、またはもっと具現化する準備が整っている４つの面は何かを明確にしておきましょう。それらは４つのエレメント（火、土、水、空気）と対応しているか、またはまったく異なっていて、あなたが人生においてもっと培う必要のあるものを表しているのかもしれません。それらが何かを明確にし、それらを運び出して精力的に、精神的に、肉体的に、行動の形で取り組むことに全力を尽くしましょう。小さな紙切れにそれらが何かを書き留めてください。あとでそれらをキャンドルの下に置きます。

デッキからこの時点で最高レベルのあなたとあなたの欲求を最もよく表しているタロットカードを１枚選び、祭壇の真ん中に配置します。そのほかの強力で意味のあるエレメントを祭壇の上、カードを囲むように置いて飾ってください。いつもそうしているなら、キャンドルを適切に飾ります。キャンドルをタロットカードの近くに、囲むように配置します。それぞれのキャンドルの下にあなたが書いた紙を挟んでください。時計まわりにキャンドルをともしながら、あなたの決まり文句を言うか、願いごとを読みあげます。

キャンドルをともしたあと、あなた自身が望むエネルギーを形に変化させ、変質させるところを視覚化し、想像する時間を取ってください。そのときに抱くすべての感情が具現化するのを体験しましょう。このときに呼び込んでいるすべての欲求を実行するために、自分が精力的に、肉体的にワークを行っているところを想像します。

それからの3日間、祭壇で意図的な時間を過ごしましょう。毎日、あなたを表したタロットカードからキャンドルを数センチメートルずつ離してください。キャンドルに火をともし、改めてあなたの拡張を想像します。欲求、感情、行動がより多くの観衆に届き、あなたの可能性をさらにたくさん満たし、終わりのない機会を招き入れるところを想像してください。

最後の夜にキャンドルが燃え尽きるとき、あなたの光がさらに明るく反射されるため、宇宙へと送られるところを想像してみましょう。願いごとにエネルギーを注入するために燃やすか、あなたの注意を維持する時間をつくるために鏡に貼るか、財布に入れておくのもいいでしょう。

呪文に続く数日、数週間に、あなたが拡張の過程を続けるためにすると自分自身に約束したことを行いましょう。

## 18分の豊かさの儀式

18はユダヤ教にとって神聖な数字で、「チャイ」つまり「生命」を意味します。これは幸せな長寿の吉兆です。

この呪文の名は少しばかり誤解を招く恐れがあります。準備に18分より長くかかりますし、それよりも長い時間、祭壇の前に座っていることもできるからです。とはいえ、呪文をつくること、集中力を要する視覚化、または瞑想を初めて行う人々にとって、18分はいいスタートになるでしょう。

必要なものは以下のとおりです。

あなたにとって豊かさを定義するもの
あなたが好きな色のキャンドルを1本から4本
紙2枚

**豊かさの祭壇を設置します。**

豊かさを象徴するものをなんでも追加してください。リンゴ、宝石、口紅、航空チケット、下着、植物、そのほかなんでも。控えめにならず、編集もしないでください。あなたが呼び込みたいものに対して特有のものはなんでも含めましょう。あなたの名前と金額が書かれた小切手、あなたが入りたい学校から届いた入学許可証、健康を象徴する果物と野菜。これらはみな豊かさの継続を表すアイテムになります。

**紙を手に取ります。**

紙のいちばん上に「感謝すること」と書き、1から18までの番号を書きます。その後、それぞれの番号の横にひとつずつ記入していってください。すべて現在形で書きましょう。

未来への感謝を表してください。

2枚目の紙のいちばん上に「わたしのところにやってきつつあるものに感謝すること」と書き、続けてあなたの身に起こるであろう感謝すべきことをすべて記入します――夢、欲求、恵み。ここも現在形で書きます。自分自身を編集しないように！

携帯電話のタイマーを18分にセットします。

キャンドルをともしてください。

時間を取ってこのうえなく幸せな気分になるまで、現在の感謝リストを読みあげてください。あなたがどれだけ幸福で祝福されているか、自分自身に染み込ませましょう。

未来のリストにも同じことをしましょう。未来のエネルギーをすべてあなたの意識と無意識の中で眠らせましょう。すべてが細胞に入り込むことを許してください。あなたの中で固まり、とても現実的に感じられるまで、すべてが信じられるようになることを許してください。

あなたの気がすむか必要なだけ、そしてタイマーが鳴るまでこれを何度でも繰り返しましょう。キャンドルの炎を見て、持っているものすべてを目にして感じ、すべての祝福があなたの人生に入り込んでくるのに興奮して、この幸福で豊かな状態でもっと時間を過ごしたいと願うかもしれません。

## フルムーンの鏡の魔法の呪文

これは本当の自己、そして本当の自己愛と協調するための呪文です。

必要なもの：タロットカード、鏡（手鏡のような小さいもの）、紙、ペン、すべてのキャンドル、クリスタル、愛と思いやりの象徴として祭壇で使うその他のもの。

呪文を始める前に、気分を落ち着かせるためにシャワーを浴びるか風呂に入るかし、お気に入りの服を着て、好きな香りを身につけ、そのほかにもあなたが最高の気分になるような身支度をしてください。

この儀式は暗い中、キャンドルの光だけで行うのが好ましいです。機器の電源はすべて切りましょう。フルムーンとキャンドルが部屋を照らすようにしてください。

鏡を祭壇の中央に置きます。

円を描き、呪文の空間に落ち着いたあと、鏡を手にしてください。自分の目をじっと見つめ、あなた自身を愛とつなげてください。

鏡を持っているあいだ、あなたのインナーチャイルドを呼び出します。若い頃の自分が見つめ返してくるところを想像してください。このとき、彼らはあなたに何を知ってほしいと思っているでしょうか？　あなたから何を必要としていますか？

タロットカードを１枚引いてください。どんなメッセージでも書き留めましょう。

もう１度鏡を手にして、あなたの現在の自己と愛をつなげましょう。あなたの現在の自己は何を具現化したがっていますか？　いま現在、何が前に出てこようとしていますか？

カードを１枚引きます。どんなメッセージでも書き留めましょう。

鏡をまた手に持ち、より次元の高い自己、または未来の自己とつながりましょう。未来からのメッセージはなんですか？　どんな贈り物があなたを待っていますか？　あなたのために、宇宙はどんなメッセージを用意していますか？

カードを１枚引きます。どんなメッセージでも書き留めましょう。

瞑想と、やってきたがっているメッセージを受け取るのに時間をかけましょう。理にかなった方法であなたが引いたカードを並べます。やるべきだと感じる呪文のワークやエネルギーのワークがあれば、なんであれ行ってください。円を閉じます。呪文を唱え終わったら、受け取ったメッセージに取りかかりましょう。

おすすめのアファメーション：「わたしの外的な行動は内なる自己と協調しています。わたしであるすべてとわたしのおかげで、わたしは認められています」

## フルムーンのタロットのスプレッド

このスプレッドは占いのツールとしても、同様にこれからの月のサイクルの概要としても使えます。必要なのはタロットカード１式、あなたの日誌／書くもの、少なくとも１時間の時間です。

快適で落ち着いた状態になりましょう。何度か深呼吸をするか、いつもそうしているのであれば、事前に瞑想をすませます。１度シャッフルするか、または引くごと、カードごとにシャッフルしてください。

### 1　今日のフルムーンの期間のために３枚のカードを引きます。

カード１：この時点でわたしの魂は何を必要としているでしょうか？

カード２：どうすればわたしは自分のものとなり、必要とするものを手に入れられますか？

カード３：現在、精霊／根源／宇宙がわたしに理解してほしがっていることはなんですか？

**2　ワニングムーンの期間のために３枚のカードを引きます。**

カード４：この時期に浮かびあがる困難な教訓はなんですか？

カード５：解決策はどこにありますか？

カード６：この時期に変化を歓迎するため、わたしが解放しなくてはならないものはなんですか？

**3　ニュームーンの期間のために３枚のカードを引きます。**

カード７：この時期にわたしが心を開いて受け取らなくてはならないメッセージはなんですか？

カード８：わたしが呼び込み始めることのできる恵みはなんですか？

カード９：わたしはどの種を植えなくてはならないでしょうか？

**4　ワクシングムーンの期間のために３枚のカードを引きます。**

カード10：この時期のワークはどこにありますか／なんですか？

カード11：踏むべき現実的なステップはなんですか？

カード12：この時期、何を探求／表現するのがわたしにとって最善ですか？

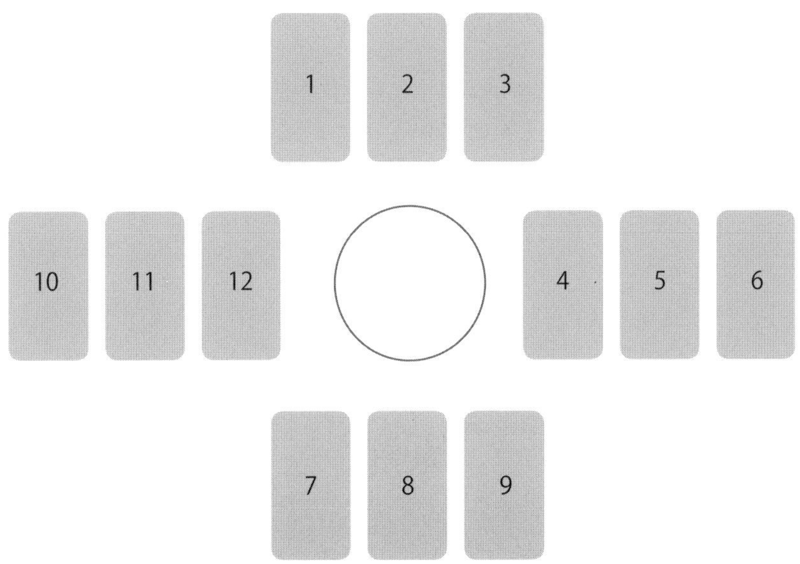

## 月の神話のワークと呪文のワーク

少し調べて、あなたの先祖がどんな月の神（いれば）と一緒に働いていたのかを確認しましょう。あなた自身の人生、またはあなたの現在の過程と共鳴する物語、伝統、または神の要素はありますか？

あなた自身の神話を書いてみましょう。とても個人的なフルムーンの神話をです。この時期の神話、あなたの人生の神話、あなたの欲求または恐怖、または血統についての物語かもしれません。

どの神話や伝統が浮かびあがってくるのか考え、それらをあなたの呪文に組み込む方法を見つけてください。あなたは先祖への供物としてケーキをつくるかもしれないし、あなたに語りかけてくるハーブや言葉、または言いまわしを使うかもしれません。完全に自分自身の神話をつくるのであれば、自分自身の冒険を選ぶ呪文をつくっていることになるのです！　あなたが書いていることのテーマになってください。あなた自身の神話を色、動き、特定の儀式に翻訳しましょう。あなたが現在召喚している変化の最も重要な部分の核心や要素になるのです。

## フルムーンの無意識／意識のエクササイズ

このエクササイズのため、少なくとも４枚の紙と筆記用具を用意する必要があります。１時間ほど時間をかけ、プロンプトを完成させてください。

４枚の紙のそれぞれに大きな円を描きます。これはフルムーンのあなたとあなたの欲求を象徴しています。

**ページ1．あなたの欲求を考える：すべてをいっぺんに。**

この円の空間には、あなたの欲求についての思考、計画、テーマ、鍵となる言葉を書きます――すべてを１度にです！　もっと空間が必要かもしれませんし、同様に日誌に書いてもいいかもしれません。思考が示す道筋（糸）をたどりましょう。あなた自身を編集しないでください。

**ページ2．あなたの欲求を考える：恐怖、抵抗、それらがどこに存在するか。**

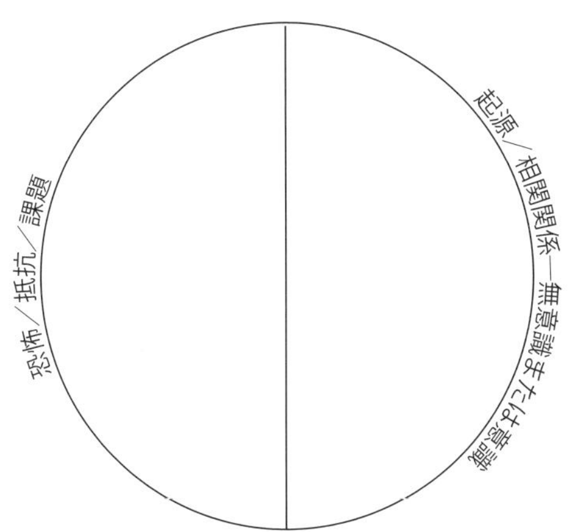

さて、あなたの欲求のまわりにある恐怖や抵抗のうちのいくつかを検証しましょう。それらはあなたの無意識に存在しますか？　または意識に存在しますか？　それらはあなたの体内に存在しますか？　もしそうなら、どこですか？　なぜですか？　それらはあなたの個人的な歴史、トラウマの結果ですか？　あるいは前に誰かから言われたことですか？　それらはわたしたちの社会、わたしたちが生きている支配的な文化の結果ですか？　精神的な重荷をおろして、恐怖や障害の底へたどり着いてください。

### ページ３．あなたの欲求について考える：引力、アラインメント、目的

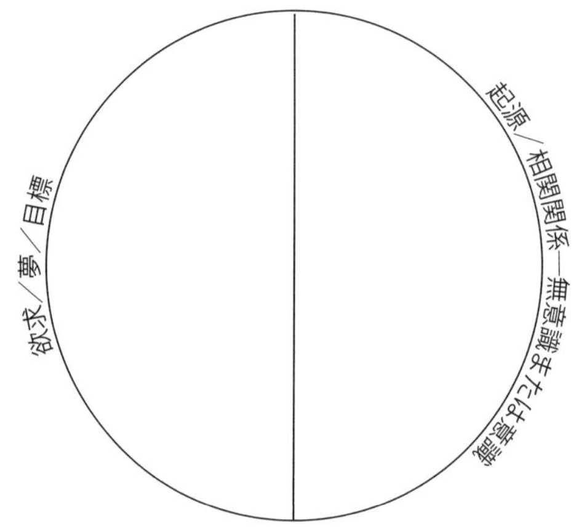


続けて、あなたの欲求のまわりの素晴らしい相関関係すべてに集中します。そのとおりに生きたらどのように見えるでしょうか？　この周辺の鍵となる言葉またはテーマのうちのいくつかはなんですか？　これらの信念の起源はどこですか？　意識、無意識、歴史、支配的文化などでしょうか？　恐怖に関連した信念に対して行ったのと同じことを行ってください。ただし、なぜあなたが感じているように感じたいのか、これがあなた自身とあなたが何者かについて何を伝えているかを深く考えてください。

### ページ４．具現化：すべてをいっぺんに

あなたの抵抗と欲求を見直したあと、ここからは非線形となるときです！　下にあなたの恐怖と興奮の両方のまわりにある最も強力な鍵となる言葉を書いてください。それらを同じ空間に置きましょう。それらは一緒に存在することが可能です。それらとともに座り、声に出して読んでください。これが、あなたがワークを行うことになるものであり、あなたの人生においてほかのパターンを反映しているかもしれないし、そうでないかもしれないものです。それらは同じ空間で存在できるのだと知ってください――それは「どちらか」／「または」である必要はないのです。前進する、自分を愛し、欲求を主張するのにひとつの分野で完璧である必要はないのです。あなたがこの洞察を使ってワークを行う準備ができている場所と、どの能力を使うのかをよく考えてみましょう。それを踏まえて、あなたが自分のすべてを受け入れるのにまかせてください。

欲求の状態を確認すると、この情報を、特定の呪文を唱えること、特定の目標を設定すること、特定の行動を起こすことのために使いたくなるかもしれません。

## フルムーンのためのジャーナリング・プロンプト

以下のプロンプトの中から、フルムーンに日誌を書く気にさせてくれるものをいくつか選んでください。

いまのこの瞬間がわたしに何をもたらしてくれるのか？

わたしの注意を必要としているものは何か？

わたしはどうやって自分自身を称えるのか？

どうすればわたしは必要とするものを完全に具現化できるのか？

わたしの感情は何を告げているのか？

わたしの直観は何を告げているのか？

わたしはどうやって自分の直観を称えればいいのか？

人生のパターンを縮小してみた場合、繰り返し浮かび続ける感情的、行動的なパターンはなんなのか？

わたしはどうしたらこれを変えられるのか——これを変えるため、今日できるひとつの変化はなんなのか？

わたし自身及び／または祖先にもたらすことができる癒しとはなんなのか？

わたし自身と未来の共同体にもたらすことができる癒しとはなんなのか？

集大成とは何か？

わたしはどうしたらもっと称賛し、楽しむことができるのか？

わたしの魔法の強大な力とは何か？

いまのわたしには魔術がどう見えているのか？

誰がわたしの共同体なのか？　どうすれば彼らとつながることができるのか？

わたしの個人的なフルムーンの神話は何か？

どうすればわたしは月を称え、感謝することができるのか？

# ワニングムーン

## 未知への入口

ワニングムーンは、フルムーンの直後に始まり、ニュームーンの前日まで続きます。左手をあげて「C」の形をつくりましょう。ワニングムーンはあなたの左手の左側に宿る形になります。わたしたちの心臓は左側にあります。古代では、わたしたちの左側はより受容的で直観的であるとされていました。およそ2週間のあいだ、月の軌道が太陽に近づくにつれ、月の表面に当たる太陽の光は減少し、空は暗くなっていきます。退いていく月は、インクのような夜の舞台の上で、星が踊る方法をつくり出します。

ワニングムーンは、わたしたちが月の全周期の報酬を刈り取るときです。あなたがニュームーン、ワクシングムーン、フルムーンのあいだワークを行ってきたのであれば、ここは楽に進み、休息し、統合する機会です。あなたが制御の問題を抱えているか、押すのをやめるときがわからないならば、この月の位相は成長と進化を阻害する強制、または終わりのない努力への執着を捨てる後押しをしてくれます。

ワニングムーンは土地をきれいにするときの合図です。新しい種を蒔く前に、草を取って耕し、基礎であり根でもある土壌に栄養を与えます。土地を休ませる必要があるように、人生の困難なときは、自分に休みを与え、人生の異なる分野に隙間をつくってやらなくてはなりません。許し、受け取ることを実践しましょう。

ワクシングムーンのあいだに何度か行動を大きく変えたのであれば、ワニングムーンは進路を維持し、以前の決断がもたらす利益に気づき始める時期です。

ワニングムーンの時期は月のサイクルの半分を占めるにもかかわらず、

大衆文化、占星術のサイト、ソーシャルメディアは、この時期について、ほとんど言及すらしていません。「愛と光」の共同体は、暗いもの、影になっているもの、または静かなものに対してバイアスをかけます。この文化が集団的に痛みに対処する必要に迫られているとしても、影や恥を確かめることは、すぐに広まりそうにはありません。わたしたちはみな、癒しのために痛みへの注意を提供する必要があります。ワニングムーンは、わたしたちの人生の難しい面に対処する重要な時期です。

第九章で述べたように、フルムーンはすべてを表面に引きあげます。ワニングムーンにおいては、この情報を正面から処理します。自分自身のすべてを――特に口にできないようなことを――検証しなければ、わたしたちは完全であるとは言えません。

軌道が反時計まわりに地球の周囲をまわっているので、月は愛と価値の惑星である金星（ヴィーナス）に向かっていきます。天の声があれば、わたしたちはより大きな愛と自尊心に向かっていくことができます。イナンナの神話では、ワニングムーンは古代のシュメール神話の女神であるイナンナがアンダーワールドへの降下を始めるときです。これは変化を妨げるものを取り除く時期です。偽りのものがすべて消え去れば、わたしたちは核となる自己との親密さを得られます。

月が弱まっているとき、樹液が植物と木の根へと流れ落ちていきます。根菜類はサードクォーター（第３四半期）に植え、フォースクォーター（第４四半期）のあいだ、ラストクォーターのあとは雑草を取り、土壌と堆肥の山をかきまぜる重要な時期となります。この情報は比喩的な庭の手入れをするために使うこともできます。

ワニングムーンの位相は内面性の同義語です。内面のワークはわたしたちの成長にとっても重要です。わたしたちが取り組んでいることは簡単に他人に見られるものではなく、ソーシャルメディアで演じられるものでもありません。だからといって、時間とエネルギーを費やす価値がないという意味ではないのです。内面のワークもまた信じられないほど活動的です――たくさんのエネルギーと厳しい規律、そして集中力が必要です！　自分自身を信じ、自らに休みを与え、減圧し、統合するための空間を与えてください。

## ワニングムーンの位相

ワニングムーンの期間には、4つの異なる位相があります。4つの位相は、それぞれのテーマによって特徴づけられます。いくつかは、ほかのものよりも強くあなたの経験と関連があります。

### ワニング・ギバウス・ムーン（欠けていく凸月）

ワニングムーンの位相は、ワクシング・ギバウス・ムーン（満ちていく凸月）の鏡写しになるワニング・ギバウス・ムーン（欠けていく凸月）から始まります。これはフルムーンの直後から始まり、ファーストクォーターの直前まで続きます。ワニング・ギバウス・ムーンの位相のあいだ、月の照度はおよそ99パーセントから51パーセントに減退します。[1]月が欠けていくにつれ、月の出は一夜ごとに遅くなっていきます。ワニング・ギバウス・ムーンはおよそ午後9時頃にのぼり、午前9時に沈みます。この期間は約1週間続きます。ワクシングムーンのあいだ、あなたはこの位相で多くの洞察を得ようとするので、自分に向かってくるものが見えます――ときに、わたしたちが明瞭さを得るのに必要なのは、自身の視覚を反転させることなのです。

占星術師のデーン・ルディアはこの時期を「ばらまく月」と呼んでいます。[2]ここで言うばらまくというのは、何かを自由に広げるというのと同じ意味です。あなたの持つ情報、独特の知恵、あなたが何者になったのかは、世界に共有されます。これはあなたが自分の力で立ち、声を共有する時期なのです。

フルムーン直後のこの期間は、第2の収穫のとき、役立つメッセージを受け取る時期に当たります――わたしたちが注意を払っていればの話ですが。神経系を落ち着かせ、あなたが切り抜けてきた、もっと非現実的で超現実的な経験に理屈をつけようと試みてください。

## ラストクォーター

ラストクォーターは、月の照度が50パーセントになった束の間の1日かそこらのあいだに発生します。ファーストクォーターと同じく、ラストクォーターのあいだは潮が最も低くなり、おだやかで平衡な感情が呼び起こされる可能性があります。この時期は回転の中心に当たるため、ラストクォーターの位相は内にある緊張を刺激するかもしれません。古いものと新しいもののあいだで引き裂かれたように感じることもあるでしょう。過去はつらいもので、憤りに注意を払う必要があるかもしれません。わたしたちが解放する必要のあるものがあるかもしれず、大きな決断をくだすことと直面する可能性もあります。

ラストクォーターは自然の目覚まし時計であり、月がわたしたちが考えるよりも早く新しくなることのリマインダーでもあります。このときはワニングムーンの期間の半分の時点に当たり、そのためにわたしたちが天の声を受けてすべきだと感じた活動をするための最後の呼び声に当たります。罪悪感、悲しみ、つらい会話を片づけましょう。完璧主義の死んだ角質をこすり落としてください。空気をきれいにするため、必要なさようならを告げるため、または必要なさようならを言うつらい会話をするために時間をつくりましょう。ラストクォーターは、何かよいものを得るために何を犠牲にする準備ができているかを熟考するときなのです。

## ワニング・クレセント・ムーン（欠けていく三日月）

ワニング・クレセント・ムーン（欠けていく三日月）は、ときに「バルサミックムーン（無感動な月）」と呼ばれることがあります（無感動「ｂａｌｓａｍｉｃ」の語源は「癒す」「なだめる」「慰める」）。前の四半期の凪の状態のあと、潮はふたたび上昇しています。あなたは、幸福と回復の感情を経験するかもしれません。月のサイクルを通じて現れるのがなんであれ、考慮されていないせいで、あなたのまわりで渦を巻く可能性があります。これはわたしたちのエゴに関連する衝動を検証し、間違ったセーフティネットを溶解させるのにいい時期です。

この時期はまた、低位のエネルギーと協調します。空虚さや徒労感を覚えるかもしれません。休むことを自分に許し、あなたがそうしていることに内なる声がなんと言うかに注意を払いましょう。掃除や片づけをしてください。瞑想やタロットのように直観を高めることを実践しましょう。準備のワークを行ってください。要約し、見直し、調整します。前に進むためにうしろを振り返ってください。

### ダークムーン

ダークムーンは、ニュームーンまでの３日間に発生します。ダークムーンのエネルギーと伝統が複雑で、わたしを含む多くの修行者はこの期間をここだけが独立した位相であるかのように尊重しているため、わたしは本章において以下に独立した記述を設けました。ダークムーンは、ワニングムーンの期間と月のサイクルの終わりを示しています。

## ワニングムーンがつらいなら

ワニングムーンがあなたにとって厳しいものであっても大丈夫、あなたはひとりではありません。わたしたちの多くは、自身の痛み、影、かぎられた信念を検証し、対処するために必要なツールを用意していません。わたしたちの多くは、自身の強力な直観を恥じるべきことか、隠しておくべきこととして見るように教えられてきました。あなたのワニングムーンの実践の一部は、あなたと自身の直観との関係を癒してくれるかもしれません。静かな内なる声とつながってください。

この時期の静けさは、忍耐力のない人には困難かもしれません。目に見える結果がすぐに出ないとき、わたしたちはやめたくなるかもしれません。あなたのワニングムーンのワークで忍耐力を培うことができる可能性もあります。人間は、困難で痛みを伴う何かが終わると知るのが好きなものです。それを知らないとき、わたしたちは抵抗し、パニックに陥り、またはなんらかの方法で感覚を失う傾向があります。あなたが自分自身を切り刻むことなく、存在するにはどうすればいいのでしょうか？

ワニングムーンはワクシングムーンのあいだかニュームーンのときに生

まれた人々にとって、つらいものかもしれません。朝型の人々にとって、または行動に関係した役割のほうが落ち着くという人々にとって、この悲惨で停滞した時期、何もしないことを促進する空気は、ひどく不快なものです。それに共鳴するのであれば、何もしないこともまた、何かをしていることなのだと理解しようとしてください。一時停止も活動、休むのもまた活動なのです。

あなたのワニングムーンの気分は、この期間に関するこれまでの描写と一致しないかもしれません。ワニングムーンのあいだかダークムーンのときに生まれたのであれば、この時期は自宅で精力的な気分でいるかもしれません。光と流れに満ち、心が帰郷したといった感じです。春と夏のあいだ、この時期は休息と遊びにより共感するかもしれません。秋と冬のあいだは、セラピーの回数やシャドウワークを増やしたいと感じるかもしれません。このときをあなたにとってすべての月のサイクルの中で最も生産的な時期とすることも可能です。わたしはこの時期に講座をつくったり執筆中の本を何章も進めたりします。時間が経つにつれてあなたも自分の個人的なパターンに気づくことができ、この時期にあなたにとってどんな利益があるのかを見つけられるはずです。

ワニングムーンは終わりも示しています。終わりはつらいものです。うしろ向きでない終わりであっても、悲しいと感じます。人間は恐怖とあらゆる種類の喪失に対して配線でつながっているのです。でも、喪失にまつわる悲しみは、わたしたちを繊細にし、共感できる人間にし、生を実感させます。終わりとは未知への入口なのです。自分にスペースを与え、あらゆる種類の終わりを処理してください。

手放す技術に精通すると、現在の贈り物を利用できるようになります。あらゆる種類の混乱を――感情的、精神的、現実的に――きれいにすることは、わたしたちが広いニュームーンのステージをつくる助けとなってくれます。休息とリラクゼーションは、わたしたちが統合するのを後押ししてくれます。エネルギー漏れに対処することは、貴重な時間を節約してくれます。ワニングムーンは、このすべてとそれよりもたくさんのことでわたしたちをサポートしてくれます。

## ワニングムーンの位相にいるとき

ワニングムーンの位相にいるとき、あなたは問いかけの領域を超え、知恵の領域に入っています。そこには知識に裏打ちされた、おだやかな自信があります。疑いはあなたの神経系の中で身をくねらせるのをやめました。あなたの直観はあなたの錨となっています。

ワニングムーンの位相にいるとき、あなたの人生のひとつ以上の分野が改善される準備を終えています。変化を必要とするものもあるのです。次にどこへ向かうのかはっきりわからない場合でも、その場にとどまっていられないことはあなたもわかっています。だからこそ、あなたは記憶の巻物を引っ張り出して再読するのです。あなたの後悔は、いまではわかっている、終わらせなくてはならないことの方向を示してくれます。時間が必要でしょう。距離も必要です。空間も必要でしょう。このゆっくりとした聖なる三位一体の三要素すべてを持てるようにしましょう。

ワニングムーンの位相にいるとき、あなたのエゴの傷つきやすい部分は、自身のたわごとと決別するときに溶けてなくなります。あなたが以前の月の位相の処理をワニングムーンまでに終えていたなら、根本的に受け入れられるでしょう。パワフルなあなたは冷静でいられます。あなたはそれが自分のもので、あなたを助けてくれるかもしれないけれど、自分だけのものではないと理解しています。進み方をわかっていて、自信を持って進んでいるのです。もう小さな動きではうまくいきません。それはあなたのパラダイムの一部ではないのです。

追従することは考える方法のひとつであり、ワニングムーンとともにワークを行う方法のひとつでもあります。あなたの月のマッピングを確認し、提案されたどの行動があなたの過程と対応しているかを見つけましょう。ニュームーンに始まった欲求とエネルギー、ワクシングムーンのあいだに現れた筋道（糸）、フルムーンに経験し、ダウンロードしたもののあとを追うことを忘れないでください。これは、集中した形で車輪がまわるのを支えてくれます。

## ワニングムーンは第２の収穫の時期

第２の収穫は、ワニングムーンの最初の数日、ワニング・ギバウス・ムーンの位相のときに行われます。フルムーンから１日、２日後は、まだ収穫の呪文を唱えるのにいい時期です。このとき、月はまだフルムーンに見えています。フルムーン直後の数日のエネルギーの面影は、とがった部分なしにフルムーンのように機能します。

あなたが満足したと感じる必要のあるものを呼び起こしてください。必要なものを決め、願いましょう。特定の過程にあるならば、円を閉じてください。ほぼすべての創造的な過程や大規模な仕事では、収穫は時期をずらして行われます。これは瓶詰をする、発酵させる、ハーブを乾かす、金を採掘する時期です。このときには、あなたの生活を見まわし、何が現れたのか、何が収穫を待っているのかを書き留めましょう。まだ見つけられる、熟した機会があれば、刈り取ってください。

第２の収穫には脚があります。この最後の道は、わたしたちをどこかへ連れていくことができます。自分の成長をどこに集中するか、それはなぜかを決意するのに使うことができます。ここで強調するのは、わたしたちがなんの長期的な成長に集中するのかということです。何が最も重要かを拡大するために、自身の過程を縮小します。もう急ぎの調節ではうまくいきません。人生に反応するより、むしろ答えるためにわたしたちを強化するシステムを設置するときです。そうすることは安全と安定を育てます。豊かな自己の根は、わたしたちを回復力につなぎとめます。

このとき、自分の主権の重要性に気づきます。わたしたちが考えるのは長期的なことであり、サイクルは時間がかかるものだと理解します――そのときを黄金にするのは、終わりのないリターンがある投資です。正しい土に植えられた根には、無限にのびる以外の選択肢はありません。本当に花開く必要があるのは何かに気づくとき、わたしたちはそれ以下のものには戻れなくなるのです。

わたしたちにとって何が最も意味のあるものかを名づけて主張するの

が、この種の収穫です。集まるとき、組織するとき、成し遂げるとき、わたしたちは最も広範囲に及ぶ問いを熟考します。誰のためにこれをしているのだろう？　その理由は？　人生における癒しのテーマとは？　わたしたちは何によって記憶されたいのか？　死ぬまでに何を成し遂げ､経験し､または学びたいか？　何を遺産としたいのか？

## ワニングムーンは明瞭化と解放のとき

収穫のあと、土地はきれいになります。雑草を取るのもずっと簡単になります。時間を取り、あなたの人生の庭について熟考しましょう。ごみごみした庭では、異なる植物のための空間がなくなってしまいます。根にしても、呼吸するためのスペースがなくては成長できません。わたしたちの根は、植え替える必要があるかもしれないのです！　次をつくるためにどんな大きくて大胆な動きをしなくてはならないのか、リストをつくってみるのもいいかもしれません。次のサイクルのため、これまで得てきた知恵のすべてを使ってもっとたくさん月のマッピングをしてもいいでしょう。

これはものを処分する時期です。予備の部屋、いちばん下の引き出し、キャビネット、などを探ってみましょう。あなたが自分自身のリズムを追いかけているのであれば、この時期になると自然と浄化したくなることにも気づくかもしれません。新しくスタートを切るための準備をしていると感じるためには、何をすればいいのでしょうか？

また、悪い習慣を切り捨てる時期でもあります。手放すものを健康的な代用品と交換しましょう。あなたが自分を導くのを後押しするのは何か、前向きな強化を提供するのは何かを考えてください。それは行動であるかもしれませんが、思考である可能性もあります。気分がよくなる考えを積極的に選びましょう。時間が経てば、それがあなたの核となる信念になるでしょう。

規律を構築するワークはワニングムーンのときも続きます。やがてものごとが楽になるよう難しいことを行うのは、この位相の使い方として完璧です。多くの場合、用事があって席につくと、思ったよりも短い時間で終わり、そして考えていたほど恐ろしくもないということになります。あなたをむしばみ、貴重なエネルギーのスペースを食うことになる「人生のやるべきことリスト」をつくってみるのもいいかもしれません。ひとつの長い文章にまとめましょう。リストの項目にチェック済みの印をつけるために、ワニングムーンが訪れるごとに面倒な内容を少なくともひとつかふたつ選びます。少しずつ、これがあなたの頭の中と人生にゆとりを増やしていくでしょう。

ときおり感情的な荷物を整理したとき、人生のさまざまな部分を片づけたとき、わたしたちは自分自身にひどく残酷になります。自己判断の波はどんどんふくらんでいきます。疑念がすべての前進を止めようと脅しをかけてくるのです。あなたの感情に気づき、ふたたび額に入れてください。これは、あなたがそれらを切り抜けるのを支えてくれます。浮かびあがってきた感情は情報です。情報は知識です。あなたは行きづまっていません。ただ理解する過程にあるのです。あなたは壊れていません。ただ、あなたはより気づくようになっただけなのです。

### 感情的な除草は重要

月がこの位相にあるときにわたしたちが実施できる最も強力な魔法のいくつかは、感情的な除草です。多くの場合、欲求の裏面には感情的な付着物があります。わたしたちがその欲求にふさわしくないという恐怖や、望むものに手が届かないという信念がそれに当たります。トラウマから回復中の人、または虐待を受けていた人は、特に恐怖を生存のメカニズムの一種で、安全を保つ方法だと見なしています。回復とセラピーで行われるワークの一部は、恐怖をもとにした反応が欲求を満たすことからわたしたちを遠ざけているのを見ることでもあります。欲求のために姿をさらすことは、わたしたちの恐怖をいくらかでも散らすのに役立ちます。

感情的な除草は、あなたの有害な感情のパターンと防衛のメカニズムを変化させるため、名前をつける過程です。それは、あなたの抵抗または有害な自己実現の予言の根に到達することを意味します。あなたの無意識のパターンの正直な一覧表をつくりましょう。あなたがしていることをするのはなぜなのかを理解してください。より健康で支えられていると感じるには何が必要なのか、効果的に自分の必要とするものを満たすため、あなた自身とあなたの能力を信頼するには何が必要なのかを見つけてください。

パターンの根に集中します。何かが突破するまで、あなた自身になぜ、どうやって、何がを問い続けてください。根に名前をつけ、その根源がわかったら、それを全体的に変化させることができます。たとえば、近い関係なら、あなたの欲求はより深い親密さになるのかもしれません。必要なものを表現すれば、根は恐怖である可能性もあります。守護のメカニズムは何種類もの形で表れることができます。欲求があなたにもっと脆弱になるよう求め、あなたの日常生活のどこで実践するのかを確かめましょう。コミュニケーションを始めるのに完璧な時期です。もしかすると、あなたは以前に口論で、集中を愛する人を責めることによって自分のもろさを隠し、守りに入ったのかもしれません。「話を聞いていないのね！　いつだって聞いていないじゃない！」もしかすると、あなたは以前に、何か重要なことで怒りと失望をすべてのみ込むことによって自分のもろさを隠し、時間が経つのにまかせて怒り、自分の必要とするものを控えめに扱って後まわしにしたのかもしません。「たいしたことじゃない。自分に必要なものなんて本当に大事なことじゃない。今回のことは忘れよう」脆弱なところからの話し方を実践しましょう。「あなたは話を聞いていない気がするわ。それは傷つくことなの。本当に互いを理解しているのか、確信が持てなくなってきたわ。あなたを愛しているから同じ立ち位置にいたいの。ここで少しペースを落とせないかしら？　一緒にね」これは感情的除草の一例です。古い方法を引き出し、新しい行動とコミュニケーションの種を植えましょう。

また、あなたは感情的な体から根を引き抜く儀式か祭式を行うことができます。儀式の前に、あなたが解放しようとしている信念や感情的反応で体の最も共鳴する部分に接触してください。それが呼吸、エネルギー、意識を集中させるところです。あなたは、自身のシステムのその部分に愛情と受け入れる能力を与え、根にあなたが手放そうとしていると知らせることができます。それがエネルギーから浮き出て何かよいものに変化するため、成層圏まで舞いあがるのと同時に、肉体、精神から出ていくのを感じてください。

裏庭の花壇の除草をするとき、または家の引き出しを空にするとき、わたしたちは通常、こうした活動に切迫した感情を伴わせたりしません。でも多くの場合、感情的な除草の過程は恥を伴っています。これはわたしたちの安堵へのアクセスを狭め、わたしたちを古い物語に閉じ込めます。除草は取り除かれるべき過去という重い石が絡みあっています。これが起きたら、あなたの恥や審判はひとつの物語にすぎず、あなた自身ではないということに気づいてください。それはあなたを解放するのを助けてくれます。ユーモアとやさしさは、あなたの苦しみが親切な人間性へと方向転換するのを後押ししてくれるでしょう。あなたの物語についての歌をつくり、無垢な子どもであるかのように友人となってください。あなたの物語に何が必要なのかを尋ね、休めることを請け負って、それを安全へといざないましょう。

慈悲の心と希望で解放を試みてください。人間関係、仕事、もう役に立たない習慣を手放そうと考えたときのことを、あなたもすぐに思い出せるはずです。それは、長いあいだ引きずる本当の痛みとなる可能性があります。あなたの心の一部は、耐えきれないと思うかもしれません。それでも、やがてより健全な違う何かが現れます。それが世の中の常です。

ワークを行っているのなら、究極的にもっとアラインメントされた何かが必ず現れます。とはいえ、まずはっきりさせる必要があります。次に遭遇するのが中間の存在だというのを理解しなくてはなりません。多くの人にとって、中間の領域で宙ぶらりんになっているのを問題ないと考えるのは難しいことです。人間は習慣の生物であり、完全な他人よりもそれほど偉大でない知人を多く受け入れるといったことが頻繁に起こります。これがあなたにとって挑戦ならば、知らない人たちの中にいるときにあなたのまわりにどれほどの障害があるか、見て確かめてください。あなたの「知人」で実際に間違いない人物が何人いるでしょうか？　本当のところ、現実はいつ変わるかもわかりません。他人についてはダークムーンの章で詳述します。

### 解放することは修理すること

長く続いた痛みと苦しみを解放するのは難しいことかもしれません。わたしたちの傷のいくつかはあまりにも深く、骨まで達しているようにも感じられます。ときに、わたしたちは苦しみ、喪失、それから悲嘆と対決し、これらの悲しみと自分を同一視するようになってしまうので、ほかのものが見えなくなることがあります。痛みとぴったり張りついて、痛みがあなたのすべてにならないようにしてください。

静的でい続けるのは自然なことではありません。自然の中ではわたしたちも含め、すべてが変化します。自然とは、わたしたちの頭上を高く渡っていく鳥です。蝶になるために自らを溶かし、消化するぶらさがった毛虫でもあります。何が不自然かと言えば、変化は起こりえない、痛いに違いない、周囲の世界が急に変わっても自分のせいではないと信じることです。

解放と手放すことは新しい始まりを可能にします。何年もやってきたことと同じことをしないのは、はじめのうちは怖いかもしれません。ワニングムーンのあいだは、何年も使ってきた快適なのに締めつける外套を脱いでください。自己表現とは異なる方法で実験を行うのがどのような感じなのかを見てみましょう。

手放す過程の一部には、なぜ思考やふるまいにすがってきたのかを理解し、それらのニーズを健全な方法と合致させるのに集中することが含まれます。あなたが払わなくてはならない犠牲を理解することも手放す技術の一部で、その犠牲はあなたが切らなくてはならない感情のコードとして現れることが多いです。歩み去ることは、一生分または寿命何回分もの関係するパターンを大いに変えてきたことの余波を意味しているかもしれません。決断は、従来と同じに見えたり、すぐに表彰されたりせずにつくられなくてはならないのかもしれません。やがて、この勇敢な意思はスピリチュアルと感情的な実現へと導かれるでしょう。

あなたが人を喜ばせるというニーズを手放したとき、あなたを好きだという人は減るでしょう。それでもあなたは自分をもっと好きになり、真実から培った関係はより本物になるでしょう。

あなたが空想、投影、遅延というニーズを手放したとき、人生は厳しく退屈なものに感じられるかもしれません。でも、わたしたちが徹底的に受容できたとき——何が本当にここにあるのか、または誰が本当に存在するのか、または何を本当に行っているのかに気づいたとき——明瞭さが固定されます。優れた判断力は、わたしたちが妄想のぼんやりした領域にとらわれたままでいる代わりに、より強い決断をくだすのを助けます。他人が変わるのを待つ代わりに、「いつか」と言う代わりに、わたしたちはいまのこの瞬間に自分自身を変えるのです。

手放すことは、決してしてもらえない謝罪はもう期待しないというふうにも見えます。それは自分自身に謝罪しているように見えます。

手放すことは、許しの瞑想にも見えるかもしれません。心臓の上にローズクォーツを置き、自分への裏切りは残念だ、あなたはいま愛で先導すると、自分自身に告げましょう。

手放すことは、感情を解きほぐすことです。それは感情的な再構成でもあります。手放すことは、ふるまいの変化です。それは、あなたの数多くの可能性ある未来のために障害を取り除くことです。手放すことには意識、受け入れる能力、空間、時間、与えること、慈悲、実践、忍耐、他者の可能性への信念が含まれます。

ワニングムーンは、あなたの欲求を本当に引き受けるため、どんな習慣またはパターンがあなたを制止しているのか——または難しくしているのか——を見つける時期です。ワニングムーンは、あなたの手放す技術がどのように見えるのか、解放の過程がどのように構成されなくてはならないかを見つけることです。

女神、またはあなたの高位の力に何かを渡すのは、解放のワークです。

本能や衝動と一緒に、それが過ぎるまで座っているのは、解放のワークです。

泣くのも解放のワークです。

解放することは、修理することです。あなたが自分に戻るのを制止するものを解放しましょう。ふたたび始めてください。終わりは始まり、終わりは始まり。

いくつかの手放す実践方法：

成長の空間からの反応：あなたの最高の自己がなりたいところが成長の空間です。あなたの現在の自己がどう反応するかではありません。この実践を繰り返します。誰かにあなたが愛する何かを与えてください。二度とそれを目にすることはないと認識しましょう。あなたが創造力を使ってつくった何かを世界に与えてください。見返りを期待してはいけません。人がいいことを言うときは気分をよくし、人が悪いことを言うときは気分を害しましょう。ただし、それはあなた自身とはなんの関係もないことを忘れてはいけません。必要なだけ繰り返します。する必要のある次の好きなことをしてください。

### 消費を考える

ワニングムーンは、消費者――物質的な消費者とエネルギー的な消費者の両方――としての自分自身を批判的に検証する素晴らしいときです。思考の消費者、精霊の消費者としても同様です。読んでいる本、精読しているアプリ、聴いている音楽、進んで影響を受けている人――直接の対面、インターネット、メディア、注意を払う声――頭の中でも外部の対話でも。あなたが自分の空間に入れる人について詳細に。何を脳に入れるかについては意識的に。何に対してあなたのエネルギー・フィールドへのアクセスを許すのかを明瞭に。

あなたのエネルギー・フィールドに入れたものが、あなたがなりたいと願い、あなたが価値を認めたものの正確な反映かどうかを尋ねましょう。この過程のあいだ、あなたを審判する人、批判する人、あなたが取り組んでいる前向きで健全な活動に協力的でない人とあなた自身を引き離す必要があるなら、そうしてください。

この位相はまた、あらゆる種類のデトックスを助けます。ワニングムーンの数週間――あるいはもっと長く――携帯電話からアプリを削除する必要があるかもしれません。それはあなたの人生において、まったくの基本に返る好機にもなりえます。あなたのために最高のものを食べ、あなたのために最も役に立つ活動をし、最高の人たち、体、精神、精霊を適切にあなたの周囲に置きます。これらはわたしたちのエネルギーを助ける基本の練習ですが、たいていの場合、日常が忙しくなってくると無視することが多くなります。適切に食事をとったとき、きちんと眠ったとき、わたしたちの体と精神が消化するものが意図的なとき、魔法の衝撃はずっと大きくなります。ワニングムーンの期間全体のためにあるこれらの基本に立ち返り、恩恵に気づいてください。

## ワニングムーンは極端な休息のとき

ワニングムーンは極端な休息を実践するときです。これはマルチタスク抜きの休息行為です。この休憩にはただし書きもなければ、自分自身をいじめることもありません。体と精神を純粋に休めます。地球は、1年のあいだにおよそ5カ月間休みます。[3] 気温の低い天候では、動物は冬眠に入ります。休みの期間をつくるのはまったく自然なことなのです。わたしたちは、もっと休息を必要としています。もっとペースを落とすべきなのです。ひとつのことをしようとすべきですし、一度にひとつだけで充分です。毎分の呼吸数をはかり、神経系を落ち着かせます。

資本主義は、わたしたちが生産性という形で検証を受けることの中毒者となるのを望んでいます。わたしたちが何をしているのか、誰を知っているのか、いくら稼いでいるのか、何を持っているのか。一般的に、わたしたちはそれらをたくさん持っていないと、いちばん忙しくしていないと、価値がないと言われてしまいます。とはいえ、わたしたちが充分だと感じることはありません。もっとたくさん持っている、もっと忙しくしているほかの誰かが必ずいるからです。これがシステムの仕組みなのです。わたしたちは、やるべきことのリストが制覇されないかぎり価値がなく、書類は送り返され、人生のすべての時間が履歴書の内容になります。これに疲れを感じるならば、それは現にそういうものだからです。これはわたしたちを疲れさせて当然のものなのです。休みを優先させ、罪悪感のない休みを標準のものとするのは、このシステムをひっくり返すことです。[4]

生産性を放棄するという考え方は、理解しがたいかもしれません。でも、自然栽培、有機栽培で休ませていない土壌からつくられる作物と、枯渇し、人工肥料で処理し、過剰に拓かれた土壌でつくられる作物とでは、大きな違いがあるのです。わたしたちが休んだときのほうが、瑞々しく力強い収穫物ができるでしょう。わたしたちがほかの人に与えるものの質も、休んだほうが高められます。燃え尽き症候群と疲労はとても現実的なもので、どちらも回復には長い時間がかかります。必要な休みを取ることは、わたしたちが自分自身を無限の価値のある宝物のように扱うことを後押ししてくれるのです。

長期の休みとマインドフルネスを実践したとき、わたしたちはおだやかに、ひとつずつ仕事を終わらせることができます。多くの場面で、急いで動いたときにわたしたちの筋肉は収縮します。日常における体調について考えてください。緊張していませんか？　走りまわり、急いでいませんか？　顎はこわばっていないですか？　本当の休息とリラクゼーションはわたしたちが和らぐのを後押ししてくれます。肺は必要な空気を得ます。脳はより多くの酸素を受け取り、よりよい決断をくだせるようになるでしょう。

また、瞑想を促進するためにも、休息とリラックスのための活動に費やす時間は重要です。わたしが創造的なメッセージを受け取るのも、瞑想をしているときや呼吸法を実践しているとき、ランニングやウォーキングをしているとき、またはシャワーを浴びているときが大半を占めます。こうした活動を定期的に行っていなかったら、わたしはいまの仕事をしていなかったかもしれないのです！　離れる時間、費やす時間も含めてすべての創造的過程は、エーテルを通じて解決策が流れ込んでくるのを促進します。ヨガを実践したあとは、サヴァサナ［死体のポーズ］で休みます。休むことは統合することなのです。

休息はわたしたちの直観を強くします。静けさの中で、自分自身に戻るのです。休むことで、直観が来るスペースがつくられます。祈り、ダウンロードを集め、受け取る場所です。休息モードでは、わたしたちは副交感神経系の「戦う／逃げる／固まる」反応の外にあり、脳はアルファ波を出します。脳がアルファ波を出す状態になると、創造力が高められます。非暗示性も同様です。できるだけ効率的に思考の形を再教育したいと思うなら、休まなくてはならないのです！

わたしたちのほとんどは、長く休むことも、ひと月のうちに２週間も何もせずにいることもできません。異なる方法で活動を抑えましょう。月の実践をする中で季節ごとに少なくとも一度は、ワニングムーンの位相のあいだに１週間から２週間、やるべきことの必要最小限をするようにしてください（家賃を払ったり、あなた自身／家族／友人の生活を維持したりなど）。残りの時間は、早くベッドに入る、何もしない時間を増やすなどして休むことに費やしましょう。読書、自分でのマッサージ、回復のヨガ、編み物、音楽鑑賞、または携帯電話をオフにして愛する人たちと一緒にいることなどの回復の実践を完全なものにしてください。

障碍のある人、慢性疾患のある人、または頻繁な休みが必要な体の持ち主であれば、それは必要な休みをいつでも、罪悪感も恥じることもなくすべて取りなさいという親切なリマインダーなのです。問題はあなたではありません。生産性に取りつかれ、健常者を優先し、休みや病気を恥じる文化なのです。

わたしたちの多くは、人間の価値はほかの人々のために何ができるかではかられると教わります。これはときに、もろさと親密さの代用品となります。与えることが守ることになるのです。他人のことを考えるのをやめるか、自分のニーズを優先させるか、または必要なことを人に頼むのは本当に慣れない、怖いことにすら感じられるかもしれません。わたしたちが互いに真の親密さを築いてバランスの取れた関係を持とうとするならば、わたしたちの必要とするものも明らかにされ、同様に満たされなくてはなりません。わたしたちの多くは、ふだんしている感情的な世話をやめるという考えに罪悪感を覚えます。罪悪感は、わたしたちがやむにやまれず与えるのをやめたあとに浮かびあがってきます。その罪悪感と一緒に座り、それが去るのを認めてください。ワニングムーンの時間を使い、疲れのかさむ感情の重労働すべてに休みを与える努力をしてみましょう。

## 距離を置き、やめどきを知る

休みのテーマを利用するもうひとつの方法は、終わりなく夢中にさせる何かから距離を置くことです。芸術家は作品から離れるので、新鮮な目で戻ることができます。恋人たちは関係を続けたいか、永遠にそれぞれの道を進むのか結論を出すために距離を置きます。呪文が完結した直後、魔女たちはしばしばすぐに祭壇を離れ、注意を別のところに移しました。精力的な活性化から離れることで、宇宙に入ることができます。呪文の意図は自由に動けるようになり、星屑はふらふらと舞いあがって動きまわります。これはまた宇宙に対し、あなたが宇宙の助けを信頼していると示しています。これはひとりではできません。これを女神に渡すことは、それぞれなりの方法で、わたしたちには想像の及ばないほどいいものがあると信じることです。

ときに、疲れや燃え尽きることをやめる必要と混同します。本当にずっと取り組んできたことを、まるごと燃やしてしまわなくてはならないのでしょうか？　もしかするとわたしたちに必要なのは、しばらくのあいだ少し離れていることなのかもしれません。

ときにわたしたちは自身の忍耐力のなさを失敗と取り違え、また沈黙をうしろ向きなフィードバックと混同します。現実にはものごとがそれぞれの時間を必要としているだけのときに、やめてしまわないようにしましょう。

しかしながら、答えがやめる以外にないときもあります。人間関係、仕事、期限を大きく過ぎた計画。単に休息を取るだけのときと、本当にやめるときを見極めることは、ワニングムーンのワークの一部にできるかもしれません。以下はやめどきを知るためのアドバイスです。

・長いあいだ試みてきて、可能性を使い果たしたかのように本気で感じ、そして状況がとても根本的なところで本当にあなたのためになっていないとき。
・心の奥深くで後悔しないとわかっているとき。この先いつまでも、もしかしたらと考えないとき。

・やめると考えると体がたちまち安堵するとき。
・長いあいだ——数カ月か数年——何かをやめるか、誰かとの関係を断つか考えているとき。
・あなたの愛する人たちが何度も繰り返してそれがあなたをいらだたせていると指摘するか、あなたが頻繁に同じことを主張するか、またはそれがあなたの人間関係が緊張する原因になっているとき。
・豪華で抵抗しがたい何かが従うよう呼びかけているとき。池の反対側の魅力的なキャンドルライトパーティー。刺激的な新しい展望があなたを手招きし、そうしなさいと誘うとき。ひとつのことをやめることで別の何かのためのスペースができるとき。
・やめようとしている何かがあなたを傷つけるか、あなたのエネルギーを吸い出すか、またはあなたを酷使しているとき。そのときは即座にか、そうできるようになり次第やめましょう。

わたしたちが時間とエネルギーを注いだ何かは失われていません。特定の状況をやめたことの利益はすぐに現れるものではないかもしれませんが、あとになってみればそのつながりは驚くべきものです。あなたが身につけたスキルは将来の計画で使えるかもしれません。その状況で出会った人、または結果としてうまくいかなかった協力関係は、将来の味方になるかもしれません。やめることは、わたしたちに信じられないような教訓を与えてくれます。長期的に得られるより大きな喜びと安心のため、短期的に痛みが伴う決断をくだすことを避けないでください。

## ワニングムーンは守護の魔法を行うとき

守護の魔法は、魔女が習得できる最も重要な魔法のひとつです。それはわたしたちが安全で地に足をつけ、バランスの取れた状態でい続けるようにしてくれます。守られているとき、わたしたちはより容易に集中し、生産的でアラインメントな状態にあり続けることができます。

守護の魔法を一貫して——あなたの身に何かが起きる前に——行うのは

よいことです。あなたが公共の役割やサービスを提供する役割にある人、または定期的に大勢の人と接触する人であれば、季節ごと、またはもっと頻繁に守護の魔法を行うのは、その時間に見あった価値のあることです。長い１日の終わりに、数日間のためにあなたの空間をきれいにしてみましょう。わたしたちのエネルギー的な衛生習慣がよいほど、わたしたちが行わなくてはならない守護の魔法は減ります。

通常、危険から遠ざかっていることが最も効果的な守護の魔法の形です。必要のないドラマにはかかわらず、挑発目的に残酷な物言いをしないようにしましょう。衝突が起きたときは、激怒してはいけません――敬意のある衝突を悪いことだとは考えないでください。関係するすべての当事者にとって何がいちばんかを考えましょう。相互のニーズを満たし、解決策を考えることに集中してください。可能なときはいつでも、誰かがあなたを虐待するか、誰かがそのほかの方法で安全でないのなら、そうした人々から自分自身を遠ざけましょう。自分自身を安全で尊敬される状態にし続けることに罪悪感を覚えないでください。もっと多くの人々がこの方法でふるまえば、必要な守護の魔法も減るはずです。

もちろん、あなたの行いの結果としてでなくとも、恐ろしい状況はたくさん起こります。虐待が普通とされる文化では、社会的に無視された人々がこの毒の矢面に立っています。わたしたちの多くは、政府や州からと同様、人間関係や制度のせいでわが身に降りかかってくる暴力の連続から自分を守らなくてはいけません。

守護の魔法のためにあげる以下の提案は、特にワニングムーンの時期のためだけではありません。ワニングムーンは、きれいなものが長くそのままでいるので、清めと守護に集中するのに絶好の時期です。あなたが小さな守護の魔法を１日に一度か二度のペースで人生に織り込めば、時間が経つにつれ違いに気づくでしょう。以下はあなたが挑戦できるいくつかの小さな日常行動になります。すべて数分ですむものです（12 章「ワニングムーンの魔法」にも守護の呪文があります）。

## 核となるエネルギーで土台に触れる

あなたの核となるエネルギーが何で構成されているのかを感じることが重要です。自分自身に入り込むほど、ほかのエネルギーが入ってくるスペースも減っていきます。核となるエネルギーを確かめるほど、エネルギーが不調のときを見つけやすくなります。

目を閉じ、何度かゆっくりと深呼吸してください。顎の力を抜き、両目と、できるかぎりたくさんの体の部分を和らげましょう。息を吸うときには頭のてっぺんまで充分に吸い、吐くときには背骨のいちばん下から抜けるまで充分に吐いてください。息を吐くときにあなたの役に立たないエネルギーがすべて簡単に、そしておだやかにエネルギー・フィールドから出ていくのを想像します。エネルギーを体に呼び戻しましょう。それは携帯電話、仕事、先週など、つながっているあらゆるところから戻ってきます。体内のすべてのエネルギーがあなただけのものだと想像します。気持ちが落ち着く色を想像したくなるかもしれません。落ち着く言葉を口にするか、名前を大きな声で言いましょう。そのようにしてしばらく座って呼吸をしたあと、あなたは落ち着き、すっきりとして、自分を取り戻す可能性がきわめて高くなります。それがあなたの核となるエネルギーです。1日に一度、このように自分の土台に触れることは、あなたを中心に置くことを後押しし、無意識のうちにためているかもしれない外部のエネルギーを放出してくれます。

## 地に足をつける

地に足をつけるのは重要な実践です。エネルギーを地面に置いたときは、体から飛び出してしまう可能性が低くなります。わたしたちの内側の知恵につながるのは容易なことです。単純にして効果的に地に足をつけるには、靴を脱いで土の上に立つことです。庭を持っているのなら、そこで素足になりましょう。公園のそばに住んでいるのなら、そこへ行ってください。大地(アース)のエネルギーが足に流れ込んでくるのを思い描きましょう(これは「アーシング」と呼ばれることもあります)。外に出られないのであれば、金色のエネルギーの糸が背骨のいちばん下から、または脚から足を通って地球の核とつながるところを想像してください。重力とつながり、完全に大地に支えられていることを感じましょう。１日にこれを１分か２分行うことは、回復につながります。時間とアクセスがあるのなら、しばらく大地に腹ばいになってゆっくりと呼吸し、望まないエネルギーや思考をすべて解放してください。気分が軽くなったあと、地球が生き生きとした緑色と茶色のエネルギーであなたを満たすのにまかせましょう。地面があなたをしっかりとつかまえ、支えるのを許してください。

### エネルギーの守護をつくる

１日を始める前に強力なエネルギー盾（シールド）をつくる習慣を身につけましょう（魔女の多くはこれを「シールディング」と呼びます）。あなたの核となるエネルギーの土台に入り込み、それを地面に置いてください。よどんだエネルギーはすべて解放します。あなたの全身を覆うオーラを盾となるエネルギーの貝だと想像してください。害となるエネルギーは入ってこられず、漏れも穴もありません。直観的に選んだ色にしてもいいかもしれません。実際の盾か泡、またはバラの木などを想像してもいいかもしれません。魔女の中には、いつも自分の前に置く、前向きな守護のエネルギーを注入する防具として、五芒星のようなシンボルを想像する人もいます。あなたが安全だと感じるほかのシンボルを使うのもいいでしょう。

また、守護の瞑想の一部として、体のいたるところに五芒星を描いてもいいかもしれません。サボテン、シュンガイト、トルマリン、カイヤナイト、ホルスの目、バラ、ローズマリーのような守護のシンボルでワークを行うこともできます。あなたにとって守護的だと感じる、対応するものを使って瞑想し、自分自身の材料をつくってください。

### 境界

境界線がないかあやふやだと、どれだけたくさんの守護の魔法があってもあなたの助けにはならないかもしれません。ワニングムーンは境界を確認し、どこにもっと手入れが必要なのかを見るのに最適な時期です。

よい、一貫した境界線はくつろぎを感じさせ、ほとんどのところを守られていると思わせます。境界は、あなたが見られ、尊重され、世話をされていると感じるのを後押しする合理的な好みを表しています。境界は物理的、物質的、精神的、感情的、性的、スピリチュアルなものを含むことができます。境界はしばしば、ほかの人と一緒に利用できる何かだけを指すと言及されますが、始めるのにいちばんいい場所は自分自身です。

適切な境界は、しっかり考えられて取り組まれたとき、わたしたちにより強いアラインメントと勢いを提供します。あなただけが自身に何を与える必要があるかを定義できるのです。それには空間、習慣、扱い、アファメーション、処理、考え方、そのほかたくさんのことが含まれます。境界を確かめて再構成するときをはかる方法のひとつは、理由がないか些細なものしかないのにあなたが圧倒されている、いやがっている、憤慨している、いらだっていると感じているかどうかです。これらはみな時間、考え、習慣、感情、その他のふるまいによって異なる境界を必要としていることを指しています。正当化なしにこれらに名前をつけ、主張してください。あなたがより強い自己愛とセルフケアを育めば、変化するのはあなた自身との関係だけではありません。人生におけるほかの関係も変わるでしょう。

人間関係は複雑で困難なものです。あらゆる種類の近しい親密な友人関係、愛情関係、家族のあり方において衝突は日常的で自然なことです。長期的な関係には多くの許し、忍耐、会話、話を聞くことがつきものです。しかし、あなたが最高の努力を捧げても——あなたが辛抱強くても、またはあなたが疲れていて——何ひとつうまくいかないときは、境界と自尊心が歩み去るよう求めるでしょう。軽蔑の念であなたを扱う人がいる一方、ふさわしい愛情を込めてあなたを扱う人もたくさんいます。

## ワニングムーンはシャドウワークのとき

ワニングムーンはシャドウワークの支援をする時間です。この時期の静けさは内省を可能にします。無意識に、恐怖に、限定された信念に深く潜ってみましょう。それらを外に出すのです。あなたの精神から引き出して炎の中に放り込むのです。あなたは何を手放すのでしょう？　真夜中にあなたを見おろしているのはどんな信念でしょうか？

「影（シャドウ）」の概念は、カール・ユングによって大衆に広まったように、個性の一面であり、わたしたちが拒絶した自己でもあります。すなわち、わたしたちが痛みを抱えた部分や、劣っていると感じさせる部分です。あなたが意識と完全に統合させていない自己の一部でもあります。わたしたちは全員、どこかの時点で自身の個性的な面、欲求の面、才能の面の息を止める必要があると教えられます。ときに、それは社会を影にするわたしたち自身の強い輝きであり、わたしたちはそれを内面化することになります。ワニングムーンのワークの一部は、あなたのアイデンティティ、素質、才能のすべての面をよみがえらせ、それらを祝福し、培うことなのかもしれません。これは一時的な魂の統合として作用します。

スピリチュアルな成長の一部は、あなたの影の自己すべてを認識し、検証し、愛すること――これらの拒絶された部分を教師として、共鳴反射器として見ること、痛みを超えてそれらの起源を知るところまで行くこと――です。いくつかは嫉妬、不安、制御、傲慢といった、わたしたちの誰もが取っ組み合いをしている基本的なエゴの特性です。また、恥、非難、自己嫌悪もあります。マインドフルネスは、あなたが自身の影の側によって消耗させられていないか分析するのを後押しするでしょう。遅延、回避、投影、受動的な攻撃性、所有欲、嘘、怒りの爆発、極端な防御はみな、あなたの影の無意識の一部が仕切っているのを示す表示器です。

このワークを避けて通りたいと願うのも当然ではないでしょうか？　人間は繊細です。わたしたちの体は感情的な痛みを肉体的な痛みとして処理します。これらの面はあなたが何者か、人生のテーマは何か、魂がこの人生でどのように発達する必要があるのかについての真実を保持しています。

安全な場所でわたしたちのもろい部分をさらすのは強力なツールです。わたしたちの影は自分の恐怖、エゴの動機、限定された信念をすべて持っています――このように、自分に対する洞察と教訓のパンドラの箱なのです。影の側の感情は、わたしたちに創造の燃料を与えます。世界に示すのが恐ろしくも刺激的に感じる、わたしだけが持つユニークな才能とはなんでしょう？　それらを共有し始めたら、究極的には何が起きるでしょうか？　これは新しい世界、異なる経験への扉を開くのでしょうか？

シャドウワークは続いています。これは生きているあいだ続く、発見、暴露、愛、統合、変化の過程なのです。影に注意しましょう。でも、影だと特定しないでください。真にこれは何かという目で見てください――あなたを助けられるあなたの一部は、さらなる自由に足を踏み入れることになるでしょう。あなたの影を理解し、自分に含めることが無条件に自分を愛することを学ぶのに役立ってくれます。

影を無視するのは本当に危険です。この結末はわたしたちのまわり、現実のいたるところにあります。わたしたちは影の文化に生きているのです。虐待と暴力は日常化し、気候危機は大衆に無視されています。中毒ははびこるもの、死は恐れられるものです。支配的文化は、恥や痛みを変化させる処理の仕方をまだ知らずにいます。アメリカの黒人と先住民に対してなされた害が全部でどれほどのものになるのか、説明責任を総合的に果たすプロセスは存在しません。わたしたちの集合的な影を扱うプロセスをつくらないかぎり、これからも害をもたらし続けるでしょう。

それをたくさんの実践者がすべてを便利に「愛と光」ですませてしまう人気のあるニューエイジの文化に見ることができます。スピリチュアル・バイパスは、構造的な不平等、植民地化の歴史、否定の形を取るさまざまな抑圧的なシステムと同様に、どうやってそれがいまでも集団に影響しているのかを無視するゲームの名前です。人間の状態と抑圧的なシステムのことを話す人たちをガスライティングし［心理的虐待の一種で、被害者にいやがらせをしたり、誤った情報を伝えたり、被害者が自身の記憶、知覚、正気を疑うよう仕向ける手法］、「ヴァイブレーションが高くない」と見なします。この否定の力と犠牲者への攻撃はいつでも、影を統合していない人のサインです。これは巨大な投射につかまり、対処できず、不均衡なエゴによってつくられた自身の幻想にとらわれた人の明瞭なサインです。これが自分自身の特権については決して議論せず、「資本主義」という言葉を口にすることも、歴史的に追いやられてきた人々の経済的な偽りに影響を与える構造的な不公平について議論することもない６桁を稼ぐ白人のマネーコーチです。＃Ｍｅ　Ｔｏｏ運動に参加した女性に被害者非難を浴びせたり、ガスライティングしたりするニューエイジの指導者の男性たちもいます。[5] こうした例とその他大勢は、どうすればわたしたちの確かめていない影が他人の苦しみと経験のために慈悲の心と認識を消してしまわないようになるかの青写真の役割を果たしています。

影の魔法を探求する方法はたくさんあります。何よりもまず、自己の影の面と取り組むことに集中します。わたしたちの注意の大半は、自身の影の面の検討と受容に注がれています。無意識との対話、トランス、アンダーワールドの旅、催眠状態、内なる悪魔を通じた抱擁と移動。チョウセンアサガオと黒曜石。灰を埋め、ガラスを砕き、卵を割ること。黒い鏡と灰色のムーンストーン。ヘカテとメドゥーサ、イナンナ、カーリー、イシュタル、セドナ、ペレ、イシス、モリガン、女教皇、リリス、バーバ・ヤーガ——中傷や誤解を受けたことのあるすべての無垢な人々、自分を守ったことがあるか、脅威の下で立ちあがったことがあるか、他人を守ろうとしたことがあるすべての人々。

## 障害と限定された信念と向きあってワークを行う

限定する信念は、わたしたちの欲求に対する抵抗をつくり出します。限定する信念は自己達成の予言にもなりえます。わたしたちの過去と無意識は、プログラミングの起源です。わたしたちが欠乏を基線に機能するようプログラムされていたら、欠乏はわたしたちが心地よさを感じるもの、わたしたちが遭遇するものとなります。わたしたちが豊かさを見て、そうなるように自身を訓練すれば、着実に豊かさと共鳴し始めるでしょう。

月のマッピングをするとき、欲求や目標の一部として浮かびあがる限定された信念に注意してください。限定された信念にアクセスできないときは、ただ自身の欲求を見つめましょう。あなたの欲求の周辺にある恐怖は、その影です。たとえば、仕事を公に知らせることは、無視されるという影を持つことになるかもしれません。もう少し深掘りしてみましょう。見られることの周辺にいくらかの恐怖があるかもしれないので、より大きな問いに投資すれば、その恐怖がどこで生まれたのかがわかり始め、あなたの人生、家族、友人、仕事、学校、コミュニティ全体で、きっかけを得たすべての方法を見つけられます。

一般的に、この種の問いを経験すれば、無意識が識別した恐怖と関係する核となる限定された信念が浮かびあがってくるでしょう。**見られることは罰を受けることを意味します。安全でいるなら、見えない存在でいないといけません。**

ワニングムーンは、抵抗と出合う時期です。最初に障害と向かいあいましょう。欲求のまわりにあるあなたが怖いものをすべて書き出してください。それとつながるのはどの欲求なのかを考えます。あなたと分かちあうため、すぐにそれらの信念のためにスペースをつくりましょう。愛と情熱を与え、それらを組み立て直します。これはあなたが目標を設定するごとに起こりうるということを覚えておいてください。あなたが拡張するときはほぼ必ず、縮小、妨害、疑いといった衝動が起こります。新しいあなたの自己の反対側へ押しやってください。

わたしたちの限定された信念と障害に対面し、名前をつけることは、想像とヒューマニフェステーションの過程にとって欠かせません。これらの痛みのポイントを歩いて通過しないことには、欲求を満たし、長く続く満足感を得るのは不可能です。月のマッピングをしているのであれば、欲求周辺の障害は場所が特定できるはずです。わたしたちはそれが何かを知っているし、どう現れるかも知っています。ワニングムーンは、こうした障害と恐怖のあいだを自分の足で切り抜けるのに素晴らしいときです。

あなたの精神世界の中で恐怖と抵抗をつくっているのがなんであれ、簡単になくなるものではないかもしれません。何年ものセラピー、ワーク、巨大な成功のあとでも、人々はなおも内なる疑いや抵抗と戦います。ここでは、障害との関係を変えることでそれと対処する方法を提案します。

あなたがふだんそれらを無視しているのなら、やめましょう。それらの信念と取り組むため、セラピーに行ってください。それらがぱっと浮かんで門番として機能するのであれば、注意を払いましょう。その声が何を言っているのかに気づいてください。それらが現れたとき、相互関係はどうなっているでしょうか？　時間が経つにつれ、どの状況であなたの影の一部が燃えあがるかを予測できるようになるかもしれません。自分を助けるツールの準備をしっかりとできるようになるはずです。あなたの変化を安全だと感じないインナーチャイルドを知っておいてください――たとえ素晴らしいものであってもです。認識されることを安全だと感じない、もろいことやニーズにこだわることを安全に感じない、健全な境界をつくるインナーチャイルドも同様です。それについて知り、前進するためにはどのようにその無条件の愛とサポートを提供すればいいかを見つけましょう。

あなたの内なる破壊工作員を知ってください。それは腹立たしいほど狡猾かもしれません。このずる賢いセールスマンは、あなたが欲しいものに近づいたときにつくり話をします。この工作員と対話する方法を見つけ、手放してください。名前を与え、後部座席に乗るように伝え、それからあなたがこれからも乗り続ける人生の自動車のトランクに入れるのです。

あなたは、これらの異なる影を本気で愛する必要があるかもしれません。影たちはあなたが安全で、変化してもいいのだというたくさんのアファメーションを必要とする可能性があります。これらの自己の異なる部分の存在を保証してください。反対の証拠を探しましょう。あなたの人生には、あなたが愛されている、あなたには価値があるという無数の例があるはずです。ものごとがうまくいった前例も無数にあるでしょう。それらとつながるために選んでください。障害を処理するもうひとつの方法は、犠牲の魔法を考えることです。魔法と自己啓発において、犠牲は悪いことではありません（犠牲（サクリファイス）の語源は「聖なる（ホーリー）」）。あなたはより偉大な何かに変化するため、何を置いていこうとしているのでしょう？　小さな存在のままでいると、ほかの人々があなたのしたことを見て、あなたの才能から恩恵を得るために犠牲を払わなくてはなりません。犠牲を払うのは悪いことではありません。ただし、それはわたしたちが犠牲にするものが自身の可能性に到達する妨げになっている場合です！

あなたが何を犠牲にするのかを明確にし、そのアイデンティティやふるまいに感謝を贈りましょう。愛の中に足を踏み出してください。儀式や呪文で正式に行いたいと思うかもしれません。犠牲的な変化のセレモニーを行うのもいいでしょう。古いものに感謝し、称えてください。名前をつけ、祝福し、新しいアイデンティティを手に入れましょう。

時間をかけてどのように感情を使い、ともにワークを行うかを検証してください。あなたの「直す心」が感情の筋を通すため、どこへ、どのように欠けていくのか、また「直す心」がそれらを有害な物語にねじ込もうとするのを検証するのです。不快な感情が浮かんだら、無理にどかそうとしないでください。それは抵抗をつくり出します。「直す心」に休息を取るよう伝え、「許す心」を前へ出てくるよう招きましょう。「直す心」と「許す心」は同時に存在できないのです。

「直す心」はわたしたちの無意識を会話へと招きます。それは、たとえいらだちを覚えるとしても、どんなメッセージが浮かんでくるかに関心を持っています。「許す心」は観察者であり、あなたの現在の核となる無意識が信じていることに関する多くの情報をあなたに与えます。

あなたには自分に問いかけることもできます。どの限定された信念が、いま浮かびあがろうとしているのでしょうか？　どこでなら、それらがわたしのニーズについてもっと情報を持っているでしょう？　それらはどのようにして、わたしの無意識の物語についての情報を与えてくれるのでしょうか？　どうすればその物語を自分の中に当てはめることができますか？　どうすれば役に立たない感情のループを、支えとなるものに変えることができるのでしょうか？

## ワニングムーンの時期に試すちょっとした行動と儀式

忍耐力を培いましょう。初稿や最終稿を送ってください。あなたの人生から去るものを祝福しましょう。すでに見たもの、これから来るという予感を祝福してください。あなたの直観を称え、信用しましょう。ワニングムーンのあいだは毎日調べ、整頓し、片づけてください。ひとつの引き出し、ひとつの食器棚、ひとつのクローゼット、ひとつの箱、あなたの家の隅をひとつで結構です。有毒な期待はすべて手放しましょう。毎日10分間、胸、お腹、または生殖器の上にローズクォーツ、トルマリン、またはサポートになる別の石を置き、

床で横になってください。呼吸をし、あなたの体が運んでいるあらゆるストレスを解放しましょう。眠る前に、朝になったらあなたが抱えている問題に対する解決策が用意できているよう、未来の自己に頼んでください。現在「すべきこと」をすべて書き出しましょう。声に出して読み、燃やしてください。携帯電話を調べ、不要になった番号をすべて消しましょう。気楽に実践してください。長期の休みを取りましょう。あなたの空間の中で不要になるか、もうあなたを満足させなくなったものをすべて捨ててください。あなたをきちんと扱わない人のために、したくもないことをするのはやめましょう。

# ワニングムーンの魔法

ワニングムーンの魔法は広範囲に及ぶものです。おまじないや追放の呪文とはまったく違います（もっとも、おまじないも追放の呪文も、経験を積めば、この時期には最も頼れるものになります。ダークムーンの期間でも同様です）。前に述べたように、対応力の高い呪文は解放を容易にし、ものを手放すことを簡単にしてくれるのです。

問題を取り除く、トラブルや障害物を排除する、敵の威力を打ち消す。そのための呪文は、月が欠けていく時期に最も効果を発揮します。ワニングムーンとダークムーンの時期は呪いを打ち破り、くっついてくるものを取り払い、有害な行為に値するものを倒すのに最適な時期なのです。呪文を解除するのもこの時期には有効です。

あなたがこれまで月のマッピングを行ってきたのなら、この時期には欲望にまつわる恐怖に取りついているものを解放したいと思うかもしれません。ワニングムーンは、恐怖や疑念といったあなたの前進を阻むものに力を与えてきた信念を、潜在意識からプログラミングし直すのに適した時期でもあるのです。儀式や魔法を自己評価に結びつけることもできます。自ら課したものだろうと、外から押しつけられたものだろうと、実現を阻んでいるすべての障害を取り払うべく、行動を起こすべき時期なのです。

追放の呪文に集中するのにもいい時期です。追放の呪文は、あなたが自分のエネルギー・フィールドの中に存在してほしくないと思うエネルギーを取り除くために使うことができます。埋葬の呪文、燃焼の呪文、凍結の呪文はこの時期に効力を発揮します（それらの呪文のいくつかについてはこれから詳しく説明します。「ダークムーンの魔法」の章にもさらに情報があります）。

フルムーンからワニングムーンまでの期間は、わたしたちが直観や霊的な力、夢に対して特にオープンになる時期です。直観との対話を始めましょう。直観にアクセスするさまざまな方法を試してみましょう（もっと具体的に知りたければ、フルムーンの章で直観について書かれたところを改めて読んでみてください)。一度、月のサイクルでトランスのワークを試してみれば、植物と気持ちを通わせることに集中できるかもしれません。

多くの人にとって、これは生産性を高め、創造性を深め、さまざまなことを成し遂げる時期です。ワニングムーンは、ワクシングムーンの位相に近いと感じられるかもしれません。輝いて、新しいプロジェクトを発表し、いくらかのリスクを引き受ける時期になる可能性もあります。素晴らしい気分だと感じる人は、例のリストをつくって完了したことすべてを消していきましょう。この時期を有効に活用するのです。

### ワニングムーンの祭壇

月の位相全体を通して、ワニングムーンの祭壇は上に祀って放置しておいてかまいません。あるいは、呪文のたびに祭壇をつくることもできますし、呪文を唱えたら下におろすこともできます。ワニングムーンの呪文は燃焼や埋葬を伴うことが多いのです。この時期に効力があるのは不必要なエネルギーを解放することなので、祭壇は嘆きや悲しみを処理するための場所になりがちです。ワニングムーンの祭壇には、過去のあなたの写真やあなたの先祖の写真を飾ってもいいでしょう。祭壇はあなたが手放そうとしているものを記録して、最後に別れを告げる場所にもなります。

この時期に着手すべき行動は想像がつくでしょう。今後の計画についてメモした付箋をそこらじゅうに貼るとか、ざっくりとした初期段階の草稿を書くとか。つらい電話もしなければなりません。アポイントメントを取って、やるべきことを決然とした態度でやり遂げるのです。祭壇の汚れを拭ったり、こすったりしてもいいでしょう。

あなたの祭壇は、ニュームーン、ワクシングムーン、フルムーンの位相のワークによって得る利益を収穫する場所にもなります。受け取るということ、信頼するということ、休息するということを実践する時期でもあります。あなたの内なる声がはっきりと大きく聞こえてくるはずです。毎晩、おだやかなキャンドルの灯に照らされて座り、洞察する時期なのです。

### ワニングムーンに対応する魔法

あなたが月の各位相をどうとらえるかによって、あなた専用の対応セットをつくりあげていくことが重要です。これからするいくつかの提案は、響くものを感じなければ放っておいてかまいません。あなたに響くものがあれば自分のセットに加えていってください。

根、たとえばショウガ、ターメリック、ジャガイモ、タンポポ、ゴボウ、レンコン。チョウセンアサガオ、骨。茶、黒、赤、白といった色。あらゆる種類の塩。ローズマリー、アグリモニー（キンミズヒキ）、ペッパー。ヘビの皮、脱皮した昆虫の皮。白雲母の中のルビー、ヨモギ、メハジキ、化石、石化した木、セコイアの木、クモ、クモの巣、さなぎ、スモーキークォーツ、ノコギリソウ、黒トルマリン、アメジスト。タロットの大アルカナの隠者、吊るされた男、悪魔、７番のカード。強まりゆく月の光の下であなたが力を借りたいと願う特別なもの。

ワニングムーンに対応する神々：ヘカテ、女教皇、ペルセポネ、バーバ・ヤーガ、リリス。

対応するアーキタイプ：マーク・ロスコやシルヴィア・プラス、ロバート・ジョンソン、ニック・ケイヴ、その他あらゆる種類の先達の作品、アート、人生。

対応する動物ガイド：ヘビ、カタツムリ、クモ、フクロウ、コウモリ、ジャガー、モグラ、セミ。

## 保護の呪文

これは自己破壊的な思考パターンもしくは行動から保護してくれる呪文です。

**用意するもの**

少なくとも1日は火が燃え続ける白か黒のキャンドル。飾りつけに使う、お好みの追放／保護のハーブかオイル

ローズマリー、塩（お気に入りの保護植物、ノコギリソウやオレガノといったものを加えてもかまいません）

ボウルひとつ

保護や明晰さを感じさせてくれるクリスタル、たとえば黒玉、ローズクォーツ、トルマリン、黒曜石、クリアクォーツなど

紙、ペン、ハサミ

**呪文の前に：**

あなたが何を追放したいと思っているのかを明確にしましょう。それは、先のばしにする、疑いがち、わざわざ気を散らすものを見つけてしまうといった、あなたの中にあるものかもしれません。感情的に他人を操りたがる人々や嫉妬深い同僚のような、外にあるものかもしれません。このパターンを無意識のうちに許すことはもうやめにしなければなりません（たとえば「先のばし」を許しているのは「楽なことが心地よいと思う」もしくは「停滞していることに安心を感じる」といった潜在意識があるからかもしれないのです）。内的な基盤と外的な兆候の両方を追放するように取り組んでみるといいでしょう。

祖先、ガイド、高次元の自己、惑星、神々などからの助けが必要かどうかを明確にしましょう。助けを借りようとしているのがヴィーナスのような特定の女神や土星のような特定の惑星ならば、ワニングムーンの期間の中でもそれらに対応する日（あるいは時間）に呪文を唱えたいと思うはずです。

エネルギーを解放することで今後起こる出来事から身を守るために、どんな犠牲を払わなければならないのかを明確にしましょう。あなたが「先のばし」を追放したいのなら、いつも言い訳をすること、つねにストレスを感じてコルチゾール中毒になること、心理的な自傷行為に無意識のうちにすがることはもうやめにしなければなりません。自分が何を手放そうと

しているかはわかっている、と言いきるのです。あなたが唱えようとしている呪文が主に保護を目的とするものならば、保護されてどんなふうに感じるか、保護を強めるうえでどんな行動があなたの助けになるかを断言しましょう。

神々やその他のエネルギーの助けを借りようとしているのなら、その助けに対する感謝をどのように示すつもりかを明確にしましょう。どうやって感謝を表しますか？

手放そうとしているものについて、詠唱やアファメーションが欲しくなるでしょうから、前もって書き出しておいてください。詩でも手紙でもかまいません。あなたに力と確信を与えてくれるものなら、なんでもいいのです。

**呪文の準備：**

ハーブと塩をボウルの中でまぜあわせ、あなたを浄化してくれる混合物をつくります。3分の1カップほどの量があれば充分です。

紙を円形に切ります（ボウルを置いてその縁をなぞるといいでしょう）。この円には、あなたが何を追放したいのか、何から保護されたいのかを書き込めるだけの余白が必要です。円の中央に、個人的に意味のあるシンボルを書き込んでください。この呪文を唱えるのに助けになってくれると感じられるものです（あなたに安全だと思わせてくれるシンボルはなんですか？）。

円のまわりに、あなたが追放しようとしているもの、解き放とうとしているものを書き込みます。その紙を祭壇に置き、中央にキャンドルを置きます。ローズマリーとあなたの保護クリスタルを紙の周囲に並べます。ローズマリーと塩の混合物も手元に用意しましょう。

いつもやっているように、呪文を始めます。

キャンドルに火をともし、呪文を唱えましょう。

あなたが解放しようとしている、あるいは追放しようとしているものとつながりましょう。不安や悲しみといった感情がわき起こるはずです。それでいいのです。そのすべてを意識の中に取り込んで、呼吸とともに、形あるものとして体の中へと運びましょう。ヴィジュアル、色、形――始まりと終わりと境界を持つ、形あるものとして想像するのです。温度も感じられるかもしれません。体内のどこかから始まっているものかもしれません。締めつけられるように感じても、呼吸を続けてください。この状況でこの感情を経験するのはこれがきっと最後になるのですから、存分に感じておきましょう。

望まれていない形があなたの体と頭から出ていくところを想像しましょう。これには時間がかかるかもしれません。その形が金色のエネルギー・フィールドへと還っていくのを想像しましょう。邪悪な意志や非難、またしてもわき起こる悲しみは、大きく息をしたり、すすり泣いたりして、体の外へと追い出してください。自分の中のエネルギーが変化したと感じるまで、これを続けます。必要なだけ時間をかけましょう。

変化を感じたら、すぐに塩とローズマリーの混合物を紙の円の上にばらまきます。ゆっくりと、完全に、書かれた言葉を覆うのです。反時計まわりでやると消える魔女もいます。

オーラを修復して保護することに集中しましょう。あなたのエネルギーはすっかり保護されている、完全に守られていると想像するのです。いまや新しい、とても強い色があなたを取り巻いています。そのオーラのまわりにあなたを守ってくれるものがあると想像するのです。自分は地球とつながり、応援と保護を受けている、とはっきり言いましょう。

あなたを助けてくれたもの、高次元の自己、かかわっているあらゆるエレメントに感謝を捧げ、円を閉じます。

そのあいだずっとキャンドルは燃やしておきます（ただし、火をともしたままその場を離れてはいけません）。キャンドルが燃え尽きたら、塩の混合物で覆います。キャンドルをカップの中に入れてあるなら、円を描いた紙をたたんでそこに入れ、少量の塩を振りかけ、家の外のごみ箱に廃棄します。

呪文から少なくとも３日間はエネルギーがその状態でとどまり、保護されるよう注意しなければなりません。それから数週間は、必要があれば、今後の人生のため、また助けになってくれた神々や精霊のために犠牲を払うワークを敢行します。古い行動や考え、人やパターンに引っ張られていると感じたときには、保護のシンボルを思い出して目指す方向を思い浮かべましょう。あなたの関心とエネルギーをどこかほかの場所に向けるのです。少なくとも数日間は、思考と行動をポジティブな方向に保ちましょう。

## 元に戻す儀式

これは素晴らしい儀式です。「落ちている」と感じたら、いつでもやってかまいません。あなたに影響を与えているのが誰なのか、あるいはなんなのかは特定できないけれど、人生が停滞し、よけいなものが付着していると感じたら、いつやってもいいのです。不運な出来事が立て続けに起こって、息もできないと感じたときでもかまいません。

この儀式には2時間から4時間という時間が必要です。深いところまで潜り込んで根こそぎきれいにしたいと思っているなら、儀式を始める前の片づけと浄化には数日間にわたって毎日数時間という時間をかける必要があるかもしれません。

**用意するもの：**黄色いキャンドル、水、塩、ボウルがひとつ、ベルかチャイム、乾燥させたヒソップ、乾燥させたアグリモニー、乾燥させたアンジェリカ、ヘチマもしくはボディスポンジ、ほうき、そのほかの掃除用品、いつも用意しているならば乾燥させた植物の束。

**パート1：**最低でも一部屋、できれば複数の部屋をきれいにしましょう。どこから始めればいいのかわからない場合は、寝室か、あなたが呪文のワークをよくやる部屋を選んでください。不必要なものは捨てて、埃を払い、モップをかけて、エネルギーの動きが変わるように、あるいは見た目が少し違って見えるように、部屋の中のものをふたつほど動かしましょう。アートを移動させたり、部屋のレイアウトを変えたりして、エネルギーを変化させるのです。

**パート2：**祭壇を祀り、キャンドルをヒソップとアンジェリカで飾ります。水をボウルに入れ、そこに塩をまき、キャンドルをボウルに入れます。

キャンドルに火をつけます。

エネルギーが生じるよう、集中します。火の呼吸で行うのです。全身の筋肉をこわばらせて解放し、体を動かし、詠唱を唱え、体のまわりに噴水のようにエネルギーが流れていると想像します。あなたの中にはもうこれ以上とどまってほしくないと思うエネルギーを、あなた自身が動かしているところを想像するのです。

**こう言いましょう：**わたしはいま、そしてこの先もずっと、よどんだエネルギー、役に立たないエネルギー、わたしのものではないエネルギーを追放します。

ベルを鳴らします。

**こう言いましょう：**わたしが気づいていようといまいと、わたしに害をなすあらゆる呪い、おまじない、工作を追放します。現世で、あるいはほかの人生で交わされたどんな契約も無効です。そんな契約は消え去り、二度と結ばれることはありません。

ベルを鳴らします。

**こう言いましょう：**わたしはいま、そして未来永劫、無意識のうちに抱え込んでいる執着や停滞を追放します（何を追放したいか、具体的にあげてもかまいません）。

ベルを鳴らします。

ほうきを手に取り、部屋の掃除を始めます。空中を掃いて、たまっているエネルギーをすべて、外へ、外へ、外へと追い出します。窓があれば開けましょう。「消えろ！　戻ってくるな！」と言ってもいいですし、ローズマリーやラベンダーなど空気を浄化する乾燥植物を燃やすのもいいでしょう。足を踏み鳴らし、フライパンを打ち鳴らし、望まれざるエネルギーを家の外へと追い出しましょう。部屋の中のエネルギーが変化したと感じたら、ふたたび集中します。

**こう言いましょう：**わたしはポジティブなエネルギーを歓迎します。

ベルを鳴らします。

**こう言いましょう：**わたしは愛、喜び、動きを歓迎します。

ベルを鳴らします。

**こう言いましょう：**動き、幸運、喜びに集中するために自分のパワーを使ってできることなら、どんなことでもします。

ベルを鳴らします。

**こう言いましょう：**新しい始まり、新しい機会、明晰な力がいま、そしてこれからもずっと、わたしのもとへと訪れます。わたしの頭、体、精神はいま、そしてこれからもずっと、あらゆる方法で保護されます！

ベルを鳴らします。

**パート3：**風呂に入りましょう。塩、ヒソップ、アグリモニー、アンジェリカを浴槽に入れます。全身に湯をかけます。可能であれば頭の上からもカップかボウルで湯をかけます。全身に石鹸をつけてへチマでこすります。たまっていた恐怖や望まれざるエネルギー、停滞が湯に吸い込まれていくところを想像します。全身をすっかりきれいにこすったら、浴槽の湯を抜きます。

**パート4：**アフターケア。呪文を唱える際に使ったもの、ハーブや燃え残ったキャンドルなどはできるだけ速やかに捨てましょう。翌週に少なくとももうひとつ、たとえば冷蔵庫をきれいにするとか、古いエネルギーを追放することをかたく誓いましょう。それから、たとえばいままで行ったことのない場所に行くとか、友人に連絡して何か楽しいことをするとか、日々のルーティーンの一部を改めるとか、エネルギーを動かすようなことを何かひとつやるのです。髪を切ったりヘアスタイルを変えたり、違うファッションやメイクを試したりして、見た目を変えるというのもおすすめです。エネルギーを上向きに変えること、見た目を変えることで、古いエネルギーがふたたびあなたに取りつくのが難しくなります。

## タロットを引いて、ワニングムーンの教訓とつながる

清潔で落ち着いた場所に、タロットカードと水かお茶、メモ帳とペンを持って入りましょう。電話は別の部屋に置いておくこと。部屋の明かりは暗くします。

カードを１枚引きます。たったいまのあなたを映し出すカード。それを中央に置きます。これがカード１です。

カードを１枚引きます。この月のサイクルの、あなたにとってのメインテーマを映し出すものです。それをカード１の下の左側に置きます。これがカード２です。

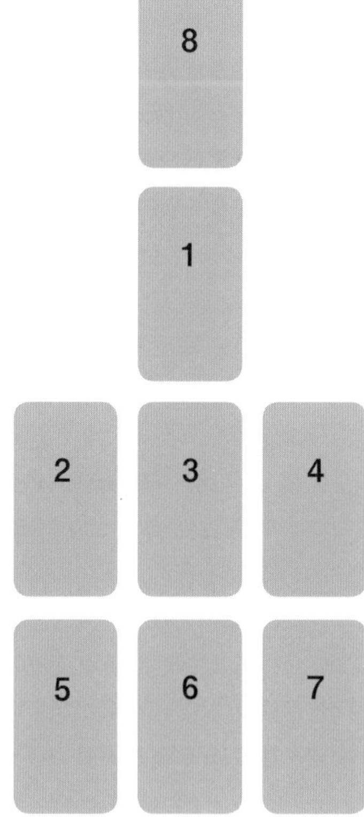

カードを1枚引きます。あなたが次に行きたい場所を映し出すものです。それを先ほど引いたカードの右横に置きます。これがカード3です。

カードを1枚引きます。心が引かれているけれど、いまは完全には理解できないものを映し出すカードです。先ほどのカードの右横に置きます。これがカード4です。

残りのカードをシャッフルします。

こう問いかけましょう：月のサイクルはわたしに何を知らせたいのか？　わたしがそれを感じているか否かにかかわらず、このサイクルのあいだにわたしが癒し始めたものはなんなのか？　カードを1枚引き、それをカード2の下に置きます。

カードをシャッフルします。

こう問いかけましょう：この先わたしが動かし続けていかなければならない秘密のスーパーパワーとはなんなのか？　わたしのエネルギーとハートは未来のサイクルで何を動かそうとしているのか？　カードを1枚引き、それをカード3の下に置きます。

こう問いかけましょう：わたしのいまの状況についての真実とは？　完全に悟ってはいないかもしれないけれど、前進するために見なければならない、知らなければいけないことはなんなのか？　カードを1枚引き、それをカード4の下に置きます。

カードをシャッフルします。

こう問いかけましょう：次の月のサイクルでエネルギーと労力をどこに向けるかについて、わたしの内なるパワー、源、そのほかの救い手たちはわたしに何を知らせたいのか？　カードを1枚引き、それを最初に引いたカードの上に置きます。

## ワニングムーンの期間のジャーナル・プロンプト

天から授かった恩恵にさらなる感謝の念を示すにはどうしたらいい？

わたしの知識は人と共有すべきもの？　どうやってそれをすればいい？

舞台裏ではどんなことをやればいい？

いまがエネルギー的にバランスの取れた時期なら、どうやってそれを利用すればいい？

いまのわたしにとって障壁となっているものは何？

無意識のうちに紡がれているわたしの物語はどんなもの？

わたしの集中力やエネルギーを奪っているものは何？

意識的にペースを落とすにはどうしたらいい？

どうすれば自分のエネルギーを保護できる？

どうすればよりよい方向へ境界を広げていける？

解除したり拒否したりしなければならない、わたしが自分に課した制限とは？

癒しを始める用意ができたと告げてくれるわたしのシャドウはどこ？

実はわたしのスーパーパワーであるシャドウのアスペクトはどうなっている？

わたしが先のばしにしてきたことは何？

新しいサイクルを始めるために、わたしが片づけなければならないこととは？

# ダークムーン

## 虚空の中での変容

月のサイクルの最後の３日間はダークムーンの時期です。これで月のサイクルは終了します。この時期、月は太陽のうしろにあり、地球上からは見えません。月でさえも、ときには隠れなければならないことがあるのです。

ダークムーンの期間、フルムーンの偉大な母なる創造者というアーキタイプは暗黒の母なる破壊者へと変容します。強烈で、反抗的で、謎に満ち、定義するのが困難なダークムーンのエネルギーは、それをつかまえようとする手をすり抜けてしまいます。ダークムーンの性質を持つパンテオンの中でも最もパワフルな女神たち――ヘカテ、メドゥーサ、イナンナ、バーバ・ヤーガ、イクシェル、リリス、魔女のアーキタイプ――は、全能で自己の潜在能力を最大限に発揮する賢い女神から恐怖を喚起する神へと変容しました。わたしたちの多くは彼女たちの物語を問いただし、女神たちを呼び戻して、そういったアスペクトを自分の中に取り込もうとしています。そうすることで、感知できるかどうか微妙なダークムーンの美とパワーをも呼び戻しているのです。

ダークムーンはわたしたちに、憂鬱、休息、病気、怒り、嘆き、悲しみ、撤退、反抗、そして抑制の利かない創造性は完全に自然なものなのだと請けあっています。これらの強烈な経験に将来を見通す意味を与える自分なりの方法を見つけることで、わたしたちはしばしば癒されます。自分は何者なのか。それについての知られざるアスペクトを受け入れることは、虚無の表玄関に入っていくようなものです。フルムーンが広く知られているとしたら、ダークムーンはまったく知られていません。わたしたちが破壊し、ヴィジョンを抱き、ふたたび目覚めてさらに先へと進む手助けをしてくれるのがダークムーンです。

ダークムーンは月のサイクルにおいて最も謎に満ちた位相です。ダークムーンは目には見えないため、わたしたちはすべての大胆な可能性を想像力で補います。そこは鏡の向こう側から欲望と解放がわたしたちに手を振っている場所です。わたしたちを引きずりおろしたものである、その結び目をほどこうと決意しなければならない場所です。ダークムーンは解放の場所なのです。

長いあいだ、わたしたちは自分自身と自分の人生のダークムーンのアスペクトを無視するか、または抑圧するよう教えられてきました。神聖な女性性、いかがわしさ、死、セックス、変態、破壊、激怒、パワー、変質、直観、夢。こういったテーマをよみがえらせて探索すればするほど、わたしたちはその中に莫大な財宝が埋められていることを悟るでしょう。

ダークムーンはワニングムーンを増幅させたものです。終末はこの時期に符合します。これは終わりの終わりなのです。影の源。どん底と突破口。破壊は創造のための行動です。喪失が炎の中に投げ込まれたあと、くすぶった灰の中で新しい命が目覚めます。内なる北極星は、わたしたちに異なる現実の中で起き上がる力を与えてくれます。そうやって、ダークムーンは遠い未来を可視化するものなのです。

月のサイクルを通してワークを行ってきた人にとっては、ダークムーンはサイクルのメインテーマが戻ってくる期間です。そうなったとき、解放と統合のワークは必須です。この期間のテーマに関連している負債や過去の人生パターン、長らく引きずっている感情的な傷を一掃しましょう。責任を取り、感謝の念を表し、よい方向に向かって進むことを決意するのです。明白な意図と行動で活性化されたこれまでとは異なるタイムラインへ足を踏み出すことをいまこそ誓うのです。

ダークムーンのエネルギーは種を蒔くエネルギーです。この時期、わたしたちは来るべき新しい月に植えられる種の品質を呪文で取り出し始めます。ガーデニングをしていると、植物が消えて種になっていて狼狽させられることがよくあります（この状態を「董立ち」と呼びます）。その植物はもはや実が成らず、種をつくり出すことへと役割を変化させたのです。もともとあった植物は新しい命を生み出すために死ななければなりません。変容は起こるべくして起こるのです。種は暗闇の中で懐胎し、育っていきます。すべての創造は闇の中で始まるのです。

ダークムーンは生産力にあふれたスペースです。

そこは、未知のものと友達になる場所です。

わたしたちの中にある未知のものと友達になる場所です。

暗闇の美しさを味わうとき、わたしたちは自分の心の中の秘密にアクセスしています。

ダークムーンの中には新しい世界の種があるのです。

## ダークムーンのタイミング

ダークムーンは午前３時頃にのぼり、日の出の頃に沈みます。月は太陽の軌道のすぐあとを追っていきます。しかし、月がわたしたちに見えない時間の長さは、１日半から３日半のあいだで変化します。[1]

ダークムーンのタイミングを観測する方法はさまざまです。ひとつの方法は厳密に言う「新しい」月の時期にダークムーンを観測することです。月が目に見えないとき、それは「暗い」月なのです。「新しい」月は、表面に最初のきらめきが見えたときに観測できます。厳密には満ちていくクレセントムーンのステージです。多くの人はダークムーンの期間を占星術的／天文学的に言う「新しい」月の直前の３日間と見なしています。

あなたがダークムーンをどのように観測したいかは、あなた次第です。実験してみましょう。ニュームーンの前の３日間をダークムーンの期間ととらえたとしたら、次のサイクルでは「公式な」ニュームーンの期間の最中をダークムーンの期間と見なすのです。もしそれが「ニュームーン」で、あなたが怒りか疲労に襲われていると感じ、その理由がわからないならば、その「ニュームーン」はあなたの「ダークムーン」なのかもしれません。時が経てば、自分のダークムーンの時期がいつ終わるのかわかるようになるでしょう。

ニュームーンと同じように、あなたのダークムーンは毎日、さまざまに異なる行動で成り立っています。ダークムーンの最初の日には、日誌をつけようとして思い浮かんだものに当たってみるといいかもしれません。2日目には、その情報に関して呪文を唱えるか、儀式を行うかするといいでしょう。3日目には、休息を取るか、来るべきニュームーンのために準備を整えられるような活動をするのもいいでしょう。

## ダークムーンがつらいなら

ダークムーンの時期とエネルギーをつらいと感じる人がいても不思議ではありません。不可解なもの、終末、死、未知のものは、自分が人生のどの段階にいるとしても通り抜けるのはとても疲れるものです。ダークムーンを特に負担に感じているのなら、あなたはフルムーンかニュームーンの位相のあいだに生まれたのかもしれません。あるいはワクシングムーンかフルムーンの位相のあいだで、築きあげること、成長することととても深く共鳴しているのかもしれません。休みを取ったり、神秘主義的になったりするのは本筋から外れているように思えるかもしれません。もしそうなら、ダークムーンのワークは一時休止しましょう。これまでに成し遂げてきたことをストックとして使えばいいのです。

もしもあなたが取り組まなければならないエゴをたくさん抱えているなら、ここでそれを和らげるのは難しいかもしれません。バランスの取れていないエゴは病的なまでに自分自身を守ろうとし、その欲求はとてつもない締めつけとともにやってきます。たとえその代償が高くついたとしても自分が安全だと感じたいのはなぜなのか、たとえそれでさまざまな機会が失われることになっても自分が保護されていると感じたいのはなぜなのか、しっかり考えてください。あなたはしばしば自分が望むとおりコントロールできないことを受け入れられますか？　すべてのものがいつかは必ず終わりを迎えるということを、受け入れられますか？

ダークムーンがつらいなら、それはあなたとシャドウの関係が非常に密接なものになっているからかもしれません。悲劇的な状況をくぐり抜けて生き残ったことがある場合、何かネガティブなものが浮上してきたらまたどん底へ引きずり込まれるという恐怖が存在することはあり得る話です。破壊の跡を修復し、トラウマから回復した者は平和、静けさ、おだやかさといったものに（よい理由で）心を奪われる傾向があります。その場合、あなたは対処能力を倍にするか、快楽を優先させることができます。癒しを定義するひとつの方法は、強烈な試練をくぐり抜けてもなお自分自身を愛せるかということです。外は嵐でも、自分自身に憐れみを向け、自分で自分の安全な入れ物をつくることはできるのです。

ダークムーンは生来のパワーと連絡を取りあうときです。パワーには責任も伴います。わたしたちはエゴの死を避けるために、自分自身を自分のパワーから切り離すか、パワーを持っていることを否定します。カオスをつくり出し、引きのばし、スケジュールを詰め込み、頭を麻痺させたり現実から逃避したりすることに没頭し、受動的攻撃行動に出て、境界を緩め、ドラマティックな関係に夢中になり、他者からの許しを待ち、自分にとって意味のあることをして外部から承認されるのを待つ。これらはわたしたちが個人的なパワーを放棄するための方法の一端にすぎません。わたしたちはみな、人生のある時期にこういった行動のうちいくつかを取ることになります。しかし、これらの多くがあなたのデフォルトに思えるようなら、いまこそ月のサイクルのこの部分を利用して、あなたがつくり出す深刻なエネルギーの拡散に過剰に付着してくるものを根絶すべきときなのかもしれません。

自己のこういった複雑なアスペクトと向きあって、それを可能性にあふれた肥沃な大地に変えようとするとき、わたしたちを応援してくれるのがわたしたち自身のダークムーンのエネルギーです。意識的な破壊行動は成長を促します。意味を持つことになった痛みは喪失の教訓を与えてくれます。ダークムーンには、わたしたちがどんなつらいことでもやれるとわかっているのです。それはわたしたちのサバイバー精神と回復力のシンボルであり、また、わたしたちのパワーと自己実現のシンボルでもあります。ダイヤモンドのきらめきを放つ天からの贈り物の数々はどんな可能性も見せてくれるのです。

## ダークムーンの位相にいるとき

ダークムーンの時期には、持っているすべてのものを捨てたくなるかもしれません。さまざまな感情が襲ってくるはずです。怒り狂い、何もかも燃やしてしまいたくなるでしょう。抑えきれない悲しみを経験し、いつまでも嘆き続けることになるかもしれません――自分が何を悼んでいるのか、正確にはわからないままに。不死鳥のように立ちあがり、また別の輝かしい位相へと進んでいく気持ちがわき起こるかもしれません。あなたのオーラのまわりで信じられないようなヴィジョンと創造性が爆発してにぎやかに音を立て、霊的なダウンロードがあなたの耳に聞こえる会話を繰り広げるかもしれません。この時期は強烈で、むずむずするようなかゆみを感じ、刺激的です――脱皮のサイクルはそういうものなのです。

ダークムーンの時期を生き抜く経験は、深遠でスピリチュアルな目覚めと変容に耐えると表現してもいいかもしれません。精神的危機、癒しの危機、アイデンティティ・クライシスと呼ばれることもあります。このプロセスは人を混乱させ、孤立させます。ただ言葉でそう言うよりももっと強烈な経験です。目覚めていながら死んでいる。そんなものをどう説明すればいいのでしょうか。ダークムーンの時期をくぐり抜けたら、もう後戻りはできません。変容してしまうと、もう戻れないのです。人間としての貢献に向かって突き進むしかありません。個から集合体へと意識が変わっていきます。

ダークムーンの時期には、自分のスタイルがよくわからなくなってしまうかもしれません。あなたはアイデンティティの狭間にいるのです。時間をかけて、自分がどういう人間になろうとしているのかを知りましょう。取るに足りない、些末なことにアレルギーがあるのを発見し、くだらない時間つぶしはどうでもいいと思うかもしれません。あなたが欲しいのは真実なのです。深みを求めているのです。別れも必要になります。あなたの次の章に誰も彼もが招待されるとはかぎりません。

ダークムーンの位相にいるとき、あなたは多くの創造者や支配者に出会ったはずです。山々は削り取られ、悪夢をいくつも見せられ、そういった出会いがあなたの進化の形を決めます。称号や称賛、物質世界を彩る飾りはどうでもよくなります。あなたは真実の自己と精神性が花開く世界をつくりあげるために、はりぼての向こう側へとたどり着いてしまったのです。

## ダークムーンの時期にアンダーワールドを旅する

ワニングムーンの時期にわたしたちは内側へと引き込まれ、下降を始めます。ダークムーンはアンダーワールドへの旅です。古代のさまざまな文化において、死後の世界はアンダーワールドとして表されます——天国ではなく。人は洞穴や洞窟へおりていってセレモニーやシャーマン的な旅を経験し、死へと向かっていきます。時代遅れのアスペクトを示す自己はアンダーワールドに残され、いっそう完全な、いっそう聖なる命に目覚めて戻ってくるのです。

アンダーワールドを旅するには、勇気と遺跡への興味が必要です。下降とは広大な奥へと踏み入ることです。わたしたち自身がつくりあげたおとぎ話の王国で、ドラゴンを倒したり、悪魔と踊ったりしなければなりません。戻ってくるときには、出発したときとはまったく違った人間になっているでしょう。目的地は未来の自分なのです。

古代シュメールの女神、イナンナが下降していった神話は、ダークムーン期の癒しの機会について、信じられないほど洞察に富んだ物語になっています。まだペルセポネもイシスもアフロディーテも存在していない昔に存在した「天国の女王」がイナンナでした。セックス、繁殖、正義、戦争の女神で、「月の最初の娘」としても知られていました。[2]

イナンナは「死の女王」である妹のエレシュキガルを訪ねてアンダーワールドへとおりていきます。エレシュキガルは姉の訪問を喜ばず、彼女を追い出そうとします。最初は贅沢な身なりをしていたイナンナは、七つの門をくぐり抜けなければならず、最後に妹のもとにたどり着いたときには一糸まとわぬ裸になっています。エレシュキガルは姉に死を命じ、肉を吊るすフックにかけて３日間串刺しにします。イナンナは忠告者とふたりのジェンダーレスな存在と父親の助けを借りてよみがえり、救われます。自分の国に戻ってみると、王座には夫が就いていました。彼女のことを嘆くのではなく、彼女の王国を乗っ取ったのです。彼女は夫を追放します。さまざまなつらいことを乗り越えて、イナンナはより完全でパワフルな存在になって生き返るのです。彼女は拒絶を、裏切りを、死を知りました。言葉どおり、あらゆる意味で裸にされました。完全に屈服させられたイナンナは、今度は天国と地上の女王になりました。[3]

イナンナの神話は、どんな男性の神の下降の物語よりも前に起こったことです。この神話の中心にいるのは女性です。女神がアンダーワールドに入っていく神話は数多くありますが、それは自分の意志に反して——たいていは男性によって——連れていかれることがほとんどです（ハデスとペルセポネ、ほかにも同意なき旅について書かれたギリシア神話はさまざまにあります）。一方、イナンナは自ら喜んでアンダーワールドを旅するのです。自己のシャドウに好奇心を抱き、それを経験する覚悟をもって。

イナンナは三日三晩、死んでいました。彼女のダークムーン期の経験は、謎のアンダーワールドを訪れたいという熱望によって始まります。そのプロセスの中で、さまざまな関係が——最も重要なのは自分自身との関係です——完全に変化します。彼女は一度裸になり、皮膚まで失って、死から再生されるのです。

この神話はわたしたちの下降のガイドとして使えます。イナンナは７つの門をひとつくぐるごとに服を１枚脱ぎ捨てます。これはわたしたちの旅のメタファーとしても有効です。幾重にも重なる習慣や信念に目をそらされ、わたしたちは本当に生きるということができずにいるのです。本物だと思ってしがみついていた人生のどこが嘘なのでしょうか？　大事な仕事からわたしたちの気を散らしてきたものはなんなのでしょうか？　わたしたちを無価値なものだと思い込ませてきた物語とはなんなのでしょうか？[4]

この神話はまた、成長と癒しを促すには誠実さと傷つきやすさをいかにさらけ出す必要があるかを示しています。ダークムーンの時期には、本当の自分に思いきって正直になることです。自分がどれほど強くて素晴らしくて天才かを認めることです。自分が内なる悪魔とドラゴンと対決し、打ち勝つ勇気を持っていると信じることです。自分のパワーと完全につながることができたとき、何ができるかを思い描くのです。

望むと望まざるとにかかわらず、下降は最初の儀式です。望んで始まるプロセスはしばしば、大きな変化を求められているときに起こります。可能性を広げていく準備が整っているならば、まずは障壁となっているものを知り、それを取り去ることに注意を向けましょう。そこで古い傷を癒すプロセスが始まるかもしれません。わたしたちは潜在意識を通じて、もしくは夢の世界を探検することで、ふたたび直観と統合される用意ができているのです。わたしたちはイナンナ。妹である自己に出会うためにアンダーワールドを訪れようとしています。わたしたちの侵入に彼女が憤慨するであろうことを、わたしたちは知っています。アンダーワールドにいるわたしたちの自己は、わたしたちの心の奥底でぎざぎざの王座に腰かけながら、邪魔されることなく統治を続けたがっているのです。

望んで下降していくには、心の内側のワークに本気で取り組まなければなりません。セラピー、共助グループ、日誌、瞑想、対話、許しのワーク、臆面もなく自分を観察すること、緊張を癒すこと、つらい真実と向きあうこと。

望んでもいないのに下降せざるを得ないこともしばしばです。憂鬱、病気、いつまでも癒えない喪失感、別離、中毒、不愉快な暴露、その他さまざまに深く傷つくようなシチュエーションは下降のきっかけとなります。その場合、第一のルールは自分で自分に溺れるほどの同情を与えることです。わたしたちは自分を責めがちです。いつだって最善を尽くしているのに。人はいつだって人生の不公平さと全力で格闘しています。残念ながら、みなさん、人生とはバランスが取れていないものなのです。素晴らしい人の身にも悪いことは起こります。可能ならば、ありとあらゆる形で外に助けを求めてください。傷に包帯を巻き、自分にバケツ何杯分もの同情を与えましょう。そうして、この状況があなたに何を教えようとしているのかを見極めるのです。

この状況は、あなたにどの源に浸れと言っているのでしょうか？　この試練はあなたに何を明確にさせたいのでしょうか？　あなたが上手にこなせるスキルとはなんですか？　この状況を味方につける方法はありますか？　このつらさがあなたをどのように助け、あなたにとって最も重要なものに集中させてくれたかを考えるのです。この下降は取るに足りないものをこそげ落とし、やがては天からの恵みだったと思えるようになるでしょう。やり方を変えなければいけないことはなんなのかを考え、行動計画を立てて前に進むのです。いまやらなければならないことはなんなのか、はっきりさせましょう。

精神の異なる領域に旅することで、悟りが得られます。無意識から夢、エゴ、意識から想像、超意識まで旅をしましょう。アンダーワールドではたくさんの光が見つかるはずです。わたしたちはただ、それをどうやって見るかを学べばいいのです。暗闇の中で得たヴィジョンは未来の悟りをもたらすでしょう。

## ダークムーンはつらいことと向きあうとき

苦痛はしばしば、恥の感覚を伴います。恥が苦痛を引き起こすこともしばしばです。恥はどこにでも見つけられると言っていいでしょう。メディアの中に、広告の中に、わたしたちの生まれ育った家の信念や決まりの中に、仕事場の中に、精神的コミュニティの中に、広く言えば世界の中に。恥の仲間は屈辱、沈黙、自己嫌悪です。恥の共犯者はレイシズム、肥満への恐怖、階級主義、トランスフォビア、資本主義、女性蔑視です。恥を引きあげているロープは罪悪感、非難、困惑、麻痺。恥に力を与えているのは完璧主義と競争です。恥は「シェイマー／恥だと思わせる者」の形を取ってあなたの前に現れることもあります。あなたにはなんの価値もないと思い込ませる人たち。ときには、知ってか知らずか、わたしたち自身がシェイマーになることもあります。

恥は最も広く普及している感情のひとつです。それは夢に向かって前進しようとするあなたを止めてしまいます。わたしたちを黙らせ、なんであれ、わたしたちが受けた虐待はわたしたちに罪があるのだと思い込ませます。高みへのぼろうとするわたしたちの力を奪うのが恥です。

恥は目に見えるやり方で、同時にそれとはわからない方法でもかけられる呪いです。膿を放っておくと、勝手に育っていってしまいます。恥の呪いから脱出する方法はいくつもあります。傷つきやすさをさらけ出すことと、人とつながることは、恥の解毒剤になります。沈黙は恥に栄養を与えてしまうので、真実を口にすることで、恥が消えていく様子を観察しましょう。笑い声、ユーモア、楽しさ、ばかばかしさ、喜びは恥を追い払います。自分の持っているものに集中し、輝かせることで、恥の炎は消えていきます。あなたにしかできない独自の創造的表現やスピリチュアルな実践を重ね、あなたを取り巻く前向きな共助ネットワークとつながることで、恥は薄らいでいきます。

あなたの行動と本質的価値は分けて考えましょう。ええ、もしかしたらあなたは間違いを犯したかもしれません。恐ろしい間違いで、他人を、あるいはあなた自身を傷つけたかもしれません。もしくは、ただカッコ悪い小さな過ちだったかもしれません。いずれにせよ、あなたの価値がそれで下がることはないのです。責任を取りたければ、取ればいい。謝罪をして、埋めあわせをして、過ちを繰り返さないようにするにはどうしたらいいか考えるのです。相手はまだ謝罪を受け入れる気になれないかもしれない、人はそう簡単に過ちを許せないかもしれないということも知るべきです。そうと知りながら、前に進むのです。

わたしは手を広げようとしているとき、もっと広いスペースを占める用意ができたと感じたときにかぎって、恥が自分の邪魔をすることがあると気づきました。わたしは虐待を受けて育ったので、潜在意識とエゴに、小さく縮こまっているほうが安全だ、と教えられてきたのです。わたしはレベルアップしようとすると、どういうわけか恥と疑念がちくちくと刺すようにつきまとってくるのに気づきました。潜在意識が、わたしは隠れておいたほうがいいのだという証拠を探しているのです。わたしにはなんの価値もなく、頑張っても意味はないという証拠を。それが恥のスパイラルとなって表に出てきます。恥がいつ、どのようにあなたの目の前に現れるかに注意しましょう。それを情報として参考にするのです。撤退の理由にするのではなく。

ダークムーンの時期には、恥があなたを引き留めようとしていないかどうかに気をつけなければなりません。あなたの人生のどの時点で恥というテーマが現れ、あなたはそれをどこで武器として使って自分自身を、または他人を罰するのか？　恥のせいで繰り返される、制限された思考パターンとはどんなものなのか？　静かなこの期間のうちに、恥はいかにして現れ、あなたを引き留めるのかということについて、異なる考え方やより多くの情報を手に入れるために何をしたらいいか考えましょう。

## 許しはあなたが自分自身に与える贈り物[5]

許しはつらいことと向きあっているときにこそやる価値のある実践です。ほかのワークをさまざまに試してきて、それでもまだ何かが引っかかっているように思えるなら､許しの出番が来たということかもしれません。

許すということは、あなたを不当に取り扱ってあなたを足止めさせた相手を歓迎するのと同じことだと考える人もいますが､そうではありません。それは、気づいていないうちに運んでいた重荷をおろすということなのです。

中には絶対に受け取ることのない謝罪を待ち続けている人もいます。本気で、謝罪してもらうのが当然だと信じているのです。本当に謝罪を受けるに値するとしても、その日は永遠に訪れません。すると恨みは心の中で大きくなっていきます。恨みの下には複雑な感情があります。渇望。自暴自棄。怒り。わたしたちはそういった表面には出てこない感情に注意を向けなければなりません。そして心を開いてそれらを感じ、それらに愛情を与えなければなりません。この気づきは方向を指し示すのに役立ちます。わたしたちが自分に課してきたストレスをどこで緩和できるかがわかるのです。

許しのパワーは巨大です。もつれたエネルギーをほぐし、さらなるやさしさと思いやりを人の心にもたらします。許すことで、わたしたちは過去にとどまるのではなく、いま現在へと動くことができるのです。

しばしば、わたしたちが許さなければならない対象はわたしたち自身です。わたしたちは自分への恨みを相当抱えています。自分以上に自分につらく当たる人はいない、ということがほとんどです。なぜ自分を許さなければならないのかを説明するのは難しくても、自分を許すという実践を続けることが重要です。月に一度は腰を据えて、ワニングムーンもしくはダークムーンの時期にふだんより長い許しの瞑想を行うことは、実りの多い習慣になるでしょう。過去の自分を許すのです。現在の自分を許すのです。こうささやきましょう。「わたしはあなたを許します。わたしはあなたを愛します」と。そして自分の中のその部分を解放するのです。もう運ぶ必要がなくなった荷物を手放すのです。それはそもそもあなたが引きずっているべきものではなかったのかもしれません。

もうひとつの関連した癒しのワークは、許すのではなく、受け入れることです。強制的な許しは強引に感じられるかもしれませんし、つねに適切とはかぎりません。暴力や恐ろしい虐待を受けたとしたら、許しは選択肢にも入らないかもしれませんし、許されるべきではないでしょう。怒りを感じていることこそがあなたに力を与えていると思えることもあるかもしれません。許しで重要なのは、貴重なエネルギーを取り戻すということです。ほかの方法でそれをやるならば、受け入れるということを試してみましょう。それは承認ではありません。ひどい行いを大目に見るということではありません。起きたことを理解し、認めるということです。相手がどういう人間なのかを理解し、認めるということです。エネルギーのもつれをほどいて、先に進むという決断をくだすために。受け入れるということには強い癒しの力があります。リリー・トムリンが言ったとおり、それは許しと似ていて、よりよい過去があったかもしれないという望みを持つのをあきらめることです。

## ダークムーンのときには死と向きあう

死にはいくつものレベルと層があります。微妙な死というものがあります。質問や関心を向ける位相が終わるときに迎える死です。感覚を失わせる死は、特定の傷を調べていくことによって時間をかけて明らかになるものです。あふれるような死もあります。たとえばオーガズムや、「もう二度と会わない！」と書きつけたページを何枚も何枚も燃やすかがり火。長い時間をかけて訪れる死もあります。名詞の変化、名前の変化、有害な関係の終焉、しっくりこなくなってしまったアイデンティティの解放。

こういった、よりメタファー的な死が現実になぜ恐ろしいほどの不安を生じさせるかというと、それは、死の向こう側で何が待ち受けているのか、わたしたちは知ることができないからです。わたしたちの意識は防御的なやり方で環境に反応するしかないのです。こういったメタファー的な死が起こったときに、どうやってそのショックを和らげるべきかがわかれば、わたしたちは立ち直ることができます。ショックを乗り越えて、自分を見失わずにいられれば、わたしたちは柔軟に何にでも対応できるようになります。わたしたちは折れるのではなく、しなやかに曲がるのです。

わたしたちの多くが最初に認識する、文字どおりの死もあります。命の終わり、有機体の存在の永久的な停止。わたしの顧客の方々やわたし自身が見てきたことからすると、人間の意識は体の機能が停止したあとも生きている、とわたしは信じています。体が大地に還っても、意識は異なる領域で、異なる形で生き続けるのです。

エネルギーを破壊することはできません。エネルギーはただ形を変えるだけです。死は人間のレガシーの終わりではありません。わたしたちのことを記憶していてくれる人がいるかぎり、またその人のことを覚えている人がいるかぎり、レガシーは終わりません。あなたが誰かを喪って悲しんでいるのなら、それはあなたがその人の愛に恵まれてきたということを意味しています。わたしたちは体が消えたあとも長く生き続けるレガシーをつくっているのです。わたしたちは自分が受けた愛の行為を通して、わたしたちが提案した発明の中で、わたしたちが共有したレシピの中で、そしてわたしたちがつくり出す――生物学的に選ばれた――家族を通して、生き続けます。だからなおさら、あなたの意図、あなたの言葉、あなたが持ち込むエネルギーには注意深く、厳しくならなければならないのです。

学者のクラリッサ・ピンコラ・エステスは記念すべき著書『狼と駈ける女たち――「野性の女」元型の神話と物語』で生／死／生のコンセプトを示しています。[6] これは、時間は続いていくという考え方です。生きているものが本当に死ぬということはありません。存在の状態はつねに変わります。ものごとは変容します。休止期間、死の期間は命へと移り変わります。月は毎月死んで、生まれ変わるのです。

メタファー的な死があなたにとって苦痛に満ちたものならば、それは生という考え、再生という考えについて瞑想するのに役立つかもしれません。この死はどんな新しい生へと生まれ変わるのか？　思い出してください。何かが残されたとき、別の形の愛が現れたことを。生／死／生は円を描いているのです。一直線ではありません。

わたしたちは死と生の合間を縫うようにして、両者のあいだを出たり入ったりしています。決してひとりぼっちということはありません。死においてさえ、わたしたちはひとりではありません。先祖たちの領域に入るのです。わたしたちの行動の記憶はわたしたちが影響を与えた者たちの愛すべき思い出に織り込まれていきます。愛があるかぎり、誰も死ぬことはありません。

### 有害なエゴはわたしたちが生まれ変わるために死ななければならない

ダークムーンのエネルギーはエゴの死を容易にしてくれます。誰にでもエゴがあり、誰でもエゴを必要としています――健全なエゴを。あいにく、健全なエゴとはどんなものかを教えられた者は多くありません。たいていの人は安全だと感じるためのツールを与えられていないので、エゴを盾にし、防衛のメカニズムをつくり、不健全に育っていったエゴが人と人を分ける装置になってしまうのです。

あなたのエゴは体の中でどんなふうに感じられるのか、それがいつ燃えあがってオープンな心と成長と引き換えにあなたを守ってくれるのか、突き詰めて考えてみてください。それはお金絡み？　批評に関して？　認知されることに関してかもしれません（わたしたちの多くは要所要所で活躍する複数のエゴを持っています）。たいてい、エゴは逃避、防御、あるいは否定というやり方でわたしたちを安全に守っています。

トラウマから生きのびた人、何度も同じことが繰り返されて力を奪い取られてしまった人にとっては、変化はしばしばエゴの死のように感じられます。虐待されてきた人が暴力から解放されて力を取り戻すと、自分のする選択の境界線を強固にしたいと願うことがままあります。「ノー」と言うこと、ルーティーンにこだわることは、立ち直るすべなのです。そうすることで、自主性と身の安全を確固たるものにしているのです。しかし、再生の必要を感じているのなら、それを容易にするために死ななければならないものもあります。小さな、安全だと感じられる範囲での変化を求めることから始めてみてはどうでしょうか？　日常のルーティーンの順序を変えてみましょう。娯楽としてやっていることを変えてみましょう。瞑想の方法を変えてみましょう。変化について瞑想するのです。

積極的に死を求めなければならない場合があるとすれば、それは固定化されたアイデンティティの死を通してです。わたしたちはつねに変化し、絶えず複数のアイデンティティを成長させています。エゴを試すあらゆるものが——困惑、分裂、屈辱、傷つきやすさ、拒絶——わたしたちがつくりあげたマスクを今にもはぎ取ろうとします。丹精を込めて築いた壁——わたしたちを引き離し、孤立させ、安全に守るための壁——は、いかなる種類であろうとも死に直面したときには崩れ落ちます。こうしたときに、わたしたちは安全は与えられるものではないことを思い知るのです。安全という幻想はわたしたちの成長を阻みます。制限されたアイデンティティに過剰に依存していた心を解きほぐしたとき、報いとして得られるのは、わたしたちは誰にだってなれるという感覚です。わたしたちはなりたい自分になれるのです。

不健全なアスペクトを持つエゴが死ぬことで、わたしたちにはもっと素晴らしい、もっと意味のある自己の経験が約束されます。それは壁で身を守っていたときには経験できなかったことです。自分が何者なのかというエッセンス——わたしたちの核にある意識——には、調和の余地があります。本当の自分をありのままにさらけ出すことで、わたしたちはより本物になるのです。限りなく本物になったとき、わたしたちは自分を再発明するために最も重要なものを認識し、それに集中することができます。別の自分が現れるのです。死と再生。生／死／生は、わたしたちがそれを繰り返すかぎり続いていくのです。

## 悲嘆は繰り返される生と死のプロセスの一部

悲嘆は抑えつけられたり無視されたりしていいものではありません。その声に耳を傾けられ、それが場所を占めることを許されて然るべきものです。時間をかけて取り組むべきもので、人生という教室におけるひとりの教師です。

わたしたちはみな、どこかの時点で悲嘆と向きあいます。わたしたちは喪った者を思って嘆きます。過去を思って嘆きます。郷愁からだろうと、もっと冷酷に、それがわたしたちから奪われたという思いからだろうとかまいません。わたしたちは先祖を思って嘆きます。わたしたちをここにいたらしめるために彼らがどんな苦労をしてきたかを思って嘆きます。わたしたちは暴力を、不正を、不必要に受けてきた苦しみを嘆きます。すべての人々のために嘆きます。虐待され、搾取された人たちのために。地球のために、地球上の植物と動物のために、汚され破壊されたすべてのもののために嘆きます。

わたしたちは決して手にすることができなかったもののためにも嘆きます。誰もわたしたちに与えてくれることのなかったもののために嘆きます。社会によって、あるいは家族によって、わたしたちに投げつけられた恐怖と欠乏を嘆きます。

嘆きはまた、実存主義的でもあります。曖昧で名状しがたいもののように感じられると同時に、骨と血に深く刻まれたものでもあるのです。迫害を経験したことのある人種にルーツを持つ人ならば、その嘆きの名残があなたのＤＮＡの中に流れていることでしょう。[7]もしあなたが四散したユダヤ人の子孫なら、その喪失から来る嘆きも受け継いでいるでしょう。植民地化されたことのある人々には、暴力と抹消の歴史に伴う鋭く深い痛みが残っているはずです。

一度悲嘆を経験すると、それはわたしたちが認めるまで決して消え去ることはありません。悲嘆はほろ苦い糖蜜です。勢いよく駆け抜けるようなものではありません。ずっと続くプロセスなのです。わたしたちは、そう心得て対処しなければなりません。いつの日か目覚めたらきれいさっぱりなくなっている、などと期待しても、さらなる苦痛がもたらされるだけです。悲嘆は生きているかぎり続くものなのだということを受け入れたときにかぎり、わたしたちの痛みはより深い癒しへと変わっていくのです。

悲痛は予期せぬ形で現れます。素晴らしい成功を体験したあとに、感覚を失い、どこか悲しさを感じている自分を発見するかもしれません。悲痛のタイムラインは論理的ではないのです。月の動きに時間という概念は機能しないということを悟れば、時間を超越した魔法がわたしたちを助けてくれるかもしれません。わたしたちは痛みを起こさせるシナリオに戻って、それを組み立て直し、よけいなものは置き去りにすることができます。愛する人が亡くなったあとも、その人を自分の人生の中にとどめておくことができます。相手に話しかけ、手紙を書き、自分の人生を共有するのです。多くの先祖が、血縁だろうとなかろうと、彼らが残した教訓を活かしてわたしたちが人生をつくりあげていくことを望んでいると忘れてはなりません。

その必要があるときには、好きなだけ嘆きなさい。あなたにぴったり合う悲嘆のヒエラルキーやハンドブックなどはありません（エリザベス・キューブラー・ロスの本は入門に最適です。ジョーン・ディディオンの『魔術的な思考の１年（The Year of Magical Thinking)』（未邦訳）やマーティン・プレクテルの『地面に降り注ぐ雨のにおい：嘆きと称賛（The Smell of Rain on Dust: Grief and Praise)』（未邦訳）やマギー・ネルソンの『トキワナズナ（Bluets)』（未邦訳）もおすすめです）。悲嘆は肉体のプロセスです。体を通して経験されるべきものです。それはあなたの神経システムを通じて、涙腺から出てこなければなりません。理屈の及ばない経験です。感情を表現することを抑制してはいけません。無理にそこから脱出するよう自分に迫ったり、その出来事の前の自分から変わらずにいることを強いてはいけません。悲嘆に襲われたら、抵抗せず、好きなだけ嘆けばいいのです。最終的に悲嘆の力が弱まったら、その力は調和へと変化し、その調和がわたしたちにさらに深い洞察と、さらに広々とした人生の質を与えてくれるはずです。

悲痛のアーキタイプ――悲しみと怒りのシンボル――をじっくり見てみることで、わたしたちは自分の痛みをより深く理解し、また強調することができるようになります。そこにはハーピーがいます。翼があって泣き叫び、魂をひったくる、嵐のような生き物です。そこにはリリスがいます。悲しみに打ちひしがれた最初の女性です。夫に拒絶されて神に罰せられ、日に何千もの子を喪い、空っぽの世界でひとりぼっちの女性。ヘカテは微妙な境目の世界と広々としたアンダーワールドを浮遊し、黒いマントで墓石を撫でます。彼女の猟犬たちは歯をむき出して唸り、たいまつが夜を照らしています。ヘカテは両方の世界のあわいに存在する者たちの慰めなのです。やがて彼女はすべての世界を統治する者から地獄の統治者へと降格され、神に次ぐ存在としてさまようことを強いられます。彼女はフェミニストの悲嘆の形を表してもいます——パワーを抑圧され、奪われ、避けられてきた者の深い悲しみ。

苦痛によって破壊された女性らしさのこうしたイメージは、その痛みでわたしたちを文字どおり口も利けなくさせています。爪や牙、怪物らしいパーツや多すぎる頭といったイメージで描かれるこれらのアーキタイプは、わたしたちが悲痛やトラウマによって肉体的また精神的にどのように変身させられるかを表しています。あなた自身の文化の中で語り継がれている物語も探してみるといいでしょう。フェミニストの悲嘆を描いたあなたの先祖のアーキタイプにも、なんらかの教訓が含まれているかもしれません。アートを通して擬人化された悲しみは、ニーナ・シモン、アリス・コルトレーン、ニック・ケイヴらの音楽にも聴き取ることができます。

悲嘆があなたの前にどのような姿で現れ、あなたに何を知らせたがっているのかに注意してください。悲嘆を押しとどめてはいけません。それがあなたを変えるがままにしていればいいのです。あなたを大きく開かせ、あなたの全身を引き裂かせておけばいいのです。苦痛があなたをよりやさしく、より強くしてくれますように。悲嘆に刺激されて、あなたが正義を求め、他者とつながり、自分の喜びを守りたいという気持ちになりますように。

## ダークムーンは虚無のエネルギー

死は恐ろしいものです。想像の限界を超えたところにあるからです。死の向こう側には、わたしたちが概念化できないものがあります。それが虚無です。虚無は無限です。

無限のあるところに、喜びがあります。「かぎりがあるところに喜びはない」とチャーンドーギヤ・ウパニシャッドは言いました。[8] 有限なものはコントロールできます。有限は正確で、限度があります。有限は人間の意識の先にあるエンドレスなものを認めません。無限はカオス、無限は混乱です。そこにあるのは可能性のみ。法律やお金、長さではかれる時間を超えたところには、可能性しかありません。

東洋の思想の多くは、ゼロを強力なシンボルとしています。それは破壊することができません。無敵です。ポジティブとネガティブのあいだにある数で、安定した基盤です。ゼロはトンネル。始まり。自然の中に生じる宇宙のスパイラル。地球、軌道、月。虚無は実り多き場所。

無とは空ということで、それはつまり、実際にはすべてがあるのです。

### 魔法は虚無が大好き

虚無を受け入れるというのは、わたしたちの生理的欲求には反することですが、それは魔法の効果を確実に高めてくれます。最も効力のある魔法は虚無の中で起こるのです。あるともないとも言えない、微妙なスペースの中で。

よけいなしがらみがないと成長が促進されます。魔法を行うのに特定の効果を期待されずにすむならば、そのエネルギーが増大するチャンスがいっそう高まるのです。具体的な効果を期待するのをやめれば、さらに上々の結果が生まれるはずです。

人は一般に虚無をいやがります。満たされるべきスペースがあることを好むのです。スケジュール帳は予定で埋めたくなり、5マイル（約8キロメートル）の高さに設定されたゴールがあれば、それを超えようと思うものです。資本主義のシステムは、これが成功への道なのだと言います。成功とはこういうことだ、価値があるものとはまさにこういうものなんだ、と。しかし、わたしたちが未知の土地でいつまでも漂っていなければならないことを受け入れたとき、その呪いは打ち砕かれます。想像の地平を破るようなアート、アイデア、祈禱書をつくり出すには、未知のものを具体化しなければなりません。

新しいコンビネーションは未知のものの中で発動します。次に何が起こるのか、次に何を望んでいいのかさえもわからないとき、スペースも時間も枠を取り払って、虚無の中で居心地よくいられるようにすることこそ、わたしたちにできる最も重要なワークのひとつになります。

有限の場所から無限のスペースへと橋を架けましょう。頭の中を構築し直し、自分の欲望に支配されるのではなく、欲望とつながれるようにするのです。わたしたちがいまいる状態をすっかりそのまま受け入れましょう。痛み、慢性の病気、嫉妬、逃避。どんな障壁があるにせよ、それはまたわたしたちをより豊かな場所へと導く情報でもあります。物体のない場所。始まりの場所へ。

超然とした状態にいたる実践を重ねていると、わたしたちのスピリチュアルな、また魔法的な命は成長していきます。わたしたちの魔法は、昆虫採集の網を振りまわして追いかけているときにではなく、道半ばでばったりと宇宙に出会ったときにこそ魅力を増します。あなたがしてほしいように、魔法を扱うのです。欲望にスペースを与えて、膨れ上がらせてやればいいのです。それがなりたい形になったときにこそ、あなたが無限の道を行くうえで学ばなければならない教訓を教えてもらえるようになるのです。

遊びの時間を取ることを忘れてはいけません。遊びは楽しいものです。価値のある結果が出るかどうかなど、どうでもいいのです。「こうすべき」とか「こうしなければ」とか、締切などは関係ありません。ただ楽しむために、つながるために、表現するために行うものです。そういった行動のリストをつくりましょう。それをできるだけ多くやるようにしましょう。

破壊するのではなく、何かをつくり出しましょう。あなた以外の誰にも見えていないことをやりましょう。毎日、何週間もやり続けるのです。あなたが知らないことだらけだった時代のことを覚えておきましょう。その位相から出てきたものはなんでしたか？　あなた自身のことで、あなたが謎にしておきたいこととはなんですか？

虚無の中でわたしたちは、何が自分に有効に働くのかを知ります。自分にだけ有効であれば、それでいいのです。ほかの誰かにとって有効なものと同じでなくていいのです。1年前のあなたに有効だったものとも同じではありません。しかし、あなたの次の旅には必ず連れていかなければならないものです。虚無の中で、わたしたちは浮くことを覚えます。未来のクローンに出会います。それは最も賢いあなた自身です。それがあなたに授けようとしている知恵に注意深く耳を傾けましょう。

すべての道は未知のものです。前に通ったことがあるように見える道、ゴールがわかっている道でも、わたしたちはその道を完全に知っているとは言えません。たとえ「いい」仕事に就いたとしても、たとえ期待に応える仕事をしたとしても、たとえ「正しい」選択をしたとしても、人生が続くかぎり、宇宙のどこからかカーブボールが投げ込まれてきます。わたしたちが無難にやり過ごそうと思っていても、ものごとは思いどおりにはいかないものです。だからこそ、ダークムーンのエネルギーに対峙して、重要な問いを自分に投げかける必要があるのです。

**死ぬ前に、精神的にわたしが達成したいことはなんなのか？　死ぬ前に、創造的な意味でわたしが成し遂げたいことはなんなのか？　わたしは何を癒しているのか？　人生で最も大事なものは何？　感情的に、肉体的に、精神的に、わたしは何を求めている？　わたしだけにしかないギフトはどうすればわたしを通して流れ出るようになるのか？　この生涯をかけて、わたしはどんな知恵を探し求めているのか？**

これらの問いのいくつかにでも答えられたら、わたしたちは自分自身と本当に親しくなれたと言えます。そこには信頼と理解があるのです。ダークムーンの教訓を実践することは、自分自身の知恵に従うことです。これまで習ったことをすべて応用するのです。予期せぬ不思議なことが起こる余地を少し残しておきながら。

月のサイクルの中で、ダークムーンはわたしたちが自分自身のよりどころへと踏み込んでいく時期です。そこにはパターン、時間、夢を蓄積していくことで生じる意味があります。そのよりどころの中にあるのはパワーです。このパワーは信頼の上に築かれます。わたしたちが自分なりの円を描いて輪を閉じたとき、わたしたちは自分自身に還るのです。

### ダークムーンの時期に試すちょっとした活動や儀式

暗闇の中でものを見るようにしましょう。外が安全なら、静かな場所を見つけて暗がりにひとりで行きなさい。暗闇の中で座って星を見つめるのです。詩に浸り、おとぎ話に没頭し、子どもの物語に入り込むのです。葬式をあげて自己嫌悪の念を葬り去りなさい。次のダークムーンの時期までに、あなたの人生から追い出す必要のあるものをひとつ、紙に書いて、それが酢を入れたグラスの中で溶けていくのを観察しましょう。「ごめんなさい」という言葉をあなたの辞書から消し去りなさい。まったく重要でないものに気を取られるのをやめて、最も重要なものに集中するようにしなさい。あなたのエネルギーを吸い取る行動のリストをつくり、少なくともその中の3つはダークムーンが終わる最後の日までに抹殺するのです。何時間も、あるいは何日も、携帯電話の電源を切っておきましょう。デトックスも必要です。自分が知っていると思っているすべてのものから、自分はこういう人間だと思っているすべてのことから、一度離れてみることです。無について瞑想しましょう。宇宙の神殿にいる先輩たち、賢者たちにつながりを求めなさい。近所や家族の中のそういった人たちでもかまいません。あなたの内なるクローンとつながりましょう。外にいるクローンとつながりましょう。自分自身を鼓舞して、虚無の中でヴィジョンを思い描くのです。

# ダークムーンの魔法

ダークムーンの魔法はワニングムーンの魔法にもつながるものです。ワニングムーンのテーマに関連してこの時期に行う呪文のワークには特別なエネルギーがあります。しかし、ダークムーンのエネルギーとダークムーンの呪文および儀式には独自の大要もあるのです。思いきって新しいものを創造するために古いものにつながれた鎖を切るならこの時期です。ダークムーンの呪文を唱えましょう。

伝統的に、ダークムーンの魔法は追放の呪文と解放のワークと同義です。

自分に正直になるなら、呪文を唱えるときにわたしたちが主に求めていることは、感じ方を変えるということです。わたしたちは平和を求めています。少なくとも、中立を。あなたが自分のゴールを邪魔していると思う誰か、あるいは何かに対して核爆弾を落としてやろうと思うのであれば、実際にそんなことはしないとしても、それはあなたに必要なのは追放の呪文ではなく、セラピーだというサインです。あなたが人生で出会った人々の多くに対して恨みや怒りを抱いているなら、なぜそんなふうに感じてしまうのかを見極める頃合いなのです。

何かにけりをつけようと思っているなら、追放の呪文の出番です。いつものように、思考と行動に集中してください。あなたが追放したいと思っているエネルギーのもつれから解放されたら、儀式か呪文を行うといいでしょう。そのあとは、いつも、ずっと、あなたのエネルギーを大切に封印して守るようにしてください。例の誰か、あるいは何かについて考えることを本気で止めるのです。しばらくのあいだ、そのエネルギーをかきたてるような場所やものにかかわることはしないようにしましょう。追放の呪文は根本から変化を促すものです。相手が元夫であろうと、父権社会であろうと、あなたの人生にかかわる人間関係が根本的に変わります。あなたのエネルギー・フィールドは治りかけの傷だと考えましょう。やさしく扱って、適切な処置を施すのです。

わたしは個人的に、ダークムーンの時期に解放または統合のワークをするのが好きです。解放のワークはエネルギーが少なくてすみます。解放のワークはもう二度と戻らないであろう場所からゆっくりと車を走らせて離れていくようなもので、あなたは存分に泣いて、古い思い出を鎮め、旅立つ用意をすればいいのです。追放のほうは、エネルギー的に言えば、突然ドアを開けて誰かを突き飛ばし、すべての入口に戸締まりをして、その誰かが残していったもの全部に火をつけて燃やし、もう二度と口を利かないと誓う、というような感じです（大仰に思えるでしょうが、時にはこうまでしないといけないこともあるのです！）。追放の呪文は、家じゅうをくまなく探して例の誰か／何かを思い出させるものを捨て、意識的に、また無意識的に残っているエネルギーの跡を一掃し、精神的に、また霊的にそれを変容させる——破壊してもっといいものに変化させる——というようなものです。それを終えたら、あなたは非常に効率的に家を、乗り物を、人を守ることができます。あなたのエネルギーにはつけ入る隙がなくなり、少なくとも月の１サイクルのあいだはその状態が保たれます。それが追放です。

追放は何かをもう二度と見たり経験したりしたくないと強く強く願うときに使うべきものです。煙草を止めるとか、虐待される関係から逃げ出したいときに使うといいでしょう。わたしの経験からすると、追放にはかなりのスキルとかなりのエネルギー、それにいっそうの規律が必要です。

統合はもっとソフトです。統合はシャドウワークになりえますが、愛のワーク、休息のワークにもなりえます。認識されるべき状況についてはさまざまな感情がわき起こる余地があり、そのアスペクトは同情を呼び起こします。そうすることで、わたしたちは有害な思考とパターンを繰り返すのをやめるのです。それには実践が必要です。懲罰的衝動と厳格な命令はすべて根絶しなければなりません。それは間違っている、とか、こうすべきだ、こうしなければならない、といったメッセージがこれ以上与えられると、自己は委縮し、引きこもり、凍りつき、逃げ出してしまいます。わたしたちの認識はときどき検証され、変更される必要があるのです。間を取ったり、こう質問してみましょう。わたしがこれをやるのを止めたらどうなる？　いちばんそういう気分になるのはどういうとき？　どうしたらこのエネルギーを、この感情を動かすことができる？　わたしの体が必要としているものは何？　脳味噌のスイッチをオフにして、ただしばらく深呼吸していればいいの？　統合はこの雄大さをわたしたちに許してくれます。ここはルミが詩『アイデアの向こう側（Out Beyond Ideas）』で語ったフィールドです。善と悪を超えた存在なのです。

ダークムーンの魔法には、創造的であること、生産性のある実践、深いヴィジョンを見るワークが含まれます。魂の奥深くに植えておきたいと思う呪文を唱えるのは非常に実り多き時間です。これはタロットの「愚者」のカードのエネルギーです。あなたはいま、大きくジャンプしようとしているところです。どの直観に導いてもらいたいですか？　直観、もしくは潜在意識とつながるための呪文は、リスクを冒すことや新しい表現をすること、夢を解明すること、また、この時期に支持される新しい神々の力になってくれます。再発明と再生の呪文はこの時期に該当します。どうなりえたかを夢見ることで、あなたの２番目によい自己のきらめきを天空から引き出しましょう。ダークムーンの時期は美しい場所です。つくること、表現すること、存在することを革新的な方法で実験することができるのです。ずっとやりたいと思っていたことを試してみましょう。別の世界、別の存在、別の惑星とつながるように瞑想してみましょう。創作の状態はいつでも放埓な想像から始まるのです。

### あなたのダークムーンの祭壇

ダークムーンの時期の祭壇の形は、人によって全然違っていてもかまいません。これは未知の、大胆なゾーンなのです。あなたのダークムーンの祭壇は、森をさまようちに見つけた魅惑的なマツの木の根元でまどろんで過ごす時間かもしれません。車の中で叫ぶことかもしれません。この位相においては特に直観に頼り、思い浮かぶことに従えばいいのです。

人生におけるダークムーンの位相にいるのなら、この位相を利用して、このエネルギーにつながるための聖なる場所として祭壇をつくり、祀りあげて置いておくというのもありです。月のあらゆる位相と同様に、頭の中だけに祭壇をつくっておくこともできます。ガラガラヘビがのたうつように、あなたの祭壇はあなたの中を移動していきます。解釈上のダンスを通して見捨てるに近いところまでいくかもしれません。あなたのダークムーンの祭壇には、生産的なやり方で変異させるために虚無へと捧げるものをシンボルとして祀ってもいいでしょう。

## ダークムーンに対応する魔法

実践者にとって重要なのは、月のどの位相をどう解釈するかによって自分なりの対応セットをつくりあげていくことです。これから述べるのは、あなたに響くものがあるかもしれないいくつかの提案です。響くものがなければ放っておいて、自分で加えていってください。ワニングムーンの魔法と対応するものと重なっているものもあるでしょう。スミレ、ダチュラ、トゲ。火山灰、軽石、木炭。シュンガイト、黒玉、ヘマタイト、バナジン鉛鉱、レピドライト、ロードナイト、ブラックムーンストーン、マーリナイト、デュモルチライト。ブラックソルト、塩水、酢。骨、ヴィンテージ・レザー。黒い穴。タロットの大アルカナの死、節制、塔、審判のカードと、小アルカナの10番のカード。

ダークムーンに対応する神々：シヴァ、カーリー、ヘカテ、バーバ・ヤーガ、メドゥーサ、リリス。

ダークムーンに対応するアーキタイプ：ニーナ・シモン、トニ・モリスン、ディアマンダ・ガラス、ヒルマ・アフ・クリント、パメラ・コールマン・スミスの作品と人生。

ダークムーンに対応する動物ガイド：フェニックス、猫の爪、猫、サメの歯、サメ、ヘビの皮、ヘビ、ヒョウ、ロブスター、カブトガニ、キリギリスの抜け殻、コオロギのシンフォニー、ワタリガラス、カラス。

## ダークムーンの呪文

### 混乱と疑念を追放する呪文

　この呪文はあなたが追い払いたいものを追放するためのテンプレートとして使うことができます。この呪文を確実に成功させるには、行動も変容させることが必要です。

**用意するもの：**

・少なくとも2時間という時間、本気の決意、献身的な集中
・ペン1本
・小さな黒いキャンドル、数時間で燃え尽きるもの
・小さなピン、キャンドルに彫りつけられるようなもの
・水を張った小さなボウルかカップ
・5枚の小さな紙片
・黒いトルマリンの小さなかけらひとつ
・クォーツクリスタルの小さなかけらひとつ

**呪文の前に：**

　何を追放したいかをはっきりさせましょう。たとえば、時間の無駄になっている行動、夜更かしなどの乱れた、自分の体を傷めつける行為への依存、成功についてミソジニー主義者の見解を信頼すること、などなど。ひとつ選びましょう。そのひとつだけに絞るのです。月に一度、ワニングムーンかダークムーンの時期に、いつこの呪文を唱えてもかまいませんし、あなたがこれに似たものを自分でつくってもかまいません。

**呪文の準備：**

　あなたが追放したいものを5枚の紙に書き込みましょう。各エレメントに1枚ずつです。祭壇の中央にキャンドルを置き、両側に石をひとつずつ置きます。

**呪文を唱える：**

集中して円を描き、あるいはあなたのいつものやり方で呪文を始めます。キャンドルに追放したいものの名前かシンボルを刻みます。

追放したいもののエネルギーをキャンドルに注入します。そのエネルギーがあなたの体を離れ、キャンドルの中に入っていくのを感じましょう。なるべくたくさん呼吸して——吐くほうを強調します——エネルギーがキャンドルに乗り移るのを感じましょう。

キャンドルに火をともします。

**こう言いましょう：**わたしは○○を火のパワーで追放します！　火よ、このエネルギーを燃やしてわたしから追い払い、善なるエネルギーに変えよ！

紙に書いた文字が見えなくなるまで×印をつけて消し、それをキャンドルの火を使って燃やします。

**こう言いましょう：**わたしは○○を水のパワーで追放します！　水よ、このエネルギーをわたしから洗い流して清浄なるものへと溶かしたまえ！

紙に書いた文字が見えなくなるまで×印をつけて消していき、それを水を張ったボウルに入れます。

**こう言いましょう：**わたしは○○を空気のパワーで追放します！　空気よ、このエネルギーを取り除き、代わりに平穏をもたらしたまえ！

紙に書いた文字が見えなくなるまで×印をつけて消していき、それを細かく破って息を吹きかけます。

**こう言いましょう：**わたしは○○を大地のパワーで追放します！　大地よ、このエネルギーを吸収して栄養のあるものに変えたまえ！

紙に書いた文字が見えなくなるまで×印をつけて消していき、それをくしゃくしゃと小さく丸めます。

**こう言いましょう：**わたしは○○をわたしの核のパワーで追放します！　わたしはわたしの意志で約束を守ります！

紙に書いた文字が見えなくなるまで×印をつけて消していき、それをピンで刺して穴だらけにします。

自作の詠唱を加えてもいいですし、こう怒鳴ってもかまいません。「消える、消えろ、消えろ！　追放してやる、追放してやる、追放してやる！消え去れ、消え去れ、消え去れ！　二度と戻るな、二度と戻るな、二度と戻るな！」そのエネルギーが後退したと感じられるまで、これを続けます。

キャンドルが燃えているあいだ、じっくりと時間をかけて、そのエネルギーが戻ってくるところを想像しましょう。あなたがそれに対処しているのを想像するのです。あなたはそれを無視して、あるいはすぐ横を歩いて通り過ぎていきます。それがあなたになんの力も及ぼさないことを見届けましょう。少なくとも3回、これを繰り返します。

体の中にそのエネルギーを感じている場所に手で触れましょう。そこが特別な愛と解放、そして注意を必要とするエリアなのかもしれません。両手をそこに置いて、愛と栄養を注入します。体にぎゅっと力を入れて、そのエネルギーを解放しましょう。何度か大きく深呼吸するのです。エネルギーを動かして、あなたの体の外へと追い出しましょう。

呪文を唱えて、喜びか調和の感覚を呼び覚まします。大好きな色を思い浮かべてもいいでしょう。このエネルギーで全身を満たしましょう。

不必要なものが片づいて頭がすっきりしたところを想像して、その代わりにどっしりと落ち着くもの、あるいは言葉をそこに置きます。

新しいエネルギーに満ちた自分を想像しましょう。このエネルギーは、追放すべきものが去った結果、現れたものです。じっくりと時間をかけて、やりたいことをやっている自分を想像しましょう。あなたが大好きな人たちと、より自由な状態で、親しくまじわっているところを。より健康的な、魂とより深くつながったシナリオの中に存在する自分を想像しましょう。これを少なくとも3回繰り返します。

じっくりと時間をかけて、あなたを助けてくれたすべてのエレメントに感謝を捧げましょう。そして、ほかの救い手たち、宇宙、源、高次元のパワーにも感謝しましょう。

**呪文を終了します。**

呪文の外へと踏み出して、あなたの体の中を活気に満ちた魂が流れているところを想像しましょう。あなたは以前よりも明晰さを備えたあなたに戻りました。ここにいるのはパワフルな人間です。ここにいるのは気が散ってなどいない人間です。自分に約束しましょう。もう二度とカオス、混乱、争い、修羅場にはかかわらない、と。

紙片はキャンドルの残りと一緒にすべて埋めるか燃やすかして、家から遠く離れた場所で廃棄しましょう。

トルマリンは少なくとも１週間は身につけて、自分が保護シールドを手にしていることをたびたび思い出すようにしましょう。

日に一度、クリアクォーツを持って瞑想しましょう。

最も中立的でおだやかだと感じるときに、あなたのエネルギーをあなたにとっての真実へと向けましょう。ぼろぼろに疲れていたり、脱線していると感じるときは大きく深呼吸して、目を閉じ、あなたを落ち着いた気持ちにさせてくれる色、言葉、思考、視覚化されたものを思い浮かべましょう。

### 直観を強める呪文

この呪文はあなたと選ばれたタロットカードのあいだに、より素晴らしい直観的なつながりを育てていくものです。カードが示すアーキタイプの直観的なギフトであなたを満たすのです。何曜日のどの時間でも、月のサイクルのどの位相でも、この呪文を行うことができます。

**呪文の準備：**

パワー、自信、明晰さに対応するタロットカードを１枚選びます。それは情報をやすやすと受け取れる能力を反映したカードかもしれません。たとえば女教皇を選んだとしたら、このカードは霊力もしくは直観にダイレクトに対応しています。ほかに霊力や直観に関連しているカードには、クイーン、星、愚者、女帝、教皇、戦車、隠者、吊るされた男、月、エースなどがあります。どれでもかまいませんので、あなたが惹かれたものを選んでください。

あなたの祭壇をつくります。カードのまわりに、あなたが選んだカードの持つエネルギーに共鳴するものを置きます。
あなたが女教皇を選んだとしたら、その魔法に対応するものには以下のようなものがあります。ムーンストーン（どんな種類でも可）、セレナイト、クリアクォーツ、ハーキマーダイヤモンド、レムリアンクオーツ、ラピスラズリ、シルバー、サンゴ。ヨモギ、メハジキ、ダチュラ、カモミール、ジャスミン、ラベンダー、ローズ、イランイラン。水、イルカ、クジラ、海の中で生きる動物、変形したり脱皮したりする動物、たとえばヘビ、カエル、ヒキガエル。黒、あらゆる色合いのブルー。ザクロの木。
呪文の中で使う必要があると感じたら、キャンドルを１本、もしくは複数本。白、黒、ブルー、シルバーのどれでも効き目があります。
別のカードを選んだ場合は、直観のエレメントに対応している上記のものを使ってもかまいませんし、あなたの選んだカードと相互関係があると思うものを自分で考えてみてもかまいません。
呪文を始める前に、そのカードが具体的に何についてあなたの助けになるのかを書き出してください。それを呪文の詠唱に盛り込むか、カードのアーキタイプの祈願書に入れるか、呪文の中で歌う歌に入れましょう。

**呪文を唱える：**

円を描いて、安全な入れ物をつくります。体をリラックスさせ、オープンな状態にしてください。キャンドルに火をともすか、あなたの儀式にお香を使うのなら、それを燃やしてください。
カードを持ちあげてじっくりと眺めてください。それのどこが気に入りましたか？　それが、あなたが自分自身について好きなところです。このカードのどこが優れていますか？　それが、あなたが優れているところです。あなたにはこんなに素晴らしいところがあるのだということを受け入れましょう。これが真実です。あなたの直観がそのカードを選びました。あなたの直観こそが真実なのです。
カードから送られてくるメッセージを受け取りましょう。耳を傾け、注意して、メモを取ったら、そのカードを祭壇に戻します。
呪文を読むか、詠唱を唱えるか、あなたの歌を歌いましょう。エネルギーが動いたと感じられるまで、これを続けます。続いて、カードのアーキタイプがそうするだろうと思うとおりに動いてみましょう。姿勢を変え、カードのようにポーズを取ります。深呼吸して、カードのエネルギーをあなたの体に取り込むのです。それはカードの色でもいいですし、カードのシンボルをあなたのオーラか心の目に取り込むのでもいいでしょう。ザクロの実を食べているところを想像してみてもいいですね。月と戯れたり、星々に話しかけたり、カードの王国の中であなた自身をエネルギッシュに動かしてみましょう。

エネルギーが動くのを感じたとき、あなたは自分がカードのエネルギーをある程度のレベルまで統合したことを悟るでしょう。カードのエネルギーに感謝しましょう。

このカードのエネルギーを毎日、大なり小なりどんな形でもいいので持ち運ぶようにしてください。カードと対話するのです。カードのことを日誌に書きましょう。カードのシンボルについて調べましょう。カードの神話を掘り下げるのです――あなたの文化からどんな物語や神話が出てくるか、探すのです。家族やあなた自身の歴史から探ってみてもかまいません。カードのエネルギーに共鳴する物語があるはずです。カードのエネルギーをあなたの細胞に取り込んで、行動によってそれらを絡みあわせるのです。そのカードを少なくとも２週間、あなたの救い手と考えましょう。

### 無のための儀式

この儀式に必要なのは、おだやかで、静かで、落ち着ける場所。それだけです。以下のことを黙って読んでも、声に出して読んでもかまいません。この瞑想の記録を見たければ themoonbook.com へどうぞ。これは虚無を呼び起こすことを意図したものです。

呼吸に集中しましょう。特に決まったリズムはありません。ただ、あなたの呼吸がその場所のすべてを吸い込み、体の中で、肺の中で、頭の先か

らつま先まで動くのを感じられればそれでいいのです。あなたとあなたの呼吸をつなげることに時間をかけてください。吸って、吐いて、そのあいだのスペースを感じるのです。あなたの息がどこに行こうとしているかを探ってください。どこがきついかわかりますか？　あなたの息がどこに行かなければならないか、そしてその結果どうなるのかを探るのです。（ここでひと休み）

続いて、あなたのまわりに円があるのを想像します。エネルギーのサークルです。あなたを守るサークルです。この中にあなたのエネルギーのすべてを閉じ込めて、ほかのものはすべて追い出します。目を閉じて、このサークルが体からどれだけ離れた場所に行く必要があるか感じられますか？　このことだけ、ちょっと気をつけておきましょう。（ここでひと休み）

サークルをあなたの呼吸で満たしてください。吐くたびに、あなたの息が大きくなり、全身の肌を通り過ぎて保護されているサークルへ流れ込むのを想像しましょう。吸うたびに、天空からの新鮮なエネルギーが体の中に流れ込んであなたを満たすのを想像しましょう。

呼吸を色で想像するのもいいですね。音で想像してみてもいいでしょう。あなたの呼吸があなたから何を必要としているかに注意しましょう。あなたがあなたの呼吸から何を必要としているかに注意しましょう。（ここでひと休み）

あなたのサークルの中には、思考、夢、希望、心の中のおしゃべりがすべて流れ出て、その場を満たしています。あなたの外に、あなたのまわりに、あなたの内側に、全部あります。そこから何が浮かびあがってくるかをじっくり見極めましょう。それが重要なものなのかどうか、ほかのすべてに優先するエネルギーがあるのかどうかに注意しましょう。

そして想像するのです。一陣の風が吹いてきてすべてをサークルの外へ、あなたの体の外へと吹き飛ばすところを。すべてがあなたの体から離れ、あなたは不意に、必要としていたスペースを手にすることになります。すっきりと晴れ渡った気分になっていることでしょう。あなたはいま、無の領域に入ったのです。（ここでひと休み）

あなたの体はゆっくりと、楽々と、大地の中に沈んでいきます。魔法のように地下のトンネルに入っていきます。そこはごつごつした岩山や空洞、カーブだらけです。大地は生きているのです。あなたはしっかりと地面を踏みしめ、実体があることを感じます。

ここは安全です。存分に探検してください。あなたは自分が小さな土の部屋にいるのを発見します。洞穴に自然につくられた空洞です。土の壁のくぼみに秘密の物体があります。何なのか見てみましょう。手に取ってみましょう。耳を傾けてみましょう。土の部屋はトンネルになり、それが外につながる出入口となります。あなたを外へと導く光を追っていきましょう。(ここでひと休み)

あなたは大地を破って外に出ます。地面を離れると、どんどん体が軽くなっていきます。ひと呼吸ごとに、高く、高く、さらに高くあがっていって、雲のように漂い、ついには空に届きます。

意識がほどけていくのを想像しましょう。そして気づくのです。あなたの思考があなたのものであって、あなたのものではないということに。自分自身があなたの内側の源に、そして外側の源につながっているところを想像しましょう。あなたがすべての一部であり、すべてがあなたの一部であるという考えがなんの抵抗もなく頭にすっと入ってくるところを想像しましょう。実際にあなたはすべてであり、すべてがあなたの一部なのです。

あなたがすべてになればなるほど、あなたは無になっていきます。実際にあなたは無であり、無はあなたなのです。どちらも真実です。これが真実であればあるほど、あなたは真実になります。あなたがどんどん静かになって動きを止めていくと、新しい気づきに襲われるでしょう。呼吸をし続けてください。肺を空気で満たし続けてください。(ここでひと休み)

意識はゆっくりと天空を離れ、あなたはゆっくりと大気圏を抜けて宇宙へとのぼっていきます。星が、星雲が、惑星が見えます。あなたは太陽を見ます。月を見ます。あなたはあなたの一部であり、地球の一部であり、天空の一部であり、それと同じように宇宙の一部でもあると悟るのです。あなたはゆっくりとほどけていきます。あなたの考えも行動も痛みも愛もすべてが物質の最小分子に分かれて散り、漂っていくのが見えます。

おだやかでやさしい感覚があなたを洗い流します。あなたの潜在意識に、ここから目覚めたら、このダークムーンの時期のあとになんらかのダウンロードが、なんらかのメッセージがあなたの人生に訪れるはずだと教えてあげなさい。あなたに無を見せてくれたすべてのものに感謝しましょう。あなたにすべてを見せてくれた無に感謝しましょう。

深呼吸を３回。13から逆に数を数えます。目を開き、体をストレッチし、元のあなたへと戻りましょう。

## 死のドゥーラのタロットカードを引く

ここでタロットカードを引くのは、死の性質が変わる余地をつくり出すプロセスのその部分に名前をつけ、受け入れやすくするためです。少なくとも45分はかけて取り組んでください。

必要なもの：タロットカード１セット、ノート、ペン。

静かな場所に居心地のいい姿勢で陣取ります。ゆっくりと呼吸をして気を落ち着けましょう。カードを１枚引くたびにシャッフルしてもいいですし、一度だけ存分にシャッフルしてカードを次々に引いていってもかまいません。すべてのカードを一列に並べます。

カード１：別れなければならないもの。

カード２：抵抗か嘆きがつきまとっているもの。

カード３：その抵抗か嘆きに取り組む方法。

カード４：あなたにどんな願いが訪れるか、あなたに告げたがっている精霊。

カード５：この節目を乗り越えたことで訪れる成果もしくはチャンス。

## ダークムーンの期間のジャーナリング・プロンプト

月のサイクルのこの時期で最も達成されたことは何だったの？

痛みがわたしに教えてくれているものは何？

痛みと苦痛とのわたしの関係はどう変わる？

わたしの人生の中で死にかけているものは何？　この死によって空いたスペースにやってくるものは何？

わたしは何に屈服しなければならないの？

変化にどのように対処すればいいの？

どうすれば暗闇の中で希望を持ち続けていられる？

わたしはいま、誰になろうとしている？

生涯かけて行う仕事とは何なのか？

わたしの生涯のテーマ、パターン、エネルギーとは？

わたしの未来に描く最も奔放でエキサイティングな夢とは？

共同体のためにわたしが描く最も奔放でエキサイティングな夢とは？

# 月にまつわる言い伝えや物語

## 食、ブルームーンなど

### 食

#### 食とは何か？

食とは、太陽と月と地球が一列に並び、太陽か月が一時的にさえぎられて見えなくなる現象です。食には2種類あります。ニュームーンのときにだけ起こる日食と、フルムーンのときにだけ起こる月食です。食という言葉はギリシア語の「ekleipsis」から来ていて、「現れるのを失敗する」もしくは「存在するのをやめる」という意味があります。[1] この場合は、生命とヴィジョンにとって不可欠な光がさえぎられる、もしくは増幅されるというところからこう言われるようになったのでしょう。この言葉には、去る、手放す、忘れ去るといった意味もあります。

食はふたつでひと組です。ニュームーンのときに日食があれば、必ず、2週間ほど空けてフルムーンのときに月食が起こります（ときにはその順序が逆になり、フルムーンのときの月食が先に起こって、そのあとのニュームーンで日食になる場合もあります）。[2] 食の1週間前ぐらいから1週間後ぐらいまでが「食のシーズン」です。食は年に4回から7回という頻度で起こります。

#### 食の解釈についての歴史的背景

記録された歴史の最初から、食は驚異と恐怖と畏怖の念を引き起こしてきました。それも当然でしょう。日食は8分ほどしか続かず、月食が観測できるのは4時間ほどですが、頭上高くで起こるショーに魅入られているあいだは時間が止まっているような気がするものです。[3]

古代、人間は戦争、死、飢餓、その他地上で起こる大きな出来事に原因を求めていました。しばしばその原因だとされたのが食だったのです――たとえ食とその出来事のあいだが１週間、１カ月、あるいは１年も離れていようとも。食は確かに華々しい見ものですから、わたしたちの先祖が大きな出来事をそのせいにしようとしたのも理解できます。

人間はまた、責任を逃れたがる生き物です。悲劇的な出来事の意味を偉大なる宇宙に押しつけたのです。食は長いあいだ、王や教皇の死、王朝の崩壊、その他さまざまな病や飢餓、戦乱、革命といった天変地異と同義語でした。

占星術とのつながりもあります。ヨーロッパの王や統治者の多くは大きな決断をするとき、戦争を起こすとき、自分自身の死や法王のようなほかの重要人物たちの死を予測するとき、占星術師の眼識を頼りにしました。そういう時代に、食はしばしば権力者の死を予言するものとなったのです（太陽は特に王やその他の権力を誇る男性統治者に関連づけられていました）。インド占星術においては、ラーフとケートゥは目に見えない星で、太陽と月がまじわる交点です。悪魔が食をつくり出すと信じられていたこともありました。ペルシアでは月を食らう怪物がいると伝えられていました。チベットと中国では、太陽と月を食らうのはドラゴンだと伝えられていました。[4]

食はまた、他者を支配するためにも使われました。占星術師は食がいつ起こるかを図表で示すことができたので、人はその情報を極悪非道なやり方で利用したのです。古代エジプトの王や聖職者は日食が起こる前に臣民に罰を与え、罪や不品行の贖いを命じました。人々は太陽神ラーのご加護を願って捧げものをします。そこに食が起こると、人々は神と自分たちとの唯一の仲介人である王や聖職者たちへの忠誠をいっそう強めたのです。[5]

いまでも食にまとわりついている恐怖心の多くは、カオスと懲罰と食が相互に関係してきたこうした長い歴史から生じています。それはまた、月を不吉なものとする父権社会――それと古代の占星術師たち――のものの見方を表すものでもあります。

文学的な視点で見る食もまた恐ろしいものです。日食のとき、あまり長く太陽を見続けていると、視力を損なうことがあります。ソクラテスさえもプラトンにそのことを警告しているのです。[6] 月の色が血の赤になるというのは月食のときに普通に起こることですが、これも不吉だとされました。聖書は食を終末期のサインだとしています。「太陽が闇になり、月が血に染まると、主の偉大なる１日、恐ろしい１日がやってくる」（ヨエル書２章31節）。人間が食を警戒したのも当然でしょう！

しかしすべての宗教が食を不吉なものと見なしていたわけではありません。イスラム教にはこの時期に唱える特別な祈りがあります。チベット仏教では食の期間に行う活動は威力が増大し、自分や他人に向けられた癒しや応援の実践は効果が高まるとされています。[7]

食に対してどういう態度を取るかについては、時代によって修正が加えられて然るべきです。いまでは、食とはどういうものか、どれぐらいの頻度で起こるものかがわかっていますから、ただの迷信ではなく、事実として食に向きあうことができます。惑星の逆行やさかさまになったタロットカード、雨の代わりにみぞれが降るといったような、普通とはちょっと違う出来事、ぐらいのものです。そう言われてショックを受けたり困惑したり、刺激を受けたりすることもあるでしょう。一瞬立ち止まって自分のパターンをよく考え、自分とまわりの世界をよく見る理由にもなるかもしれません。

食には罪はありません。天空で起こる出来事はみな無実です。自分たちの手に負えない出来事を、良いものも悪いものも、醜いものも恐ろしいものも、宇宙というステージに投影してきたのは人間です。わたしたちは古代の人間や昔の古臭い習慣よりもいまのほうがずっと優れていると思っているのに、まだ同じ迷信に縛られている人が大勢いるというのはおかしなものです。

確かに、食のエネルギーは強烈なものになることがあり、ときには痛みを引き起こします。それはしばしば、わたしたちを目覚めさせ、空を見あげさせ、人生で必要な軌道修正を促すものとして引きあいに出されます。すべてのものは、呪いとして見られることもあれば、チャンスとして見られることもあるのです。

## 天の恵み、突破口としての食

食は突破口を開く時期にもなりえます。食のエネルギーに対抗するのではなく、ともに闘う力にするのです。食のエネルギーに同調するには、まず、どの時期でもいいので月の実践をやってみましょう。追跡して気づくことが大事です。あなたの思考、感情、エネルギー、食のシーズン中に起こる外的イベントをよく観察しましょう。肉体的、感情的、直観的、象徴的にあなたの目の前に現れるものはなんですか？　ごく普通の外的イベントから浮かんできたものはありますか？　そのすべてを日誌に書きましょう。日常生活を送っているあいだになんらかのダウンロードやひらめきが訪れた場合は、携帯電話のメモ機能やボイスメモを使って記録しておきましょう。

食をめぐる経験はニュームーンやフルムーンのときと似ているかもしれません。ただしエネルギーはかなり増幅されているはずです。感情も極限にまで高まります。エネルギーは使い果たしてしまうか、増量されたと思うかのどちらかでしょう。少なくとも１シーズンの食の経験を覚えておいて、その後１年間、あなた自身の食のパターンを理解するよう努めてください。食とは６カ月以上、１年、あるいは18カ月、つながっていられます。それだけあれば、普通はもっと壮大なテーマやパターンが絡んでくるという期間です。占星術をかじっている人なら、食が起こっているときにあなたの太陽、上昇宮、あるいは月星座がどうなっているかを調べることができるでしょう。

感情的な癒しも食の期間、特にフルムーンの食の期間には有効です。わたしたちはトラウマを癒すことと痛みを伴う感情を浄化するということを価値のある、建設的で解放的なワークとしてとらえ直さなければなりません。なぜならそれはそういうものだからです。食はわたしたちにシャドウを見せることで、わたしたちが癒したい場所に光を当てることで、変化するというわたしたちのワークを助けてくれます。

食の期間にはこんな問いを自分に投げかけてみてください：

もう自分を傷つけることはしない、とどこで決断したらいいの？

いままでネグレクトされてきたわたしの中のどの部分をこれから癒せばいいの？

もうこれ以上受け入れられないと感じる自分自身の、そしてほかの人たちの行動はどういうもの？

わたしが本当に自分自身に与えなければいけないものは何？

いま、どういうパターンになっていて、それはわたしが決断をしたり行動を起こしたりしなければならないどの部分と関係しているの？

### 食のエネルギーは増幅されている

増幅されたエネルギーは、あなたが大胆な行動に出るのを助けるブースターとして活用することができます。大事なまとめのプロセスを開始して、悪習を終わらせましょう。その気になれば、この期間はあなたのメタ認識を発展させるのにも役立ちます。そうすることで、認識が変化し、マインドセットは変わるのです。

食のシーズンはいますでにあるものも強化してくれます。わたしたちが先に進むために何に取り組まなければならないかを示してくれるでしょう。食はペアでとらえるのがいちばんです。始まる1、2週間前から、日食と月食を経て、それから2週間後までを食の期間と考え、それに合わせてスローダウンやスピードアップできるように準備しておきましょう。

エネルギー的には、食のシーズンはわたしたちを消耗させます。肉体的にダメージを受けることもあるでしょう。風邪を引いたり、頭痛に悩まされたり、いつも以上に睡眠時のトラブルを抱えたりということも起こるかもしれません。さまざまな体の欲求に気をつけておきましょう。

食で重要なのは影です。わたしたちは自分の影を見せられることになります。身体上の引き金が引かれないよう気を配り、神経システムに対処するゆとりを与えてやれば、わたしたちは自分の体の中にとどまっていられます。そうすれば、潜在意識のプログラムにかけられる罠もはじき飛ばすことができるのです。

食のシーズンを活用して、あなたの欲求を知り、認めてやりましょう。それから、その欲求に集中して、明確にやり取りをするのです。他者の欲求にも耳を傾け、リスペクトしましょう。あなたのインナーチャイルドのためにしてあげられることはないでしょうか？　新しい考え方をここで始めるか、自分をいたわるという習慣を身につけましょう。

食はあなたがどうにかして前に進むために必要としている答えと情報をもたらしてくれます。それは痛みを伴うものかもしれません。友人が嘘をついているのがばれたり、仕事で約束されていた昇給が果たされなかったり。食のシーズンはまた、あなたに豊かで深い洞察の機会を与え、あなた自身を、あなたの欲求、恐怖、傷つきやすいところ、そしてあなたの境界を振り返らせることになるでしょう。2週間以上も自分の神経システムを探って旅するあいだに多くの死を経験し、悲惨な、圧倒的な感情に襲われることもあるかもしれません。最も重要なのは、わたしたちが自分自身をどう扱うかということなのです。

食は発端になりえます。わたしたちが明晰な頭で対峙し、適切な決断をくだして行動すれば、食はさまざまなプロセスのスピードを速めてくれます。わたしたちが対処すべきことに集中していれば、食が前向きな力を与えてくれて、異なる現実に向かってロケットスタートを切ることができるでしょう。

食のレッスンの成果が出るまでには、数週間、半年、あるいは何年もかかることがあります。占星術師の中には、食を6カ月という期間でとらえている人もいます。たいていの場合、食は約6カ月後に同じサインのファミリーの中で起こります。月食と日食は逆のサインになります。たとえば、8月に獅子宮で日食が起こったとすると、6カ月後に獅子宮で月食が起こるのです。日食を迎えた頃に、6カ月前のことを思い出してみてください。あなたの人生にはどんなテーマやパターンが起きていましたか？　いまもあなたの前に現れている同じテーマはありますか？　あなたが新しく始めたいと思っていることは何ですか？　スペースを空けるために、何を終わらせなければならないでしょうか？

食に関して言えば、終わりと始まりは同義語です。新しい章を始めたいという欲求が果たされないままずるずるといままで来てしまったのなら、食の期間こそ停滞を終わらせ、適切な決断をくだすべきときです。あなたが行動を起こさなくても、食の力が働いて、あなたの人生でもう必要ない部分は取り払われるかもしれません。そうやって終わりと始まりが示されることで、実際に動いて、別れ、喪失、対立に片をつける決断もしやすくなります。自分自身の情けなさにはもううんざり、というところまでいっていれば、それはまさに始まりと終わりのカテゴリーに入れられるでしょう。この状況を教訓が得られる経験として活用するのです。もうずいぶん長いあいだ引きのばしていた決断をいまこそくだしましょう。

あなたのまわりの人々とは決裂することもあれば、飛躍的に関係がよくなることもあるでしょう。人は食のシーズンには特に根拠のない態度を取るものです。不安に思い、確かなつながりが感じられないときには特に反動が大きくなります。あなた自身にも、まわりの人々にもやさしくしてあげましょう。この時期には、軽々と結論に飛びついてはいけません。疑念が生じたら、立ち止まるのです。もっと情報を集める必要があるかどうか、精査しましょう。根拠のない推察は避けてください。誰かにいきなり非難の言葉を投げつけるのではなく、まず問いかけるのです（これは食の期間にかぎらず、人生全般に役立つアドバイスでもあります！）。

わたしたちは食の期間を利用して人生を見直し、「体勢を立て直す」こともできます。通常、食から食までは６カ月空きますから、その期間を振り返り、見直し、反映させるということをするにはちょうどいい長さです。前回の食以降にあなたの身に起こった重要な出来事を思い返してみましょう。点と点を集めてつなげていくのです。

食はタイムラインを崩壊させます。過去、現在、未来が一緒になって織りあわされるのが食の期間です。おかげでわたしたちは異なる時系列から、これはという糸をほぐすことがより簡単にできるようになります。解きほぐした中から最も輝いているものを選び、それを未来に持っていくことができるのです。過去、現在、未来に一度にアクセスできる魔法のような力は、ほどけた端を結ぶのにも役立ちます。この期間をどれだけ活用できるかは、わたしたちが自由意志をどれだけ信じているか次第です。不確かな未来に向かって勢いよく飛び立つのと同じくらい簡単に、うしろ向きの回転に巻き込まれることもありますが、ときには前に向かって進むためにうしろを振り返らなければならないこともあります。跳べ、振り返るな、思いきって未知の領域に飛び込め、と鼓舞されることもままありますが、過去と現在と未来を一度に並べて見ることができる食の期間は、特定のタイムラインに癒しを与え、望みどおりの変化を形づくることができる素晴らしいチャンスなのです。

## 日食

日食が起こるのはニュームーンのときだけです。日食には異なる３つのタイプがあります。部分日食、金環日食、皆既日食。部分日食は月が太陽の前を直接横切らないときに起こるものです。太陽はクレセントムーンのような形に見えています。月が太陽の前を横切るときは、金環日食か皆既日食が起こります。金環日食では太陽の光の輪が見えています。これが起きるのは月が軌道上最も遠い位置にあるときで、月は太陽よりもわずかに小さく見えるのです。たいていの食は部分食です。皆既日食では太陽が完全に覆われます。これが起きるのは月が軌道上で最も地球に近づくときです。日食は少なくとも年に２回起こります。最大で５回起こりえますが、これは珍しいケースです。[8]

日食のとき、太陽（星、わたしたちの意識）は、月（わたしたちに最も近い天体）と地球（わたしたちのホーム、わたしたちの世界）と完全に一列に並んでいるわけではありません。わたしたちの認識を歪ませているのは影なのです。わたしたちの意識が影響を受けています。融通の利くわたしたちの脳が配列をし直しているのです。結果をコントロールしたいという気持ちをこらえて、ちょっとした実験をしてみればわかることです。新しい音楽を聴くとき、新しい言語を学ぶとき、別のコンセントにつないで、またもとの自分自身に戻るには、ちょっとした努力が必要です。

日食では、月――わたしたちの感情、魂、魔法、潜在意識――が太陽――わたしたちの意識、行動、アイデンティティ、エゴ――を邪魔しています。日食の際には内側から洞察が起こり、わたしたちの行動にも深いところで影響を与えます。日食はわたしたちを目覚めさせるために外側でさまざまなものをまぜあわせます。いままでとは違うものを喜んで受け入れる態勢を整えておいてください。この時期には異なるものが一列に並んであなたのほうへとやってくるのです。ドアを開け放しておかなければなりません。

占星術師のデーン・ルディアは、ニュームーンのときに起こる日食の際には現在が過去によって見えにくくなる、と信じていました。つまり、過去に起きた重大なことがはっきりと見えて、それに向きあうことができるということです。研ぎ澄まされた気づきはわたしたちに前へ進む力を与えてくれます。[9] 一般に、日食は行動を起こすこと、決断をくだすこと、再生、新しく創造することと関連しています。

日食のときには自分にこう問いかけてみてください。

わたしの行く手に不意に障害物が現れたとき、いままでと違う対応をするにはどうしたらいい？　これはわたしの人生の別の領域で起こっている別の問題とも連動しているの？　これにまつわるわたしのエネルギー、感情、行動を変化させるにはどうしたらいい？　どうしたら別の見方でこれをとらえられるようになる？　過去に置き去りにしてこなければならないものは何？　わたしはどんな大胆な選択をしようとしているの？　わたしが取らなければならない行動とは？

### 日食を有効活用するちょっとしたやり方

太陽について瞑想しましょう。あなたと太陽との関係は？　意識がはっきりしているとどんなふうに感じる？　認識を広げてみましょう。あなたの人生を映画にしたとき、最も興味深いシーンは？　切り取られて編集室の床に捨て置かれるシーンは？　ひとつだけ重要な行動変容を取るにはどうしたらいいか、明確な意思を持ちましょう。終わりにするときなのか、それとも休息が必要なのか、はっきりさせるのです。何かに引っかかって先に進めないときは、骨の髄まで真実だと思える答えが出てくるまで問いを投げかけ続けましょう。清潔にしましょう。頭をクリアにしま

しょう。レッスンを受ける予約をし、友人には謝罪し、愛していると宣言しましょう。特定の問題を解決するための儀式を行いましょう。あなたのインナーチャイルドを祀る祭壇をつくりましょう。

## 日食の魔法

一般には、食のシーズンに呪文を唱えることには反対だという占星術師が多いです。エネルギーがあまりに混乱していて予測不能だから、というのです。いつものように、わたしはあなたに直観に従うことをおすすめします。食のエネルギーは古い傷を癒し、きれいにすると同時に、違ったものの見方を獲得するうえでも有効だということをわたしは発見しました。わたしの人生においては、食のシーズンは動き、契約、終局、別れ、まばゆい新章の始まりといったことと一致していました。食の魔法は変化しようとするわたしたちの背中を押し、どのように降伏するかを教えてくれるものなのです。魔法には意識やエネルギーを動かす力があります。それは呪文のワークに含まれるものばかりとはかぎりません。日食の魔法はあなた自身をより独創的に、よりやさしい目で見ようとする決意の表れでもあります。それは文字どおりの意味でもメタファーとしても、動きに関連しています。特定の関係の変化に。日食の魔法は健康的に前に進むために、単にサポートを受ける準備を整えさせることもできるのです。

日食の2日前になったら、リストの作成を始めます。自分に正直になりましょう。一カ月後、半年後、1年後、あなたはどこにいたいですか？　それを考えるのがつらいなら、あなたの最高の1日を考えてみましょう。理想の1日には何をしていますか？　もうすでにマジカルなことが起こっている人生ならば、自分自身と、あるいは世界ともっと親密になるために何に取り組むべきかを考えてみてください。

あなたのギフトを世に出すために、魂から湧きあがる表現をするために、どんなやり方をすればいいでしょうか？　あなたの人生から排除する必要のあるものは何ですか？　どんな行動を取れば、あなたは世界と自分自身を調和させることができるでしょう？

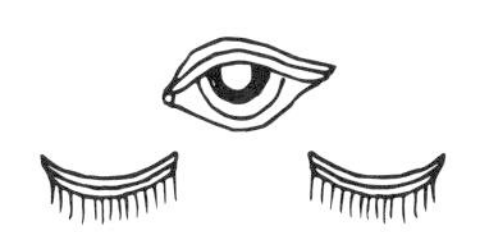

瞑想のキーワードをふたつ選びましょう。そのテーマを人生に取り込むために、あなたが取るべき行動をひとつかふたつ考え、それに集中します。

日食に注目しましょう。あなたの内側から、あるいは外側から湧きあがってくるものはありますか？　それはもっと高次元のあなたに関係があることですか？

あなたが必要としているすべての愛を、あなたが欲しているすべてのつながりを、あなたが育てる覚悟ができているすべての平和を、あなたのうちに迎え入れましょう。あなたに見えるものすべてを、今にもあなたの内側から湧きあがってきそうな創造性のすべてを歓迎するのです。それらを駆使して堂々と自分をアピールしましょう。あなたが招き入れたすべての力を借りて儀式を行いながら、日の出から日の入りまで、あなたの全人生を想像してみてください。日々の行動を、あなたの意図を思い出させるものとして使うのです。

## 「自分の邪魔をさせない」呪文

ときに、最も効力のある魔法は「自分の邪魔をさせない」というものです。

わたしたちはみな、無意識のうちに心の中にバリケードを立てて、最高の自分として感じ、ふるまうことから逃げています。日食の力を借りてこの呪文を唱えれば、エネルギーを動かして、行くべき場所へ、なりたい自分になっていくという決断をすることができるようになるでしょう。

**用意するもの：**カーネリアンの小さなかけらひとつ、赤か黄かオレンジ色のキャンドル１本、便箋ぐらいの大きさの紙１枚、付箋ぐらいの小さな紙１枚、動きを表すタロットカード１枚、たとえばワンドの騎士、戦車、太陽など。

祭壇をつくり、キャンドルとクリスタルの真ん中にタロットカードを置きます。

円を描きます。

キャンドルに火をともします。

大きいほうの紙に、この呪文が終わったら始めようと思っている日常の習慣を３つ書き込みます。これは新しい位相の支えとなる規律の小さな突破口を表します。

小さいほうの紙に、抵抗や疑惑が生じたときに思い出したい肯定の言葉をひとつ書き込みます。たとえば、勇気！　愛！　行動！などです。

あなたが具体化しようとしているすべての性質を言葉にします。

**こう言いましょう：**いまこの瞬間から、わたしは自分に自分の邪魔をさせないと誓います。

タロットカードを見つめて、そのカードの中に入り込んだ自分を想像します。あなたがカードのエネルギーになるのです。やりたいこと、なりたい自分をすべて思い描きます。クリスタルを手の中に置き、必要なだけ時間をかけて瞑想します。

円を閉じます。キャンドルに火をともしたままでその場を離れてはいけません。

月のサイクルが一巡する前に、３つの習慣を始めるようにしてください。最初がいちばんきついのだということを思い出して。今日はできなくても、自分を罰したりせず、翌日に改めてスタートさせればいいのです。カーネリアンの石と肯定の言葉は勇気のお守りとして身につけておきましょう。

### 日食のタロットカードのスプレッド

これは日食の頃に行いたいシンプルなタロットカードのスプレッドで

す。カードを一度シャッフルしてから1枚ずつ次々に引いても、1枚ごとにシャッフルしてもかまいません。左から右へ、もしくは下から上に、カードを順番に並べます。

カード1：太陽：いまのわたしは何に向かって動かなければならないの？

カード2：影：わたしが片づけなければならない障壁は過去から引きずっているどんなもの？

カード3：月：わたしの内にあるどんなギフトがわたしを助けてくれるの？

## 月食

月食が起こるのはフルムーンのときだけです。地球が太陽光線をさえぎるときに起こるのが月食です。月の表面に投げかけられた地球の影は、より暗い中央エリアの本影（アンブラ：umbra）と、より明るい外側エリアの半影（ペナンブラ：penumbra）とがあります。[10] 通常は明るく輝いている月の光が翳ると、しばしば赤やオレンジ、茶色、もしくは黄色に見えることがあります。月食が「ブラッドムーン」「赤い月」などと呼ばれることがあるのはそのためです。光の色は光害やその他さまざまな理由で変化します。月食を66色の表にしたダンジョン・スケールと呼ばれるカラー・チャートもあります。[11] ときどき、フルムーンが完全に見えなくなる月食が起こることがあり、これを皆既月食と呼びます。月食は年に多くて3回しか起こりません。月食の種類は毎回異なりますが、同じような月食が起こるのは18年ごとで、これはサロス周期と呼ばれています。1年の同じ時期に、地球からの距離が同じになって起こる月食です。[12]

月食には、半影月食、部分月食、皆既月食の3種類があります。半影月食も部分月食の一種です。これは月が地球の半影、ペナンブラに入ったときのみ起こるもので、見た目の変化は非常に微妙です。このタイプの月食は肉眼ではわからないことがほとんどです。

２番目のタイプは「普通の」部分月食です。これは月が地球の本影、アンブラに入ったときに起こるもので、月の表面の色はわかりやすく変化します。半影月食と部分月食はよくあるタイプの月食です。

３番目の皆既月食は、月が地球の本影の内側に完全におさまったときに起こるものです。影が月を隠してしまうわけではなく、月の表面の色が著しく変化するのが特徴で、観測される時間も月食の中で最長です。月は本影の中に１時間半ほどもとどまり、半影の中を動いていく時間も１時間ほどあります[13]。

月食はあなたの月を育てる絶好の機会です。あなたの感情、あなたの水、あなたの奔放さ、あなたのフェミニンさ、あなたのインナーチャイルドに目をかけてください。あなたの月のそういった部分に栄養を与えることを優先しましょう。何が栄養になるのかわからない場合は、月食のときにこそそれを探究するのです。

月食は感情を癒すにも有効な時期です。傷にスポットライトが当たり、影はそれを癒そうとすでに待機してくれています。ガイドや先祖、もしくは高次元の自己を呼び出し、数日中に確かに感知できる形でメッセージを送ってくれるようお願いしましょう。

占星術師のデーン・ルディアは、フルムーン期の月食においては過去が現在によって覆い隠されるという説を打ち立てました[14]。過去に深く根差したパターン――感情的なパターンや防御、最も古くて深い傷――を認めて受け入れましょう。もう過去の物語に支配される時代は終わったのです。現在のこの瞬間にわたしたちが行うことを、月食のエネルギーが強めてくれます。わたしたちの行動と意図が新たなタイムラインをつくるのです。

フルムーン期の月食はあなたの霊力を高めてくれるかもしれません。宇宙の意識とより深くつながっていると感じさせてくれるかもしれません。一方で瀬戸際に追い込まれて不安な気持ちにさせられることもあるかもしれません。

月食の期間はあなたの人生を俯瞰で見るにも適しています。永遠に燃えるはずだった炎を消してしまってぼろぼろの気分だったなら、人生があまりに平凡でまるで冬眠しているような気持ちになっていたなら、この時期こそ一歩踏み出すチャンスです。あなたにとって何が楽しくて、何が楽しくないのか見極めましょう。エネルギーを無駄に吸い取られるようなことは切り捨ててもいいかもしれません。感情はエネルギーです。あなたの貴重なエネルギーを奪っているものはなんですか？　過ぎた時間は取り戻せないのですよ。

わたしがサークルやクラスを受け持っているときは、最初にまず、いまこの瞬間に自分に最も必要なものをあげさせ、わたしたちがともに過ごす時間のうちにそれを具現化することをすすめています。ただ「普通の」生活をしていると、なかなかやれないことです。内気だけれど大勢の前で話すというのがどんな感じか経験してみたい、自分の話を大勢に聞いてもらいたいと思っている人がいれば、わたしはその人にそれをやってみるようすすめます。月食のときには、習慣的にやっていることとは違う、ずっと試してみたいと思っていたことを具体的にあげてみるといいでしょう。それを現実の輪の中へと取り込んで、ほかの生き方を試すことを楽しみましょう。

### 月食の時期に試したいちょっとしたこと

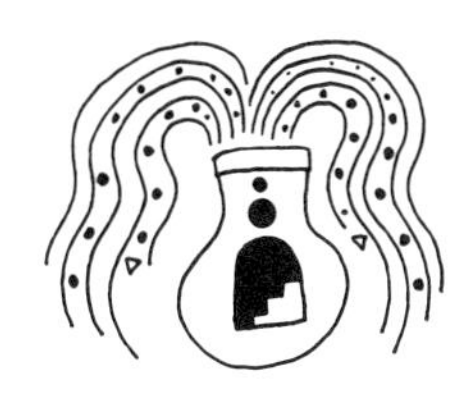

月食の時期には少なくとも１時間、他人のためになることをしてみましょう。悪習を過去形で語ることで終わらせましょう。たとえばこんなふうに。「根も葉もない噂話をよくしていたけれど、もうそんなことはしない」「喧嘩をすると口も利かなくなっていたけれど、これからは閉じこもらないようにして、いまという瞬間に関心を持つようにする」。過去を振り返ってみましょう。忘れていたけれどまだ価値のある夢を取り戻す頃合いなのではありませんか？　終わらせなければと思っている旅があるのではないですか？　つらい関係に終止符を打つためにやらなければならないことはなんですか？　あなたの前に開かれている新しいタイムラインを想像してみましょう。友人に電話して、相手のことがなぜこんなにも大好きなの

か、話してみてはどうですか？　休息を取りましょう。傷つきやすい部分もさらけ出して、ソフトなパワーを結集して、自分のよさをアピールしましょう。奇跡のパラダイムへと足を踏み出すことに全力を傾けましょう。

## 月食の魔法

呪文の効果と食の関係について、魔術を扱う人たちに尋ねてみると、人によって答えが全然違って驚かされることでしょう。伝統的には食の期間に呪文を行うべきではないとされていますが、わたしは魔法の意味を拡大解釈して、助けになってくれる月のエネルギーを活用することが大事だと考えています。以下はわたしからの提案です。

### シャドウワーク

シャドウワークおよび影の魔法は前にも出てきました。アンダーワールドを旅すること、トランスワーク、自分の中の悪魔と向きあうこと。それらはすべてここに入ります。鏡の魔法は、長い時間をかけて鏡の中の自分を見つめ、そこからメッセージを受け取ろうというものです。自分への愛を確認する方法でもあります。シャドウワークは心の中に突破口をつくり出すものなのです。

### 占い

月食のときには、タロットカードや振り子占いなど、直観を高める方法として占いをやってみたくなるものです。いろいろな占いを合わせ技で試してみましょう。水晶玉をのぞいて、あなたのいる世界を見る。マグの底に残ったコーヒーの跡を読み取って、あなた自身の秘密の文字をつくる。振り子を揺らしながら、いままでしたことのない質問をしてみる。何か新しい気づきが舞い降りてこないか、お気に入りのタロットカードを凝視する。

### 呪いや呪文を解く

食の期間は、呪いや呪文を解くのにも最適です。呪いとは、あなたが自分自身に対して抱く重たい感情のことです。もしくは気のよどみ、濁ったエネルギーとも言えるでしょう。呪いはあなたを引き留めて発展を妨げる有害なパターンです。あなたが深く望んでいることを邪魔して、不気味なほど繰り返し現れることもあります。たいていの場合、呪いは本人の内側からかけられていて、解くときは完全に解除しなければなりません。あなたの足を引っ張っている呪いはすべて打ち破りましょう。呪いを解くおまじないを自分にかけるのです。鎖を外しましょう。過去から自分を解放するのです。恐怖や自分を罰することにいつまでも縛られていてはいけません。呪いを解く方法のひとつは、自分を愛することを学ぶということです。もうひとつは、自分のパワーの中に踏み込むということです。喜びや快楽を優先するという方法もあります。

あなた自身の呪いを解除する呪文をつくりましょう。食が起こる晩に十字路で卵を割る。ナイフを振りまわしてあなたを呪いに縛りつけているエネルギーのロープを切る。もう呪いにかかっていないということを示す証拠を詳細に手紙に書く。高次元の自己、あるいはガイドや神々に呪いをほどいてもらう請願書を書き、その手紙を燃やして灰を埋める。

解除の呪文は、あなたのエネルギーを中和して、停滞からあなたを救い出すための呪文です。あなたを妨害している人も物も思い当たらない、という人は、宇宙をリセットするものとして解除の呪文を考えてみてください。それはあなたのエネルギーを浄化し、再チャージしてくれるでしょう。黒板を消すようなものだと考えるといいかもしれません。解除の呪文は非常に明確です。たとえば、「来年１年、創作に関するいっさいの妨害を取り除いてください」。あるいはもっとオープンなものでもかまいません。「わたしは自分を愛することを妨げるすべてのバリアを取り払います」といったように。

解除の呪文はあなたの好きなようにつくっていいのです。ここに提案するのは一例で、時間も労力もエネルギーも必要なものですが、有効に機能するようつくられています。準備には数日を要します。

**必要なもの：**時間、家庭用掃除道具、クリアクォーツ、トルマリン、いまのあなたに共鳴する色のキャンドル１本。レインボー・カラーでも、白でも黒でも青でもシルバーでもかまいません。

**あるといいもの：**ヘチマ、塩、ローズマリー、アグリモニー、ヒソップ、もしくはその他の浄化と保護作用のあるハーブ。

まず最初に、家をきれいにします。掃除をしているうちに、引き出しや食器棚、クローゼットなどもきれいにしたくなってくるでしょう。この際、片づけてしまいましょう。家全体にまで手を広げられない場合は、呪文を行う部屋とバスルームだけでもきれいにしておきましょう。呪文の一部として、風呂とシャワーを使う儀式があります。

祭壇を準備する：明晰さを高めてくれるクォーツクリスタルと、ネガティブなエネルギーを吸収してあなたを守ってくれる黒いトルマリンを置くといいでしょう。

サークルを描いて中央に陣取ります。キャンドルに解除のシンボル、たとえば十字架などを刻みつけます。魔術師たちはときどき円を使いますが、その意味はさまざまです。太陽光線だったり、あらゆるレベルで開かれている新しい道の象徴だったり。キャンドルに刻み込むには針かペンを使いましょう。そのキャンドルにあなたの意図を注入し、火をつけます。

何を解除したいのかを言い、紙に書きましょう。声に出して、できるだけ大声で言ったほうがいいかもしれません。それから、キャンドルの火で紙を燃やしましょう。

時間をかけて深呼吸し、炎を見つめます。よどんだエネルギーがあなたの体を離れ、炎の中に吸い込まれていって変容するのを想像しましょう。

サークルを閉じたら、風呂に入ります。浴槽にローズマリーと塩、クリアクォーツを入れるのもいいでしょう。解除の意図に関連した恐怖もしくは疑念を思い浮かべます。それから、ヘチマかスクラブミットを使って石鹼か塩でごしごしと体をこすります。よどんだエネルギーがあなたの体を離れ、湯が排水溝に吸い込まれていくのとともに、過去も消えていくのを想像してください。湯がすっかりなくなったら、浴槽の中で立ち、シャワーで冷たい水を浴びましょう。

呪文を終えたら、水をたくさん飲んで、ゆっくり休息を取ってください。あなたが解除しようとしていることを象徴するような出来事が起きてしまったら、完全に無視するか、まったく違ったやり方で改めて解除の呪文に取り組みましょう。

## 月食のエクササイズ

月食とコラボレーションするひとつのやり方は、自主選択のシンボルとしてタロットを使うということです。あなたがいま必要としている性質を映し出すカードを１枚もしくは複数枚引きます。あなたが最も安全で、安定していて、愛されていると感じられるようになるために取り組もうとしていることを象徴するカードは何ですか？　選んだカードの中にある色をひとつ選び、その色の服を着るようにしましょう。そのカードのシンボルをお守りにして、いまのあなたが何を受け取るに値する人間なのかを思い出せるように、ときどき見てみるのもいいですね。選んだカードとそれについて書いた日誌を祭壇に祀り、毎日少なくとも２分は祭壇に対峙するようにしましょう。その力を借りて、新しい物語を紡ぐのです。

## 月食のときにタロットカードを引く

これはあなたがもっと広い視野で大きな絵を描けるようにするためのスプレッドです。静かな、おだやかな時間を過ごしてカードと向きあいましょう。

いまのあなたを映し出すカードを１枚引き、テーブルの中央に置きます。

カードをシャッフルして、またカードを引きます。全部で８枚のカードを引いて、最初のカードから左まわり、反時計まわりに円をつくるように並べていきます。

　カード１：いま、月がわたしに教えたいことは何？
　カード２：わたしが内なる声を信頼すれば、どんな癒しが得られるようになる？
　カード３：わたしのシャドウはいま、どんな形をしている？
　カード４：このシャドウの存在を認めると、どんないいことがある？
　カード５：いま受けている人生のレッスンで役に立つ教えは何？
　カード６：いまのわたしを応援し、助けてくれるものは何？
　カード７：わたしが捨ててこなければならないものは何？
　カード８：高次元のパワー、源、わたしのガイドたちは、わたしのエネルギーをどこに向けろと言っているのか？

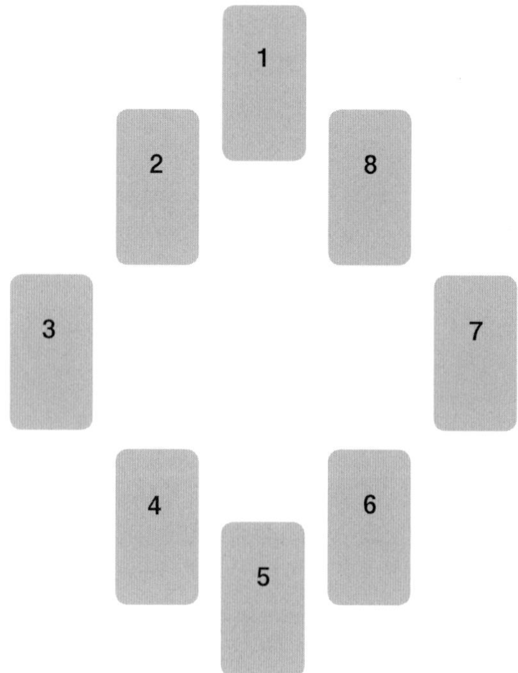

## そのほかの月にまつわる言い伝え

### スーパームーンとマイクロムーン

スーパームーンはフルムーンかニュームーンが軌道上で地球に最も近づくときに起こる現象です。これは平均的なフルムーンよりも14パーセント大きく、30パーセント明るい月です。[15] 月が最も近づいたとき、地球との距離は22万5662マイル（約36万3000キロ）離れています。ちなみに最も遠いときの距離は25万2088マイル（約40万5000キロ）です。

スーパームーンというのは占星術で使われる用語で、天文学用語ではありません。この言葉は、占星術師のリチャード・ノールが1979年の『デル・ホロスコープ』誌で書いたのが最初です。[16] 彼の定義によれば、スーパームーンはフルムーンかニュームーンが地球に最も近づいたときの90パーセント以内の距離にあるときに見られるものです。過去10年のあいだに占星術に寄せられる関心は高まり、この用語は主に北米で、一般にも使われるようになりました。

わたしたちはグレゴリオ暦の1年に12回か13回、フルムーンを観測し、ニュームーンも同じ数だけ現れますが、そのうちの3回か4回がスーパームーンのカテゴリーに入れられます。あなたがエネルギー的に影響を受けていようといまいと、あなたはこのスーパームーンのエネルギーに同調しなければならなくなるでしょう。

マイクロムーンは、ニュームーンかフルムーンが遠地点と呼ばれる地球から最も遠い場所にあるときに起こります。このとき、フルムーンは通常より約14パーセント小さく見えます。遠地点フルムーンとも呼ばれるこの現象が起こるのは、年に一度ほどです。

### ブルームーン

ブルームーンにはいくつかの意味があります。もともとのフレーズ「once in a blue moon（青い月に一度）」がつくり出されたのは400年ほど前のことです。それは、信じられない、珍しい、起こりそうにないこと、という意味で、「豚が空を飛ぶとき」というフレーズにも似ています。時が経つうちに、これは「めったにない出来事」という意味で使われるようになりました。[17]

ブルームーンは元来、天文学で言う１シーズンのうちにフルムーンが４回現れるときの３番目のフルムーンを指しています。１年には通常、天文学上のシーズンが４回あり、３カ月のあいだにフルムーンは３回現れます。「ブルームーン」はその定義どおり、おまけとして現れるものです。これは周期性ブルームーンとも言われ、ＮＡＳＡによれば２年半に一度の頻度で起きています。この定義の起源は主に農業に由来するものです。[18] ブルームーンの「ブルー」は「裏切る」という意味の英語の古語 belewe の誤った発音とも言われており、標準的な月のサイクルを裏切っておまけに現れるフルムーン、というところから来ています。

最近の定義は変わってきて、ひと月にフルムーンが２回現れるときの２番目のフルムーン、という説もあります。1946 年にジェームズ・ヒュー・プルエットという人物がある記事でそう書いたのが原因です。その（誤った）情報が 1980 年に全国ネットのラジオ番組で伝えられたことで広く浸透してしまいました。[19] 占星術で言うブルームーンは——暦上のそれとは違って——太陽が同じ黄道一二宮にある期間のうちに二度目に現れるフルムーンのことを指します。[20]

どちらの定義を使うべきでしょうか？　言語や定義は、語源学におけるブルームーンを見れば明らかなように、時代につれて移り変わっていきます。周期性ブルームーンは例外的なワイルドカードで、使い方はあなた次第です。新しいほうのブルームーンの定義も理にかなっています。暦上のひと月にフルムーンが２回現れるときに感情が増幅されることは、わたしも個人的に経験してきました。その期間じゅうずっと、特別なエネルギーがチャージされていると感じられたのです。こういったカテゴリー化は、わたしたちが観測しやすいようになされているということを思い出してください。あなたが納得できるものを採用し、そうでないものは放っておけばいいのです。

## ブラックムーン

ブラックムーンにはふたつの異なる定義があります。天文学上の1シーズンにニュームーンが4回現れるときの3番目のニュームーンという説と、暦上のひと月にニュームーンが2回現れるときの2番目という説です。

どちらにしても、ブラックムーンが現れるのはかなり珍しいことです。暦上のひと月に二度ニュームーンが現れるのは29カ月に一度のことで、それも31日まである月にしか起こりません。ニュームーンが4回あるシーズンの3番目となるともっと珍しく、このブラックムーンが現れるのは33カ月に一度です。[21] 魔術を扱う者はときどき、新鮮なスタートとゴールにいつもよりも強力なニュームーンのエネルギーを注入すべく、ブラックムーンを利用します。ブラックムーンのいいところは、それが現れるのは暦上の月の最後の日だということです。あなたはニュームーンのエネルギーを取り込んで、次の月を——たいていは翌日に——月のサイクルから得た爆発的なエネルギーをもって始めることができるのです。

## ボイド・タイム期間の月

月の「ボイド・タイム」と呼ばれるものがあります。月が占星術で言うどのサインにも当てはまらない無の時間のことです。これは数分、あるいは数時間、ときには数日に及ぶこともあります。多くの占星術師は、このボイド・タイム期間に新しいことを始めたり、影響が長く残りそうなことを決断したりするのはすすめていません。この時期には休息を取るか、何もしないのがいちばんです。占星術に則って呪文のワークをするなら、この期間にはなんの呪文も唱えないようにとアドバイスする占星術師もいます。

この期間に推奨される行動は、ものごとを終える、あるいは休みを取るということです。昼寝をする、ゆっくり休む、復習する、編集する、プロジェクトを終える、瞑想する、友人たちとのんびり楽しむ、など。[22] わたしの意見では、ボイド・タイム期間の月は特別でもなんでもないので、そのたびにすべての活動を停止するというのは意味がないと思います。個人的には、月が無の期間にあるからといってエネルギーが違うと感じたことはありません。月が何かに対する答えだとか、サインに当てはまらないことで影響を受けるとかいった考えは疑わしいと思っています。わたしたちの先祖は月がいつ、どのサインにある、あるいは無の時間にあるなどということは知らなかったけれど、それでも生きてきたのです。わたしたちも同じです。ボイド・タイム期間の月について、わたしが気に入っている解釈はアーティストでタロット占い師のエリザ・スワンによるもので、彼女はこの期間の月を、サインに、あるいはほかの何ものにも「所有されていない」という概念で表しました。そこは何にも邪魔されず、自由でいられるスペースなのです。

# まとめ――すべてをつなぎあわせる

## 愛のワーク

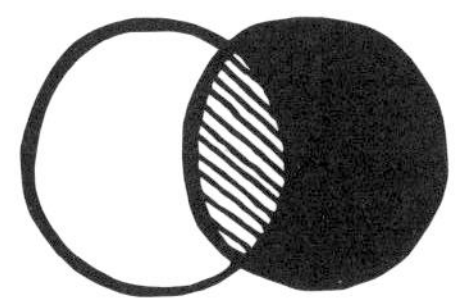

本書は月を解釈し、月とともにワークを行ういくつかの方法を提案してきました。ここまで読んできて、自分のエネルギーを見極め、月のサイクルのどの位相が自分に適しているかに気づき始めていることを願うばかりです。もう自分なりの月のマッピングを行い、自分なりのプロセスを始めているでしょうか。呪文や儀式、タロット占いを試しているかもしれません。月の満ち欠けとあなたの関係もまた、満ちたり欠けたりするでしょう。それでいいのです。

こうも言えます。あなたがここにいるのは、あなたがこの結果を求めたからです。パワフルで、あとあとまで残る結果を。あなたは覚悟をして、自ら望んで結果を求めています。結果が欲しければ、断固とした態度で臨まなければなりません。内側も外側も変わりたければ、そのように努力しなければなりません。そして、可能なかぎり最も華々しい結果を得ようと思うなら、始まりから終わりまで、月の位相全体に取り組む必要があります。それが最低条件です。

月のサイクル全体を通じて推奨された行動を取っていけば、きっと目覚ましい結果が得られるでしょう。このプロセスはひとつの変化にまつわるすべてのアスペクトを考えられるように組み立てられています。エネルギー、マインドセット、内的な障壁、行動、習慣をどうにかしないと、自己実現を阻む同じパターンの繰り返しになってしまいます。わたしたちの多くは、自分自身への信頼が損なわれ、断たれているのです。自己実践に本気で取り組むことは、信頼を取り戻すひとつの手立てとなります。

通常、わたしたちは月のサイクルを通じて同じ大きなテーマに取り組んでいます。プログラムを解除するには時間がかかり、プログラムを組み直すにも時間がかかり、信頼を築くのにも時間がかかるものです。異なるレンズを通してひとつのテーマを見直すのもおすすめです。わたしたちが成長し、変化するのと同様に、自己探求の性質も変化していくのです。月のマッピングと月のワークは、自分自身をしっかり応援してあげなければと思っているときと、心の中で決めたゴールを達成できたと思っているときとでは見え方が違ってくるはずです。前に読んだ本をもう一度読んだり、同じ映画を繰り返し観たりするのと似ていて、このプロセスに取り組むたびにあなたは違うことに気づくでしょう。

月のワークを行うたびに大きな変化が起こっていることに気づくとはかぎりませんが、自分のエネルギーのパターンを理解することは大いに役立ちます。直観と自然な気持ちに従うゆとりを自分自身に与えてやりましょう。受け入れるということの安心感を覚えるはずです。悲しみでいっぱいのときは、よけいなことを考えずに泣けばいいのです。つねに分析する必要はありません。いつも理由を知りたいと思わなくてもいいのです。ときには、ダークムーンが感情の解放にかかわっているせいで、無性に泣きたくなることもあるでしょう。

ものごとは関係がすべてです。わたしたちは関係によって自分自身を定義します。昔、人間はいまのわたしたちよりもはるかに自然と密接な関係にありました。生き残れるかどうかがそこにかかっていたからです。わたしたちの脳味噌はパターンに気づくようにできていて、これが人類が成長してきた理由のひとつと言えます。この気づきが農業技術や占星術の進化にもつながっていますし、わたしたちの周囲にあるものとの拡張された関係を築くことにもつながっていて、それがスピリチュアルなこと、宗教、文化的な伝統といった、人類が意味を見いだしてきたすべてのことにも反映されてきたのです。気づきの実践に注目することは、わたしたちを現在に結びつけることになります。宇宙のサイクルとの関係は、わたしたち自身のサイクルが大昔からある自然の秩序の一部であることを教えてくれるのです。

月のワークを行うには勇気が必要かもしれません。わたしたちは希望と恐怖を行ったり来たりしながら生きているからです。わたし自身のワークを通して、また何百人という人のワークを手伝ってきた経験からも、恐怖や悲嘆といった痛みを伴う感情が浮かびあがってくるのは避けられないことです。健全な源とおまけのサポートシステムを見つけることこそが鍵です（同時に、それもまたこのワークによってもたらされる恩恵のひとつと言えます）。あなた自身の選択とゴールにこだわり、毎日、ときには飽きたり疑念を感じたりすることがあっても、ひたすらやり続けることが大事です。心の中の障壁や抵抗感は、あなたが正しいワークをやっていることのしるしでもあるのです。モチベーションを保ち、自分自身に投資し続ける方法を見つけましょう。以下に、月の魔法の実践に関して覚えておいてほしいことをいくつか述べます。あなただけの道を進みながら、そこで出合う醜いもの、予期せぬこと、飼い慣らされていない美しさのすべてに注目してください。数回のサイクルにわたって月のワークをしっかり行えば、あなた自身のリストをつくっていくことができるようになるでしょう。

## このプロセスで覚えておくべきこと

**1.もしこれが簡単にやれることなら、誰もがやっているはず。**スピリチュアルな道を進むことは決して楽ではありません。白人至上主義の父権社会において、あなた自身とあなたの夢にコミットすることは反逆しているように思えるかもしれません。これは勝利とチャレンジに彩られた、まっすぐ突き進めるようなプロセスではないのです。あなたは悪魔と面と向かって対決することになるでしょう。マインドセットを分析して、パターンを組み直す必要も出てくるでしょう。習慣と行動を根本的に変えなければならなくなるでしょう。人との関係も見直したり、別れを決断したりしなければならないかもしれません。自分自身のことも何度も何度も繰り返し、見つめ直さなければならないでしょう。これは困難な仕事です。わたしたちが肩まで浸かっているその場しのぎの文化に対する呪いと言ってもいいかもしれません。しかし、あなたにはやれるはず。絶対に。あなたには自分のパワーの中に分け入って、魂の本当の顔を見つめる力があるはずです。

実際、あなたはそのために生まれてきたのですから！

**2. あなたは抵抗に遭う。**それも、何度も。毎日。頭の中にも、あなたを疑念で満たそうとする嘘の声が響くようになるでしょう。その声は変わることなど不可能だとあなたに言うでしょう。あなたは詐欺師だ、場所を取るにも値しない、自分が何をやっているのかさえわかっていない、と言ってくるでしょう。もう年を取りすぎていて、欲望がかなえられるわけがない、と。どんな人でも抵抗を受けます。抵抗はあなたが重要なことをしているということの証明です。何もかもうまくいきそうにない、恐ろしいと思えるときでも、突破口は近いというしるしです。そういう状況のさなかにある人に言いたくはありませんが、それが真実なのです。抵抗はプロセスにつきものだと理解すれば、前に進む力に変えることもできるでしょう（休息を取ることも前進し続けるためのひとつの方法であることは忘れてはいけません）。

**3. あなたは悲嘆に襲われる。**人間性を示すプロセスでは、悲嘆に襲われることもあるでしょう。失われた時間を、あるいは過去の自分を思って嘆くことになるでしょう。それは普通のことです。脳が魂に追いついていないから起こることです。「生存者が感じる罪の意識」を示す兆候でもあります。家族や仲間、あるいはもともと自己防衛本能から出てきた自尊心の期待を超えたときにあなたが覚える葛藤です。ひとつのパターンを癒したとき、わたしたちの人生にはひとつの穴が残ります。わたしたちの動物的な体と感情的な体はこれを喪失として解釈します。悲しみは必ずしも分析や解釈をする必要はありません。悲しみはそれと認めて処理すべきものなのです。悲しみのための場所を空けておきましょう。悲しみに判定をくだしてはいけません。それをあなたが前進を止める理由にしないでください。

**4. あなたは欲望をしまっておく入れ物をつくる必要が出てくる。自分で思っているよりも、もっとフレキシブルで大きい入れ物を。**あなたの入れ物は、あなたの欲望の性質によってつくられます。融通の利かないものではなく、適応力の高いものでなければなりません。入れ物は複数必要かもしれません。直観を使って、あなたのゴールとプロセスにエネルギーの入れ物、感情の入れ物、時間の入れ物を割り当ててください。その中で魔法のように育つものがあるかもしれませんから、余分なスペースを空けておくことが必要です。あなた自身も入れ物だと考えてみましょう。入れられるものに順応しつつも、特定の形を持つ、有益な入れ物なのです。あなたを出たり入ったりするものがあるというのはどんな感じか、考えてみてください。あなたは透明な通路で、受け取るのも送り出すのも自由自在なのです。これがいまを生きる秘訣です。この実践の中には、何かを手放して降参するということも含まれます。制御を克服し、希少性に基づくプログラミングに打ち勝つのは困難ですが、得られる成果を考えれば、トライする価値はあります。透明な通路になることは可能なのです。それは、誰が所有するものでもなく、宇宙の贈り物なのですから。

**5. さまざまな複雑さを受け入れることを予想。**このプロセスでは、期待を抱くことは後まわしです。その一方で毎日、心の奥底にある欲望のために存在し、同調しなければなりません。俯瞰的な視点と、表面のざらざらまで見える密接な視点を次々に切り替えていく技術も必要です。ひとつの月の位相では自分の魔法の力に圧倒されたと思うと、次の位相では感情的にまったく平静でいる、ということもあるかもしれません。

ひとつの状態が永遠に続くことはないと知っていれば、つらい時期を乗り越えるのも少しは容易になるでしょう。この文化ではしばしば、わたしたちは深遠なる希少性を信じるようにプログラムされています。成功や勝利を達成するのは、ほかの誰かであってはならないのです。資本主義がなかったとしても、さまざまなやり方で競争は起こります。比較、審判、サボタージュ。人間はどこにでも受容性と「善なるもの」の指標を求めるものです。指標の外で生きる者、試合をすることを放棄する者、受容しないという頑固な姿勢を持った者は、指標の中で生きる者にとっての脅威となります。

そして、わたしたちは自分の中にそういった考えを永遠に持ち続けることになります。自分の魂に制限を課してしまうのです。何かを手に入れるなら、別のものを犠牲にしなければならない。何かになるなら、別の面は封じ込めておかなければならない、と。すべての面を見せること――複雑な、ときには矛盾した存在である自分を認めること――はわたしたちが自分に与えられる最も素晴らしい贈り物です。あなたは成功すると同時に、神経的多様性を持ち、幸福で、混乱していて、臆病で、獰猛な人間であってもいいのです。鬱でありながら欲望を持っていてもいいのです。自己嫌悪の念に悩まされながら、人に羨まれる仕事をし、あなたを愛するパートナーに恵まれていてもいいのです。大成功をおさめ、ほかのみなが同じ成功を手に入れることを望んでもいいのです。自分の基本的なアスペクトを楽しみながら、別のアイデンティティをのばしていってもいいのです。

このプロセスは、自己の中の癒しや修復が不可能かもしれない部分も含め、すべての部分を受け入れることによって、ゼロかイチかという２進法の考え方を崩壊させます。それは自己受容を促進し、実力主義という問題を孕んだものの見方をも変えさせるでしょう。複雑さを同時に有し、受け入れることを学べば、このプロセスの結果としてあなたは貴重なスキルを手に入れられるはずです。

**６．成功に不可欠なのは明確な指標を見つけること。それはモチベーションを維持し続ける秘訣。**呪文についての項では、呪文の結果を明確にすることが大事だと書いてきました。プロセス全体においても、実際にどのような成功が得られるのか見極める必要があります。あなたが望む最終的な結果とは何か、その指標となるものは何か？　これは、自分に対する愛や幸せを見つけるといった、より内面的な目標を達成するうえでも非常に重要です。成功をはかる指標を見つけてください。モチベーションを維持するというのも、あなたの計画の重要な部分です。人間はすぐに得られる満足感に引き寄せられがちです。不快に思うことも出てくるでしょう（このリストの１～３を見てください）。誓いを守るためには、自分にどんなご褒美を与えるかということも考えておかなければなりません。プロセスを実験と見なすことは、目的のための一手段として見るよりも効果的です。

**7.終わったあとのあなたは別人になっているかもしれない。**あなたは確実に変わります。プロセスの途中でも、終わったあとでも、自分がこんな人間だったなんて、と思うかもしれません。早すぎる段階で自分自身にレッテルを貼らないようにしましょう。自分が何に惹かれるのか、もう興味が持てなくなったものはなんなのかに注意してください。もうひとつのアイデンティティを、一時的なものでかまいませんから、自分の中に見つけてみましょう。本能に導かれるがままに、いまのあなたが関係していると思える場面を歩きまわってみるのです。あなた自身の成果を他者のおかげだとする傾向が見つかるかもしれません。この人が助けてくれたから、この本を読んだから、これのおかげで、あれが原因で、と。もちろん、わたしたちは真空の中で活動しているわけではありません。他者からの支援や協力は必要ですし、力を貸してくれた人には感謝しなければなりません。しかし、究極的に、あなたの成果はあなた自身が生んだものです。疑念や不安、混乱に見舞われていようとも、何があなたにとって最善かを知っているのはあなたなのです。この別バージョンのあなた自身を知ることは楽しいものだと思ってください。

**8.あなたのもとに訪れる幸福を信じる。**ワークを行った結果、あなたは並外れた成功と予期せぬ贈り物を手にすることになります。どんな大胆な願いもきっとかなうでしょう。自分が望んでいたことも知らなかった、しかし絶対にあなたに必要だったものがあなたのもとに届くでしょう。いままで散々裏切られ、つらい目にばかり遭ってきた人は、よいことはまぐれにすぎないと考えがちです。過剰な警戒心を抱き、警告を発しながら、もう片方の靴も脱げるのを待っているのです。やすやすと手に入る愛や恵みを信じないのは普通のことですが、心を閉ざしたままでは誰の役にも立ちません。あなたのもとに訪れる幸福を信じましょう。それが普通のことだと思えるようになりましょう。幸せを期待しましょう。それはあなたが享受して然るべき幸せであり、これからさらに幸せがあなたのもとにやってくるのですから。

## わたしの物語：スピリチュアルな実践

ここまで書いてきたことは、月とともに暮らす経験をするうえでガイドとして役に立つことでしょう。同時に、このワークがもたらす結果のほかの具体例を共有することも助けになるはずです。以下に記すのは、わたし自身と、クライアントや生徒たちの物語です。それぞれの道は違いますが、月のワークの効果は普遍的です。ここでつかんだ目標がトロイの木馬となって、より深い癒しのプロセスへと導いてくれることもあるでしょう。自分の能力が高まったことを信じられるようになれば、以前は妥協せざるを得なかったこともやれるようになるのです。物質的な欲望を追いかけていたのが、潜在意識のパターンを再構築して、もっと深いスピリチュアルなつながりを求めるようになるでしょう。わたしの物語はあなたの物語と似ているかもしれません。これから紹介するほかの人たちの物語に刺激を受けることもあるかもしれません。

わたしは最初、昔ながらのやり方で月のサイクルとつきあっていました。魔術を扱いたての頃は不幸で、必死に結果を求めていましたが、あちこちでやたらと呪文を唱えるばかりで集中できていませんでした。わたしの欲望は現実にそぐわないものだったのです。自分の影響の及ぶ範囲でワークに取り組んでいませんでしたし、現実世界では呪文の効果にかかわる行動を取っていませんでした。呪文を唱えたあと、望みをかなえるためのフォローをしなかったのです。その結果、ほとんど何も変わりませんでした。わたしに魔法を信じさせる程度の変化はあったにしても、自分自身の行動が何も変わらなかったために、呪文を始まる前に逆戻りしていたのです。わたしはすぐにでも自分で自分を傷つけるパターンを打ち破りたいと思っていました。豊かさを知り、自分のパワーを利用する準備ができていました。それから、わたしは月に合わせて呪文を唱えるようになりました。すると結果ははるかに効果的なものになったのです。

その後何年もかけて、わたしは心理、行動、感情、潜在意識のすべての面で月の位相に合わせた魔法を実践するようになりました。ひとつの月のサイクルで、ひとつの大きな欲望に取り組むワークを行うことにしたところ、顕著な成果が得られたのです。

2012年、わたしが開発したワークを4年かけて微調整したあと、わたしは自分の学んだことを全国各地で教えるようになりました。2015年、月はわたしにリアルタイムでチャネリングしてワークブックを書き、読者に位相ごとの取り組み方を教えるように言いました。それでわたしは本を書きました。わたしはライターではありませんし、自助もしくは魔法についての本を自費出版したいなどとは考えていませんでしたが、事業を切り盛りしながらチャネリングし、構想を練り、原稿を書き、3年かけて6冊の月のワークブックを出版しました。

月のワークはわたしにたくさんの喜びと豊かさをもたらしてくれました。このプロセスを通してわたしは癒しに伴う痛みや悲しみにも向きあわなければなりませんでした。境界のワークを行い、特定の影響力のある関係がわたしのためにはならないからと別れを告げ、トラウマのセラピーに投資し、深い悲しみに向きあうために時間を費やすことは、苛酷ではありますが必要なことでした。仕事、創造性、自分の価値を認め、自己評価を高めること、マインドセットなど、さまざまなアスペクトでわたしの自己は目覚ましい改善を遂げました。ここは波及効果が現れるところです。問題の根源を直接癒すことで、より大きなエネルギーが生まれ、関連する領域やテーマにポジティブな変化をもたらすのも容易になるのです。それが今度はわたしたちの存在のほかのアスペクトにも影響を与えます。ただ単に仕事やお金の問題だと思っていたことが、その根底に希少性の問題があると理解できたとき、その根底に絡めたワークを行うことで、仕事や銀行口座といった実際的な側面に直接的な変化が現れただけでなく、自分自身の評価も根本的に変わったのです。健全な自尊心と指針とする豊かさの哲学を持てたことは、このアプローチによるきわめて貴重な収穫でした。

月のワークには不思議な面があります。その具体的な効果は解明されないでしょう。謎を解き明かすには、さまざまなレベルで積極的に耳を傾けることが必要です。ワークを行う際には、わたしたちは直観に注意を払わなければなりません。

わたしたちの直観は癒しを助けるためのものです。直観に耳を傾ければ、癒しのために次にどこに向かえばいいかという情報が一部にせよ手に入ります。直観が求めるほうへと進めば、癒しは容易になります。癒しは必ずしも気持ちのよいものとはかぎりません。わたしたちの文化で言う成功と同列に並べられるものともかぎりません。直観に耳を傾けることで得られる副産物のひとつは、喪失、試練、試験に向きあうということです。自分自身に尋ねてみましょう。癒しのために、いま使える力はどんなものですか？　あなたにとってそれがどういうものか、定義してみてください。それに従って進むのです。

月の時間の螺旋の中へと入れば、わたしたちの人生はどれほど多くのさまざまなアスペクトとつながっているかがわかります。すべての川は同じ海へと流れ込むのです。何に集中すべきか、どんな癒しがあるのか、次にどの道筋（糸）をたどればいいのか、わたしたちの直観がさらに多くのヒントを教えてくれるはずです。

月が人々にもたらしたポジティブな効果を何度も目撃していなければ、わたしはこの仕事をしていなかったでしょう。この６年間、わたしは幸運にも何千人もの人々のガイドとなり、さまざまなやり方で自己実現するための月のワークに取り組んできました。これからご紹介するのは彼らの物語の一部です。すべて６週間という期間の出来事を描いています。月のワークを教えているわたしのクラスと同じ長さです。指導と目標設定に２週間をかけ、それから月のサイクルを一巡するのです。参加者はひとつのテーマもしくは目標に焦点を当てます。彼らの物語には、自分を愛すること、肉体の痛みを管理すること、創造性を尊重すること、有意義な仕事を見つけること、お金にまつわる恐怖や不安を解消することなどが含まれています。これらの物語があなたを鼓舞し、月とのコラボレーションとはどういうものかについて、より深い洞察を与えてくれることを願っています。クラスによって月のサイクルのどの時期に始まるかが違いますので、月の異なる位相から物語が始まることに注意してください。このことは、月のワークはどの位相からでも始められて、結果が出せるということを証明しています。

## サイラスの物語：アートと創造的な豊かさを優先する

サイラスの目標はアートの実践に集中することでした。彼は昼間の仕事のほかに、アートに取り組む時間をもっとつくり、そこにエネルギーを注ぎ込みたいと望んでいました。彼は肉体的、感情的、またエネルギー的な状態について日誌をつけ続けました。毎日瞑想していました（これは彼が以前から実践していたことです）が、わたしのクラスに来てからは月の位相ごとに祭壇をつくり、その前で瞑想するようになりました。日誌をつけていたこともあって、アートの実践に関する彼の望みは非常に明確でした。

**ニュームーン**：ニュームーンの位相に入って、サイラスはアート関連の夢を日誌に書きました。彼は知りあいのアーティストたちとアトリエを訪れる計画を立てました。売りたい絵を３枚仕上げました。また、週に２日、少なくとも３時間は自身のアートに取り組むことにしていました。興味深いことに、彼はしばしばこの期間に仕事で出張していて、最も生産的なヴィジョンのワークを空中１万フィート（約３キロメートル）の高さにある飛行機の中で行っていたのです！

**ワクシングムーン**：この期間中、サイラスは自身のアートに取り組むことに時間を費やしました。応募した滞在制作の研修に採用されず、その過程で描きたい絵が非常に明確になってきたので、「自主研修」で絵に取り組むことにしたのです。これによって彼にはニュームーンの期間中にコンセプトを考えていた絵にかける時間ができました。自分の信じる仕事に取り組むことで、彼は憧れのアーティストたちに手の届く場所へと導かれたのです。彼は自分が採用されなかった研修に参加していた批評家でもあるアーティストのスタジオを訪ねることになりました。サイラスが、彼の行うすべて――デザイン、執筆、詩作――が彼のアートなのだと悟ったのもこの期間です。なんといっても、彼はアーティストなのですから！

**フルムーン**：この時期、サイラスは豊かさを祝福し、深い感謝を捧げる儀式を行いました。偶然の再会を果たした元教師が、彼が昼間の仕事でかかわっている分野の著名なリーダーになっていたのです。彼女は自分の講習会に彼の作品を置くと言ってくれました。それから、彼がデザインを手がけた本について尋ねてきて、たまたま持っていたので彼女に渡すと、彼女はサインを求めました。サイラスはそのことを、すべてが一巡した非常に実りの多い、まさにフルムーンらしい瞬間だったと解釈しました。

**ワニングムーン**：この期間中、サイラスは自身のアートの実践に関する信念を抑制しがちな傾向を手放すことに集中しました。また、特に働くこともなく休息を取り、楽しみと瞑想に集中しました。アーティストであるという感覚を大いに楽しんだのです。サイラスはこの時期に、最小限の努力で最も生産的な結果を得られたことに気づきました。ひと月で稼いだ額が最も多かったのもこの時期です。彼は有益なトークでビジネスの新しいクライアントを何人も獲得したのです。

サイラスにとっては、認めるのがつらいこともたくさんありました。そうでなくても多忙な日々にアートのための時間をつくるのは大変でした。詐欺師シンドロームの抵抗が何度も襲ってきました。彼は金の流れについても非常に詳しく記録していて、そのことで複雑な感情を抱えることになりました。主にダークムーンとワニングムーンの期間に、恐怖と自己不信に襲われました。ダークムーンの時期に最も消耗していると気づき、そのことは彼が前進するうえで有益な情報になりました。彼はもっと早くこの月のワークをやっていればという後悔と悲しみも覚えていました。

月のワークに取り組んだことで、サイラスの人生は経済的に、感情的に、肉体的に、精神的に変化しました。彼は多くのアーティストとつながり、親しくなりました。パートナー、家族、友人、先祖たちとも、以前よりも深いつながりを感じるようになりました。サイラスはまた、自身の欲求と高次元の自己をより深く心に刻むようになりました。最も重要なことに、彼は以前は知らなかったようなやり方で、自分はアーティストであること、彼自身がアートであることを知ったのです。

## デヤンドレの物語：欲望と創造性への深化

デヤンドレの月のワークの目標はファッション・スタイリストの仕事を

始動させて軌道に乗せることでした。自分のエネルギーを飾り立て、おしゃれをすることを楽しみ、思いきって自己表現をすること。彼女は自分がインスピレーションを与えられる仕事で生きていけるよう、自分に試練を課しました。この意図によって、デヤンドレは人前で自分の心を開いたのです。

**ニュームーン**:彼女は舞台裏で「ムーニフェスト」なる宣言書をつくり、個人的な成長とビジネスのために将来花開く種を蒔きました。月のサイクルのあいだは毎日、気分に合わせて、そのときどきの月の位相にインスパイアされたコーディネートをソーシャルメディアに投稿するという意図を決めたのです。

**ワクシングムーン**：この期間中、デヤンドレは自身の意図に取り組み、毎日コーディネートを投稿して、ソーシャルメディアでの自身のビジネスの露出を増やしました。目標に向かって前進を続けながらも、ニュームーンとワクシングムーンの期間に起こりがちな恐怖、抵抗、不安がデヤンドレを襲いました。まだ準備が整っていないのに露出を急いでしまったという疑念と不快感が立ちあがり、彼女は詐欺師シンドロームの感情とも闘っています。

**フルムーン**：この時期にはこれらの葛藤が教訓として明確に映し出されることになりました。彼女は自身の進歩を祝福しました。有色人種である彼女は堂々と自分の姿を公開し、このギフトを受け取るという行為を受け止め、傷つきやすい部分をさらけ出すということがどれほど貴重かを認識しました。

**ワニングムーン**：この位相では、怒りが古い習慣やパターンにまとわりつき、信じる気持ちも抑制されて、デヤンドレにとって耐えるのがいっそうつらい期間となりました。彼女はこの葛藤と抵抗を心に刻み、自分の姿と個人的な成長の記録を投稿し続けました。

デヤンドレは黒人の美しさをアピールすることは急進的な行為だと悟り、本物のやり方でシェアされなければならないと考えています。時間とエネルギーを個人的な目標に投資するという行為を通じて自分への愛を取り戻し、自分よりももっと大きなものに支援される感覚を味わいました。

エゴを捨てて集団に貢献することにしたのです。このプロセスを通して、彼女は勇気、自信、そして心の平穏を手に入れました。自分が何者であるかを心得ている非常に敏感な人間として、月のワークはいまでは彼女の日々の実践に深く染み込んだものとなっています。最初に月のワークに取り組んで以来、デヤンドレはファッションと月の両方にインスパイアされたプロジェクトを立ちあげました。また、自身の目的を思い出させられる機会も複数回経験しました。いまでは自分なりのスピリチュアルなツールもできました。月との取り組みを通じて、デヤンドレは自身を慈しむこと、瞑想、ものを書くという実践をつくり出したのです。

## チェルシーの物語：肉体の痛みを癒すということ

チェルシーは数年来苦しんできた骨盤の痛みを和らげるために月のワークを活用しました。肉体的、また精神的に、自分の体をよりよくケアできるような健康的な実践をつくり出したかったのです。特にソーシャルメディアと飲酒との関係を見直したいと考えていました。月のワークを始めた当初、チェルシーはそれらの支えを手放そうと必死にもがいていました。両方にどれほど依存しているかを見直して調整した結果、彼女は自己を高めるワークに集中できるようになっただけでなく、体を治すことにも気をまわせるようになったのです。

**ニュームーン**：チェルシーは朝のルーティーンをつくりあげました。瞑想、紅茶、日誌書き、夢のワーク、肉体的なエクササイズ。最初は過去の人間関係や、人にどんな扱いを受けて許容していたかといったことにまつわる恥ずかしさが浮上してきました。体が正しく機能していないことにまつわる恥の感覚と、そのせいで誰からも愛されないという恐怖もです。彼女がこのプロセスを始める前から心にこうした感情がわだかまっていたので、すぐにこういった形で抵抗が現れました。このおかげでチェルシーは、月のワークを通じてしっかり集中しなければならないのは自分を愛することと許しであると悟りました。

**ファーストクォーター**：この時期、チェルシーは理学療法のエクササイズと体幹を鍛えるエクササイズに集中しつつ、週３回のヨガに勤しみました。この位相のあいだ、チェルシーは自分の聖域のまわりに保護の呪文をかけ、褒め言葉を受け止めることで自己愛を実践しました。

**フルムーン**：フルムーンは彼女が達成した金字塔に祝福をもたらしました。彼女はこのサイクルが始まってからずっと、いっさいソーシャルメディアを利用しなかったのです！　朝のルーティーンはさらに強固なものになりました。

**ラストクォーター**：月がこの位相に入ると、チェルシーは体と心の癒しに取り組もうと決めてからというもの、自分の体の中で、また頭の中で、和らいできたものがなんなのかについて思いをめぐらせました。自分自身のエネルギーを取り戻し、エネルギーを奪っていた悪い関係を断ち切るために、彼女は糸を切る儀式を行いました。チェルシーはまた、癒しを妨げているエネルギーを解放するために、いまだに恥ずかしく思っている過去の人間関係について許しのワークを行いました。

**ダークムーン**：糸を切る儀式に注いだエネルギーの効果はダークムーンの時期にも続いていました。彼女は家の中で体にかかわるスペースをきれいにし、ベッドルームを聖域にして過去の人間関係とかかわりのあるものをすべて排除しました。同時に、そこにいつまでも残っていた幽霊たちも。

月のサイクルを終えたあとも、チェルシーは肉体の痛みを和らげる取り組みを続けました。月のワークを経たことで、癒しのプロセスはそう簡単に効果が出るものではないということを受け入れられたのです。チェルシーにとって、最も刺激的で確実な結果は、彼女の癒しの道を取り囲むマインドセットの変化でした。月のワークを行う前、チェルシーは体のプライベートな部分への不快感に対処することに恥と罪悪感を抱いていました。このワークのおかげで彼女は自己を受け入れることを知り、ホリスティック医学で健康を取り戻し、そのことについて話しあえる協力的で信頼できる人々に出会いました。月とその位相に取り組むことで、チェルシーは時間をひねり出し、計画を立て、ワークを行い、休息を取り、内なる自己とより容易につながれるようになったのです。

チェルシーはこう書いています。「このワークを通じて、わたしは自分自身とつながるのが前より楽に感じられるようになりました。全体的に自信が増して、友人たちにもいまのわたしは以前のわたしとは違うのがわかると言われるほどです。これまでも直観とつながっているという感覚はありましたが、それもある程度までの話です。このワークのおかげで、いまのわたしは直観に耳を傾けるということがもっと心地よくできるようになりました。そして直観に従うのに言い訳をせずにすむようになりました。以前はわざと、自分が受け取っているメッセージに耳を貸そうとしていなかったのだということがわかりました。おかげで自分の魔法を定義することができたのです」

## ジェイミーの物語：死のカードを体現して新たな始まりを容易にする

最初に月のサイクルに取り組んだときのジェイミーの目標は、直観と宇宙に対する信頼を築くということでした。月の位相を通じて、その目標は自己受容へ、そして最後には虚無を受け入れるということへ変化していきました。ジェイミーは月のサイクルのワークを強化するためにタロットを活用しました。彼女がワークを始めたのはワニングムーンのときで、障害を取り払うのに適した時期です。

**ワニングムーンとダークムーン**：ワニングムーンの期間、ジェイミーはタロットを使った呪文を行い、死のカードを体現することを選びました。そうすることで、解放のプロセスと新しい始まりの見込みを受け入れたのです。ダークムーンの期間にも死のカードのエネルギーを体現するということを続け、恐怖を手放す助けになるよう呼吸のワークも行いました。

**ニュームーンとワクシングムーン**：ジェイミーはニュームーンの魅惑の呪文を唱え、それを３日間続けて繰り返しました。彼女がそれを始めたのは月の最初の端が見えたときで、この呪文はワニングムーンのワークの一部にもなりました。ジェイミーは経済的、感情的、精神的、肉体的な繁栄を増大させる新しい始まり、新しい機会、新しい関係を求めていました。彼女は自分自身に挑戦を課し、脅威を感じていることをやりました。ここには、人に見られることに恐怖を感じていたにもかかわらず、彼女が受け持っている新しいクラスを宣伝することも含まれていました。彼女はまた、日々の感謝を日誌に記して、自分の人生がいかに豊かかを自分自身に思い出させることにしました。

**フルムーン**：ジェイミーはフルムーンのあいだにわたしのクラスを受講し、エレメントに基づいて、彼女の人生の4つの異なる領域に拡張をもたらすフルムーンの呪文を完成させました。この時期はまた、彼女に明確な変化をもたらしました。もう楽しめなくなった仕事を辞める決意をし、新しい仕事をつかむ機会を追いかけたのです。そして必要な成長と新しい始まりのためのスペースをつくり出すべく、彼女は自分自身を信頼するということを受け入れました。

ジェイミーはこう書いています。「月のサイクル全体を通してワークに取り組むことで、わたしは自分自身を信じ、頼ってもいいのだということがわかりました。わたしは人生を月のサイクルを反映させたものとして見るようになりました。いまわたしのまわりで咲いている花は、人生のニュームーンの時期に種を蒔いたものです」

「自分自身と宇宙を信頼するというのは挑戦的なことに感じられました。どうやって自分の目標を達成すればいいかを見極めるのも挑戦でした。意図を設定したあとで、信頼はさまざまな層に覆い隠されていることを知ったからです。日々の実践にコミットすることはしばしば挑戦的なものになりました。自己規律と徹底的な自己愛が必要だったからです。変化を受け入れることも、たとえそれがよい方向への変化であってもつらいことで、悲しみが湧きあがってきました。ひとつの月のサイクルのあいだにこんなにもたくさんの呪文を唱えるのも挑戦でしたが、わたしは本当にものごとを変えたいと思っていたのです！」

「シンクロしたような出来事が次々に起こりました。突然、痛みを伴って終わることもあれば、素晴らしい機会がわたしのもとにやってくることもありました。結局、わたしのパートナーもわたしも仕事を辞め、ふたりでビジネスを始めました。さまざまな場所を旅して暮らし、犬たちと四六時中一緒にいられる仕事です。スケジュールは自分たちで決められるし、かつてないほどお金を稼げるようにもなりました」

「いまのわたしはかつてのような抵抗感もなく宇宙を信じられるようになりました。直観と強く結びつき、直観が襲ってきたときには前よりも簡単にそのメッセージを理解して受け取れるようになったのです。自分の個人的なパワーの中に踏み込むことで、わたしは解放されました」

## エリンの物語：価値あるものと愛を魔法で呼び出す

エリンは月の位相を通して自分に対する愛を見つけることに取り組みました。特に、愛を受け取る価値があるものとして自分自身を深く知るようになったのです。月のマッピングのプロセスを掘り下げていくと、他人から認められ受け入れられることを求める中で、エリンはこれまでいかに自分をほったらかしにしてきたか、いかに自分を愛さずにきたかを知って、また自分らしくいるということができない自分に、苦痛を感じるようになりました。これを乗り越えるため、エリンは自分をケアするツールに頼ることにしました。特に、呼吸のワークと自分への同情を優先させることを学んだのです。

**ニュームーン**：エリンはニュームーンのムーニフェストをつくり（わたしの授業で提案されたエクササイズで知ったものです）、自己愛の実践にコミットするあらゆる方法を書き出しました。愛を失う恐怖からよりも、愛のある場所から決断をくだすという実践を重ねていったのです。彼女はまた、わたしの授業でニュームーンの魅力の呪文を知り、感謝と愛を捧げるようになりました。

**ワクシングムーン**：エリンはセルフケアのスケジュールを組み、自分の欲求のまわりに強固な境界を築きました。自分は愛されない存在だという信念の根底にあるものを見極めるため、タロット占いも行いました。自分自身の意図を知ることにより長い時間を過ごすようにもなりました。最後には新しい精霊のガイドとつながって、このワークをやり遂げるのを手伝ってもらうようにもなったのです。

**フルムーン**：フルムーンの時期に、エリンは愛情がなくて助けも得られないというこれまでの自分のパターンを明確に把握しました。自分へのラブレターを書いて、自分に喜びを与え、自分の体を尊重することをもとにした自己愛のための呪文を具現化しました。

**ワニングムーン**：エリンは自分をほったらかしにしていた時代とつながり、自分を許して憐れみを寄せることに取り組みました。授業で提案されたタロット占いを行い、それが驚くほど効いたのです。ひとりぼっちでいることと自分の価値は条件付きのものでしかないという信念にまつわる恥を呪文で解き放ち、自分についての信念を再構築しました。とりわけ、自分は愛に値しないと信じていた条件を見直したのです。彼女はスケジュールに縛られない時間と自由なスペースを自分自身に与え、前より長く眠るようになりました。

エリンはこう語っています。「自分をほったらかしにしていたやり方、自分への愛を否定していたやり方、他人に受け入れてもらって愛を受け取るために自分を人とは違う存在にしようとしていたやり方を改めて見るのはつらいものがありました。嘆きと怒りが込み上げてきて、どちらも大半は自分自身に向けられたものでした」

「このプロセスは完全にわたしの人生を変えました。謝ることなく自分の欲望を尊重するようになり、人を喜ばせようと媚びることは減りました。傷つきやすい部分もさらけ出して、自分自身を人前に出すようになりました。自分らしい表現をすることによりスペースを割き、自分を憐れみ、頭の中で前よりやさしい声を聞かせるようになったのです」

「そこから、ほかの月のサイクルのワークもやるようになって、わたしの外的世界は確実に変化しました。仕事は拡張され、親密な関係が深まり、必要な境界を設置することができるようになりました（以前はそれをずっと悩んでいたのです）。そして仕事でより多額の金を稼げるようにもなりました」

## 月はあなたが父権社会を打ち壊すのを助ける

ここまでで共有した物語の中に、わたしたちはエンパワーメント、癒し、自己実現といったテーマを見てきました。これらはすべて月のワークが追究しているものです。集合体を助ける深遠なワークなのです。世界はさらなる気づきを経験してパワーを増大させた人々をこれまで以上に必要としています。わたしたちが思いやりにあふれたパラダイムをつくり出せば、古臭い抑圧的な人々は消え去ります。わたしたちがしなやかな回復力、ソフトなパワーや力強さをモデルにすれば、ほかの人たちもケアと解放の集合的なモデルに引き寄せられるのです。自分のカップが満たされれば、それを必要としているほかの人たちに思いやりを注いであげることができます。これは父権社会のシステムにとっては脅威です。月のワークは抑圧的なシステムを取り壊す助けになります。だからこそ、父権社会は月を恐れているのかもしれません。

白人至上主義で資本主義の父権社会はわたしたちの背中をねじ曲げ、心と体と魂を歪ませて、ありえないほど暴力的でありえないほど無茶な水準に従わせようとします。これはメディアにも差別的で暴力的な法律と政策にも反映されています。シスジェンダーでヘテロセクシャルで白人で痩せていて健常者、という人以外は、暴力を受けずに生きていくためには従うしかないというありえない基準がまかり通っているのです。父権社会の基準からすれば、わたしは失敗作です。ディナーの席で簡単に説明できないような奇妙な仕事をしていますし、性的マイノリティで、ＡＤＨＤで、深刻な慢性病と闘っています。わたしは直観的に生きていて、スピリチュアルな成長に本気で取り組んでいます。集合体を助けるために自分にできることは何かということに焦点を当てています。快楽、人とのつながり、癒しということを中心に人生を送っていると、しばしば、自分は上流に向かって泳ぐサイケな色をした鮭なのではないかという気がしてきます。

人と違った倫理と価値観の糸を持っているために失望されることはしょっちゅうです。たとえば儲け話を断ったり、暴力的な行動を取る人たちとの関係を終わらせたりしてしまうので、自分なりの価値と誠実さに基づいてくだした決断でおいしい思いをしたことはほとんどありません。自分の体の声を聞き、ときにはペースを落とすことは、多忙さを競いあうような文化には逆行しています。しかし、わたしの成功とは、非常に個人的な、月と魔法と非常に密接に関連したやり方で定義したものです。他者のために自分に何ができるかということ以外に自分の生来の価値を知っていること、あるいは自分に何を生み出すことができるかがわかっているということは、わたしをエネルギー的なアラインメントに立ち戻らせてくれる北極星がいつでも空に輝いているようなものなのです。

結局のところ、月のおかげでわたしは値のつけられないほど価値のある贈り物を手にすることができました。自分を尊重し、虐待から解放されるということです。わたしが経験した虐待とトラウマから癒されるプロセスは一生続くものとなるでしょう。イデオロギーと自己受容、わたしが魔法とスピリチュアルなことに投資した結果として受け取ったメッセージの数々は、わたしの癒しのプロセスの大事な基盤になっています。このワークへの投資は、絶望の淵に落ちかけていた日々にもわたしに希望と信念を与え続けてくれました。ここに記してきた実践が何度も何度も効力を発揮してくれたのです。だからこそ、それをこうして記してみなさんと共有し、活用し続けているのです。

月はわたしが父権社会とのつながりを断ち切る助けになってくれました。わたし自身の価値観と倫理観で生きる助けになってくれました。直観と独自の才能に頼って生きる助けになってくれました。わたしが知らず知らず身につけてしまっていた暴力的な方法で自分自身を扱うことをやめる助けになってくれました。これは生涯にわたって努力し続けなければいけないことで、交渉の余地はありません。自分自身に想像力を羽ばたかせる余地を与え、同じプロセスをたどっているほかの人々の支援に全力でコミットすることは、世界に魔法をかけることに確実につながっているのです。

## 月はわたしたちを愛のワークへと導く

月のワークはわたしたちに、すべては自分自身から始まる、すべては愛から始まるということを思い出させてくれます。ベル・フックスが教えてくれたように、「愛とはまず何よりも行動すること」なのです。[1] 成長していく中で、愛の表現は変化します。自分の感情を処理し、直観につながる方法をさまざまに身につければ、わたしたちは自己をふたたび温かく迎え入れることができるようになります。身のまわりの世界に与える影響力は、わたしたちが自分の力を理解するにつれ増していきます。

わたしたちは自分自身が飢える前に栄養を与えてやらなければなりません。セルフケアの実践には絶えず思いやりを示すことが必要です。これは絶え間なく栄養を与えて育てていくという実践なのです。セルフケアの実践はセルフィッシュ（利己的）になるということとは違います。まずあなたが自分を最優先してあげなかったら、ほかにそんなことをしてくれる人はいませんよ、という話なのです。

人に愛されるためには、あなたが自分を愛してあげなさい。あなたが必要としているやり方で。愛が向かう先はいつでも好きなように決めることができます。あなたは行動でどう愛されたいかをアピールし、愛そのものになることができるのです。愛のワークはきっと人生のワークの助けになってくれます。

やるべきことはありすぎるほどあります。貴重な自然、動物、人間を闘ってでも守ってやらなければなりません。加わるべき組織も寄付されるべきお金もたくさんあります。愛はわたしたちにどこにエネルギーを注ぐべきか、どこに目を向けるべきかを教えてくれます。最も恐ろしい瞬間に一歩前へと足を踏み出す力を与えてくれます。

そして世界には味わうべき美があふれています。読むべき本も、眺めたい夕日も、耳を傾けたい歌もいくらでもありますし、かわいがってあげたい犬も、教えを乞いたい賢人も、いくらでもいるのです。世の中はチャンスに満ちているのですから、目を閉じている暇はありません。にっこり微笑んで、頰を太陽に向けましょう。人生を楽しみ、畏怖と喜びを目いっぱい享受しなければ、わたしたちが向きあわなければならない悲しみは耐えられないほどの重さになることでしょう。

人生はとても、とても短いのです。

わたしたちは気持ちよくつきあえる人たちとまじわり、相互ケアやサポート、楽しい会話にエネルギーを注ぐようになります。そのすべてがわたしたちにインスピレーションを与え、わくわくした気分にさせてくれるのです。

あなたが実践を行うことで敬意を取り戻し、あなた自身のすべてのアスペクトに敬意に満ちた広がりが与えられることをわたしは願っています。月だけをガイドにしてワークを続けるか、ほかの実践も組みあわせるかはあなたの自由ですが、いつでも月を錨だと思って頼りにしてください。月を見るたびに、変化しても大丈夫、自分の異なる面を探究してもいいんだと思い出してください。とにかく歩み続け、トライし続けることです。あなたの人生のスパイラルは自然に与えられた、素晴らしい恵みに満ちたものなのだと知ってください。愛のワークは1秒1秒が価値のあるものなのです。

# エピローグ

## 月にラブレターを書くということ

驚くべきことではありませんが、わたしは月との取り組みにずいぶんと長い時間を費やしてきました。空に月を探し、その形を追いました。毎日、地平線のどの位置に現れるかを記憶し、木々の枝のフレームの奥に月をおさめました。今日はこうなるだろうとわたしが予想したとおりの姿で現れるとはかぎりません。月光が斜めに射していることもあれば、前の晩よりもごつごつしていると感じるときもあります。ぼんやりと、汚染された大気にかすんで見えることもあります。月のカレンダーに沿って生きるというのは奇妙なエクササイズです。いまどういう位相にあるのかは予測可能なのに、リアルタイムでその姿をとらえようとすると想像力が要求されるのですから。ときには記憶に頼ってその姿を思い出すしかないこともあるのです。

月の絵を描くことはいくらでもできますが、その真の姿をとらえることはできません。だからこそ、こんなにも多くの人が挑戦し続けているのでしょう。

科学は月を４つの異なる種類の鉱物で構成されている、と説明します。衛星写真で冴えない灰色の表面をわたしたちに見せてくれます。月が玄武岩と冷却された火山の爆発でできていることぐらい、わたしたちだって知っています。それでもなお、月は人を魅了し続け、魔術を扱う者たちにとっての灯台、超自然的な友人であり続けているのです。祈りを捧げる対象であり、信仰の対象になることもあります。わたしたちの人生の満ち欠けを映し出すこともあります。月がどういうものかを知ったところで、月の謎に惹かれる気持ちは消えません。それがつまり魔法なのです。

わたしは、そんなことは無理だと知っていながら月についての本を書きました。大海の中ではしゃいで水しぶきをあげるような、途方もなく巨大なプロジェクトのどうでもいいことを楽しむようなことができればと思って書いたのです。[1]

月について本を書くということには、決して終わりがありません。透明石膏から彫り出された球体を吊るした内側にホログラフィーのクモの巣を織りあげるようなものです。3000ページあっても足りません。月についての本は、本ではないのです。29日間にわたるオペラを上演するようなもので、それを歌う役目はよほど大胆な夢を見られる者——翼があろうと、蹄があろうと、人間だろうと——でなければ務まらないでしょう。誕生と死、ヘビの脱皮、地中で発芽するジャスミンの種、クジラの大移動、そういったさまざまな映像が組みあわされて夜の暗い海面に映し出され、プランクトンやマンタが海面近くで光を浴びて舞うさまは水中のバレエといったところでしょうか。

わたしが本書を書いたのは、月との共同作業によってわたしは命を救われたからです。そんな宝物にどうお返しをすればいいのでしょうか？　月が教えてくれた貴重な教訓は無数にあります。それをできるだけ多くここにおさめました。人から人へと伝えていって、共有してください。そして、月のエネルギーとの経験は人それぞれ違います。彼らの直観は驚くほど具体的で、ぞくぞくするほど親密だったりします。他者が求めているとおりの愛を得られるよう願うことは、喜びを追求するというひとつの教訓です。

月に関するプロジェクトは、たくさんのほかのものが関係するプロジェクトです。人間がいかに自分たちを集合体として見ることに慣れていないか。文明がいかにわたしたちを直観から切り離してきたか。わたしたちがいかに自分たちを空に投影した物語を編み出してきたか。わたしたちがいかに他者を扱い、いかに自分自身を扱ってきたか。不可解な虐待を受けてきたにもかかわらず、わたしたちがいかにケアと保護の構造とコミュニティをつくりあげてきたか。いくら言葉にできないような悲劇が起きても、わたしたちがいくらお互いに暴力を行使しあって創造性を発揮するどころではない世界にし続けていても、それでもアートは花を咲かせます。素晴らしい曲は泥の中から這い出てピアノの鍵盤に乗る方法を見つけ出します。

月はいつでも会話の中に、そして同時に会話の外に存在します。月が何を考えているのかは、わたしたちには永遠にわからないでしょう。月はわたしたちの前に大胆にその姿を見せる、夜の女王です。感情の支配者たる月はわたしたちに思い出させてくれます。スーツを着たビジネスマンたちがいくら論理を重んじようと、無数の人々の運命を決めるのは実体のない欲望、恐怖、傷なのだと。わたしたちはただじっくりと月の美しい姿を眺めればいいのです。自分自身の認識とじっくり向きあえばいいのです。月の前に膝をつき、どんなやり方で栄養を与えてほしいか、どんなふうに抱きしめてほしいか、どんなふうに見てほしいか、全力で叫べばいいのです。

わたしは月をメタファーとしての恋人だと思っています。母であり、友人であり、ガイド、教師でもあります。あまりにも神聖すぎて、その魔法を言葉で説明するなどということは考えられません。わたしごときがこの素晴らしい自然の力を語ることなどできません。わたしはたいてい、日々がただ通り過ぎていくような人生を送っています。日々はわたしを蹴飛ばして過ぎていきます。月はそんなわたしをトランス状態から引っ張り出し、熱中するものもない人生から救い出してくれました。終わることのない詩や手紙を書いても、いつまででも歌い続けても、想像もできない枚数の絵を描いても、月がわたしにしてくれたことへの感謝はほんのかけらさえも示せないでしょう。

永遠をどうやって砂時計におさめられるというのでしょう？

無限をどうやって始まりと終わりのある有形のものとしてとらえればいいのでしょう？

月よりも謎に満ちたものがあるでしょうか？　もしかしたらそれは、わたしたち自身かもしれません。わたしは最初、暗号とメタファーで本を書き、あなたの心の目の奥に未知なるものの深いスミレ色を焼きつけたいと思っていました。しかしその後、わたしがその未知なるものの奥底へと迷い込み、言葉の海で難破してしまったため、具体的な文章や人の経験を例にあげることで踏みしめられる大地を探すしかありませんでした。

月は人間がつくり出した言語を超越した存在です。だからといって月を称える俳句を書いてはいけないというわけではありませんし、月を言葉で表す方法は無数にあります。[2]

このプロジェクトは挑戦でした。本を書くというのは、コンセプトの棺に釘を打ちつけるようなことに思えたからです。人生、愛、学びに対するお守りとして、形あるものの中に閉じ込めてしまうような気がしたのです。しかし、すべてはつねに変動しています。川は海へ流れ、波は寄せては返し、その都度違っている。ずっと凍っていると思われている冠氷でさえも、溶けていくのです。

月はひとつだけれどひとつではありません。どういうわけか、全員分ある、という感じなのです。こんなにも長いあいだ、こんなにも多くの目が向けられてきて、月は疲れないの？などと思ったりします。しかし月はいつでも正直にすべてをさらけ出して、何も隠したりしません。しかしプライバシーを守り、境界線を引くのが上手です。消えて、また戻ってくる。刻一刻、日に日にその姿は変わっていきます。人間がそうであるように。

悲しみに襲われて魂までどうにかなってしまいそうなとき、わたしは月を見ます。それはサッフォー、セレネ。遠吠えするオオカミで、クモの巣を紡ぐクモ。月はとても好色な女性で、自分自身のかけらを求めて森で狩りをするのです。

それが最もまばゆく輝くフルムーンの夜、特に冬か夏の気候が極端なときには、その美しさにはまさしく息をのみます。あまりに美しすぎて見ていられないほどです。おぼろげな水晶玉のような肌の感じはあまりに生々しくて注視できません。タフタのドレスを着せて少し隠してあげたくなります。生き生きと輝いていて、カリスマ性と独自性と才能があふれていて、まさにドラァグクイーンの母たる存在です。

そうでないときには、わたしは月に怒りをぶつけます。シャッターを閉ざし、銀色の門を閉めて沈黙していることに腹が立つのです。明確な答えが欲しくて仕方がないときに、彼女はそよとも動きません。何も答えてくれないことにわたしはいらだち、すねてしまいます。しかし、自分が自分を母のように愛し、救いの手を差しのべるということをしてこなかったくせに、月にはそれを求めるというのは偽善的です。月はすでに交換や境界線について、わたしにいろいろと教えてくれているのですから。

フルムーンの夜には、わたしは月のせいですっかり疲れてしまって、どうか眠らせてくださいと月に祈る羽目になります。しかし、月が暗くなっていって、見えなくなると、わたしは寂しさを感じずにはいられません。たとえ見えなくても月はわたしのそばについてくれている、という真実を今一度確認しなければならなくなります。わたしだって、自分のことがいつも見えているわけではないのですから。愛するものをすべて所有する必要はないのです。

月はいつもわたしの共犯者となって、わたしの喜びや成功を祝福してくれます。わたしはその位相を利用して、アファメーションや個人的な記念式典を行っています。もちろん、ぐったり疲れて、今にも叫び出したくなることもあります。ダークムーンの時期はそうです。1日に20ものタスクをこなせる気がすることもあります。4月の時期がそうです。10月のフルムーンの3日後に愛する人を失ったときは、月がわたしの心を慰めてくれました。6月のニュームーンの2日後に初めて持った家の玄関を開けたときは、歓喜と興奮でわたしたちを満たしてくれました。陽気に浮かれているときには応援してくれました。自分がこの喜びを享受していい人間なのかどうか迷ったときには、月に「わたしは誰？　こんなに自由を感じていていいの？」と尋ねます。月は歯をむき出して笑い、こう言い返します。「わたしの一生は長い。おまえの一生は短い。それができるうちに自由を味わえ」

わたしは月を見つめます。わたしの体は小さく、あちこちに大怪我を負って鋭い痛みに全身を貫かれています。一方、月は巨大で、いくつもの衝突を繰り返してできています。その目は巨大なクレーターです。雨の海と晴れの海。神話をつくり出した月の影。物語を生み出した衝突の痕。痛みがアートを導くというのはうなずける話です。

いつも必死に追いかけるのに手が届かない、その真髄は絶対につかめない、けれどもあなたの心の中でいつも生きている。そんな恋人をどう呼びますか？　わたしはそれを月と呼びます。愛と呼ぶ人もいるでしょう。

　これを読んで、あなたも月へのラブレターを書く気になってくれたら嬉しいです。ほかの誰のでもない、あなたの月へのラブレターを。必要なだけじっくり時間をかけてください。ありえないほどの喜びを感じ、神聖な気持ちになってください。あなたの経験があなたを形づくっていくのを楽しんでください。あなたの海のような心を正直に映し出した未来に、どうかたくさんの花が咲きますように。

# 原注


月とは何か？

1 Nola Taylor Redd, "Was the Moon Formed?" Space .com,November 16, 2017.

2 Ewen A. Whitaker, *Mapping and Naming the Moon: A History of Lunar Cartography and Nomenclature*(Cambridge University Press, 1999).

3 Kim Long, *The Moon Book: Fascinating Facts about the Magnificent, Mysterious Moon* (Boulder, CO:Net Library, Inc., 1999), 89.

4 Monica Sjo¨o¨ and Barbara Mor, *The Great Cosmic Mother: Rediscovering the Religion of the Earth* (SanFrancisco, CA: HarperOne, 1987), 151.

5 Hanne Jakobsen, "What Would We Do Without The Moon?" sciencenormay .no,January 12, 2012,at https://sciencenorway.no/forskningno-norway-planets/what-would-we-do-without-the-moon/1433295.

6 Matt Jackson, *Lunar & Biodynamic Gardening: Planting Your Biodynamic Garden by the Phases of theMoon* (New York: Cico Books, 2015).

7 George Got, "Weird Things That Have Been Left on the Moon," *Futurism* (2017), at https://vocal.media/futurism/weird-things-that-have-been-left-on-the-moon.

8 *The Old Farmers' Almanac* (Almanac Publishing Company, 203 edition, 2020).

9 キャロリン・マックヴィッガー・エドワーズ『月の光のなかで』ぺんぎん書房（2004 年）

10 *Ryokan: Zen Monk-Poet of Japan*, Burton Watson, trans. (New York: Columbia University Press, 1992).

11 Sjo¨o¨ and Mor, *The Great Cosmic Mother*, 169.

12 Ibid. 156.

13 Sung Ping Law, "The Regulation of Menstrual Cycle and Its Relationship to the Moon," *Obstetrics and Gynecology*, January 11, 2011, at https://obgyn.onlinelibrary.wiley.com/doi/abs/10.3109/00016348609158228?sid=nlm:pubmed).

魔女と魔法と月

1 Margot Adler, *Drawing Down the Moon: Witches, Druids, Goddess-Worshippers, and Other Pagans in America Today* (Boston, MA: Beacon Press, 1986).

2 Silvia Federici, *Caliban and the Witch* (New York: Autonomedia, 2014).

3 Robin Rose Bennett, *Healing Magic: A Green Witch Guidebook to Conscious Living* (Berkeley, CA:North Atlantic Books, 2014).

月の時間で生きる

1 "Sky Tellers—The Myths, the Magic and the Mysteries of the Universe," Lunar and Planetary Institute, accessed February 10, 2020, at https://www.lpi.usra.edu/education/skytellers/moon-phases/.

2 "Lunar Phases and Eclipses," NASA, accessed February 5, 2020, at https://solarsystem.nasa.gov/moons/earths-moon/lunar-phases-and-eclipses/.

3 Charlie Rainbow Wolf, "The Eight Phases of the Moon," *Llewellyn Worldwide*, June 14, 2016, at https://www.llewellyn.com/journal/article/2583.

4 "Moon-Related Words & Phrases: A Glossary," NASA, accessed February 10, 2020, at https://moon.nasa.gov/observe-the-moon/viewing-guide/glossary/;"Sky Tellers," Lunar and Planetary Institute.

5 Joshua J. Mark, "Wheel of the Year: Definition," Ancient .edu,January 29, 2019, at https://www.

ancient.eu/WheeloftheYear/.
6 同上 .

## 月のワークの行い方

1 Dane Rudhyar, “A New Type Of Lunation Guidance,” Rudhyar Archival Project | Astrological Articles, December 31, 2007.
2 “How Long Is a Typical Menstrual Cycle?” Womenshealth .gov.March 16, 2018, at https://www.womenshealth.gov/menstrual-cycle/your-menstrual-cycle.
3 “Do Periods Really Sync with the Moon?” *Clue*, February 13, 2020, at https://helloclue.com/articles/cycle-a-z/myth-moon-phases-menstruation.
4 “Planetary Rulers of the Zodiac Signs And Final Dispositors.” Astrology Club, at October 28, 2016,at http://astrologyclub.org/planetary-rulers-zodiac-signs-final-dispositors/.
5 David Frawley, *Astrology of the Seers: a Guide to Vedic/Hindu Astrology* (Delhi: Motilal Banarsidass,2004).
6 Steph Steph, “What Lunar New Year Reveals About the World's Calendars.” *The New York Times*, February 5, 2019, at https://www.nytimes.com/2019/02/05/science/chinese-new-year-lunar-calendar.html.
7 John Matson, “Ancient Time: Earliest Mayan Astronomical Calendar Unearthed in Guatemala Ruins,” *Scientific American*, May 10, 2012, at https://www.scientificamerican.com/article/xultun-mayan-calendar.
8 Geoffrey W. Dennis, *The Encyclopedia of Jewish Myth, Magic & Mysticism* (Woodbury, MN: Llewellyn Publications, 2016), 291.
9 ジュールズ・キャシュフォード『図説　月の文化史——神話・伝説・イメージ』柊風舎（2010 年）
10 同上 ., 113.
11 Daniel Foor, Ancestral Medicine: Rituals for Personal and Family Healing (Rochester, NY: Bear &Company, 2017).
12 Tara Brach, “Relaxing the Over-Controller- Part 1,” presented on April 26, 2017, at https://www.tarabrach.com/wp-content/uploads/pdf/2017-04-26-Relaxing-The-Over-Controller-PT1-PDF-TaraBrach.pdf.

## ニュームーン：種子とスペース

1 adrienne m. brown, *Emergent Strategy: Shaping Change, Changing Worlds* (Chico, CA: AK Press, 2017).

## ワクシングムーン：ワークを行い、筋道（糸）をたどる

1 Gary Forsythe, *A Critical History of Early Rome: From Prehistory to the First Punic War* (Berkeley:University of California Press, 2006).
2 Eknath Easwaran, *The Bhagavad Gita* (Berkeley, CA: Nilgiri Press, 2007), ch. 2, verse 47.
3 オクティヴィア・E・バトラー『前向きな執着』:『80 年代ＳＦ傑作選〈下〉』早川書房（1992 年）.
4 Jennifer Moon and Mook Attanath, *Principle 1 of The Revolution: Definition of Abundance*, 3rd. ed.(Eindhoven, Netherlands: Onomatopee, 2017), 10.

## フルムーン：意識の魔力

1 Hal Arkowitz, “Lunacy and the Full Moon,” *Scientific American*, February 1, 2009, at https://www.scientificamerican.com/article/lunacy-and-the-full-moon/
2 Kim Long, *The Moon Book: Fascinating Facts about the Magnificent, Mysterious Moon* (Boulder, CO:Net Library, Inc., 1999), 31, 36.

フルムーンの魔法

1 Jules Cashford, *The Moon: Myth and Image* (London: Cassell Illustrated, 2003), 272.

ワニングムーン：未知への入口

1 Vigdis Hocken, "The Waning Gibbous Moon," timeanddate .com, accessed February 10, 2020. at https://www.timeanddate.com/astronomy/moon/waning-gibbous.html.
2 Dane Rudhyar, "A New Type Of Lunation Guidance." Rudhyar Archival Project | Astrological Articles, December 31, 2007.
3 Patricia L. Barnes-Svarney and Thomas E. Svarney, *The Oryx Guide to Natural History: the Earth and Its Inhabitants* (Phoenix, AZ: Oryx Press, 1999).
4 The Nap Ministry has been doing activism around resting since 2016, positing that it is especially imperative for people of color to rest. Find out more at https://thenapministry.wordpress.com.
5 Katie J. M. Baker and Jane Bradley, "Tony Robbins Has Been Accused Of Sexually Assaulting a High Schooler at a Summer Camp," at https://www.buzzfeednews.com/article/katiejmbaker/tony-robbins-accused-sexual-assault-teenager-supercamp.

ダークムーン：虚空の中での変容

1 Kim Long, *The Moon Book: Fascinating Facts about the Magnificent, Mysterious Moon* (Boulder, CO:Net Library, Inc., 1999), 33–34.
2 Diane Wolkstein and Samuel Noah Kramer, *Inanna: Queen of Heaven and Earth: Her Stories and Hymns from Sumer* (New York: Harper & Row Publishers, 1983).
3 同上.
4 Tara Brach, "Awakening From the Trance of Unworthiness," *Inquiring Mind* 17, no. 2 (spring 2001).
5 Suzanne Somers, ref to come.
6 クラリッサ・ピンコラ エステス『狼と駈ける女たち――「野性の女」元型の神話と物語』新潮社（1998年）
7 "A Painful Legacy," *Science Magazine,* July 18, 2019, accessed December 20, 2019, at https://www.sciencemag.org/news/2019/07/parents-emotional-trauma-may-change-their-children-s-biology-studies-mice-show-how.
8 Abbot George Burke and Swami Nirmalananda Giri, "Narada," *Original Christianity and Original Yoga*, December 15, 2013, at https://ocoy.org/dharma-for-christians/upanishads-for-awakening/the-chandogya-upanishad/narada/.

月にまつわる言い伝えや物語：食、ブルームーンなど

1 Fred McDonald, *Folens Combined Thesaurus and Dictionary* (Dublin, Ireland: Folens Ltd, 1999), 121.
2 "Why No Eclipse Every Full and New Moon?" *EarthSky*, July 1, 2019, at https://earthsky.org/astronomy-essentials/why-isnt-there-an-eclipse-every-full-moon.
3 Kim Long, *The Moon Book: Fascinating Facts about the Magnificent, Mysterious Moon* (Boulder, CO: Net Library, Inc., 1999), 31, 36.
4 "Rahu and Ketu—The Invisible Planets," Sri Deva Sthanam, March 1, 2014, at http://sanskrit.org/rahu-and-ketu-the-invisible-planets/.
5 Grady, "When the Dragon Ate the Sun." full ref. needed.
6 John Dvorak, *Mask of the Sun: the Science, History, and Forgotten Lore of Eclipses*, 117. New York: Pegasus Books, 2018.
7 "A Total Solar Eclipse Was Once All about Fear, but It's Still an Awe-Inspiring Event," *Public Radio International*, August 14, 2017, at https://www.pri.org/stories/2017-08-14/total-solar-eclipse-was-once-all-about-fear-it-s-still-awe-inspiring-event.

8 John Dvorak, *Mask of the Sun: the Science, History, and Forgotten Lore of Eclipses* (New York: Pegasus Books, 2018), 244.
9 Demetra George, *Finding Our Way through the Dark: the Astrology of the Dark Goddess Mysteries* (San Diego, CA: ACS Publications, 1995), 113.
10 Deborah Byrd, "What's a Penumbral Eclipse of the Moon?" EarthSky, January 9, 2020, at https://earthsky.org/astronomy-essentials/what-is-a-penumbral-eclipse-of-the-moon.
11 Fred Espenak, "Danjon Scale of Lunar Eclipse Brightness," NASA, accessed February 13, 2020, at https://eclipse.gsfc.nasa.gov/OH/Danjon.html.
12 Kim. *The Moon Book*, 33–34.
13 Flint Wild, "What Is an Eclipse?" NASA, June 1, 2015, at https://www.nasa.gov/audience/forstudents/5-8/features/nasa-knows/what-is-an-eclipse-58.
14 Dane Rudhyar, *The Astrology of Transformation: A Multilevel Approach* (Wheaton, Ill: The Theosophical Publishing House, 1980).
15 "What Is a Supermoon?—NASA Solar System Exploration," NASA. April 28, 2019. at https://solarsystem.nasa.gov/news/922/what-is-a-supermoon/.
16 "Astrologer Who Coined the Term 'Supermoon' Is 'Delighted' Everyone Uses It," *The Atlantic*, January 31, 2018, at https://www.theatlantic.com/science/archive/2018/01/why-is-it-called-a-super-blue-blood-moon/551831/.
17 Tim Sharp, "What Is a Blue Moon?" *Space*, November 15, 2018, at https://www .space.com/15455-blue-moon.html.
18 "Supermoon, Blood Moon, Blue Moon and Harvest Moon," NASA, September 30, 2019, at https://spaceplace.nasa.gov/full-moons/en/.
19 "What Is a Blue Moon? Is the Moon Ever Really Blue?" The Library of Congress, cccessed February13, 2020, at https://www.loc.gov/everyday-mysteries/item/what-is-a-blue-moon-is-it-ever-really-blue/.
20 "Types of Blue Moons Explained," Blue Moon Information ~ Lunar Living Astrology, accessed February 13, 2020, at https://www.lunarliving.org/moon/bluemoon.html.
21 Aparna Kher, "What Is a Black Moon?" timeanddate .com,accessed February 13, 2020, at https://www.timeanddate.com/astronomy/moon/black-moon.html.
22 Jenni Stone, "Understanding the Void-of-CourseMoon." The Mountain Astrologer Editor's Choice Articles, 2003, at https://www.mountainastrologer.com/standards/editor'schoice /articles/voidof_course.html.

まとめ　すべてをつなぎあわせる：愛のワーク
1 ベル・フックス『オール・アバウト・ラブ：愛をめぐる１３の試論』春風社 (2016 年)

エピローグ
1 Running toward failure is a concept by the poet Eileen Myles. I read about it here: Eileen Myles, "Being Female," *The Awl*, February 14, 2011, at https://www.theawl.com/2011/02/being-female/.
2 "Don't mistake it for the truth itself. A finger pointing at the moon is not the moon. The finger is needed to know where to look for the moon, but if you mistake the finger for the moon itself, you will never know." Thich Nhat Hanh, *Path of Compassion Stories from the Buddha's Life* (Berkeley, CA:Parallax Press, 2008)

# 訳者あとがき

月、と言われてみなさまは何を思い浮かべるでしょうか。

ウサギの餅つき、かぐや姫、お月見と月見団子、セーラームーン、月餅、オオカミ男、潮の干満、アポロの月面着陸……古今東西の言い伝えからアニメまで、食べものから自然現象まで、数えあげればキリがありません。遠く離れた天体でありながら、月は地球に、そして地球人にさまざまな影響を与え、想像を喚起してきました。月と対照的な存在として語られる昼間の帝王たる太陽にまつわる言い伝えや神話は、月ほど多くありません。あまりに強烈な太陽と比べて、月のおだやかさ、静けさが、人々に親近感を抱かせているのでしょう。

また、英語で「狂気」を意味する lunacy は、ラテン語の「月」luna（そしてローマ神話の月の女神 Luna）が語源です。月は、そのやさしい光で人を安心させもしますが、妖しく光って人を狂わせもするのです。

洋の東西を問わず、月はそのように昔から恐れられ、また愛されてきました。最近では月のリズムに合わせて行う月ヨガも人気を博していますが、特に女性にとっては月のリズムと体のリズムには密接な関係があるため、月はより身近に感じられます。数ある天体の中で、月は人々にとって特別な存在だと言えるでしょう。

本書はそんな月について、サイクルに合わせた儀式や呪文、そして日常生活での心得といったことをまとめた、月のワークのガイドブックです。

著者サラ・フェイス・ゴッテスディナーはアーティストでタロット占い師。タロットやスピリチュアルに関するワークショップの主宰者。自費出版した月のワークブックは話題を呼び、現在は月のワークの講師としても活躍しています。

本書を通じてみなさまが月のことをよりよく知り、月の動きに合わせて充実した生活を送れるようになることを、心より願っています。

2021 年 2 月

上京　恵

◆著者

**サラ・フェイス・ゴッテスディナー**（Sarah Faith Gottesdiener）

ロサンゼルス在住のアーティスト、作家、デザイナー。タロットリーディング、占星術の分野でも活躍。スピリチュアル、フェミニズム、神秘主義をベースにしたアパレルデザインや出版を行う企業 Modern Women の創設者。セルフパブリッシングの月に関するワークブックがスピリチュアルなコミュニティで評判を呼び、ベストセラーになった。アメリカはもちろんカナダ、イギリスでも講座を持ち、月のワークのメソッドのワークショップを行っている。

◆訳者

**上京恵**（かみぎょう めぐみ）

英米文学翻訳家。2004 年より書籍翻訳に携わり、小説、ノンフィクションなど訳書多数。

THE MOON BOOK
by Sarah Faith Gottesdiener



# 月のワーク

## 月とつながり、月の恵みを引き寄せるガイドブック

2021年3月28日　第1刷

著　者　サラ・フェイス・ゴッテスディナー
訳　者　上京恵
発行者　成瀬雅人
発行所　株式会社原書房
〒160-0022 東京都新宿区新宿1-25-13
☎03-3354-0685(代表)
http://www.harashobo.co.jp/
振替＝00150-6-151594
印　刷　新灯印刷株式会社
製　本　東京美術紙工協業組合


ISBN 978-4-562-05913-3, printed in Japan